Die Wurzeln von Weihnacht und Ostern

Heidnische Feste und Bräuche

Géza von Neményi

Kersken-Canbaz-Verlag - Holdenstedt

ISBN 3-89423-132-7
978-3-89423-132-3

Inhaltsverzeichnis

Vorwort

n diesem Buche stelle ich die acht Jahresfeste der Germanen vor, wie ich sie in den erhaltenen Quellen gefunden habe. Ich will gleich zu Anfang betonen, daß es sich dabei um meine eigenen Forschungen und Interpretationen handelt, die ich von den Denkmälern unserer Vorfahren ableite. Die meisten heutigen Wissenschaftler sind mit ihren Aussagen zu germanischen Festen zurückhaltender, was verschiedene Gründe hat. Zum einen kennt man oft nicht mehr die volkskundlichen Belege oder man weigert sich, diese aus späterer, christlicher Zeit überlieferten Bräuche mit der Religion unserer heidnischen Vorfahren in Zusammenhang zu bringen. Besteht doch die große Gefahr, daß vermeintlich uralte heidnische Bräuche gar nicht heidnischen, sondern z. B. christlichen Ursprungs sind oder auf weltliche Dinge zurückgehen. Die Gefahr einer Verfälschung will man also möglichst ausschließen. Zum anderen betrachtet die Wissenschaft meist bestimmte Regionen und Zeitspannen gesondert und kann die Annahme, daß eine relativ einheitliche germanische Religion einstmals herrschte, und daher auch Bräuche und Riten unterschiedlicher Regionen und Zeitepochen aufeinander bezogen werden können, oft nicht nachvollziehen. Das rührt u. a. auch daher, daß sich hauptsächlich Skandinavisten und Archäologen mit der germanischen Religion befassen. Die religionswissenschaftlichen Ansätze gehen dabei zuweilen etwas unter. Ich möchte daher hier zuerst den Religionswissenschaftler Dr. Bemmann zitieren[1]:

»Alle drei Forscher [de Vries, Derolez, Ström] fügen die Erkenntnisse aus den zeitlich, örtlich und materiell unterschiedlichsten Quellen in überzeugender Weise zu einem einheitlichen Bild zusammen, das für die Gesamtheit der Germanen für die letzten 2000 Jahre vor ihrer Bekehrung zum Christentum Gültigkeit hat, von unwesentlichen Abweichungen von Stamm zu Stamm abgesehen. Dabei dient die Erkenntnis, daß alle indogermanischen Religionen

große Ähnlichkeiten miteinander aufweisen und daher einen gemeinsamen
Ursprung haben, als wertvoller Prüfstein ... Überhaupt zeigt sich heute, daß
die allzugroße Skepsis früherer Forscher gegenüber den Quellen weitgehend
unbegründet war«.

Eine relativ einheitliche germanische und indogermanische Religion
zugrundelegend führe ich in diesem Buche auch viele celtische Überlieferungen mit an; der gemeinsame Ursprung und das klimatisch recht
ähnliche Siedlungsgebiet führten auch zu ähnlichen Festbräuchen.

Die Tatsache, daß es uns heute schwerfällt, Ursprung und Herkunft
von in unserer Zeit ausgeübten Volksbräuchen genauer zu erforschen,
darf nicht dazu führen, diese wichtigen Quellen der heidnischen Religion völlig außer Acht zu lassen, vielmehr muß mehr Gewicht gerade auch dieser Aufarbeitung gewidmet werden. Gleichzeitig muß
einer Hyperkritik widersprochen werden, die in nahezu allen Volksbräuchen nur christliche Inhalte erkennen will. Bräuche in unserer
Region können nur römisch, celtisch, germanisch oder christlich sein.
Wenn sie römisch oder celtisch sind, dann entstammen sie doch den
Ausläufern verwandter indogermanischer Völker und ähneln den
germanischen Bräuchen schon deswegen. Wenn sie christlich sind,
dann muß genauer betrachtet werden, woher sie eigentlich stammen,
denn das Christentum hat keinerlei eigene Bräuche gepflegt, sondern
vielmehr alles von anderen Kulturen übernommen. Selbst das »letzte
Abendmahl« geht auf das jüdische Pessachfest zurück und ist somit
vorchristlich. Viele angeblich christliche Bräuche wurden auch von
den missionierten Völkern (Griechen, Römer) übernommen und sind
damit wiederum indogermanischen Ursprungs.

Bräuche, die erst in der Zeit nach der Missionierung hier entstanden
oder verändert wurden, sollten auch nicht leichtfertig als unbrauch-
bare Zeugnisse abgetan werden. Das Volk war innerlich noch Jahrhunderte nach der Christianisierung heidnisch, ist es teils noch bis
in unsere Zeit hinein. Neugeschaffene Bräuche drücken somit immer
auch ein heidnisches Denken aus, das dem Christentum meist fremd
ist. Solche »modernen« heidnischen Bräuche haben also durchaus ihre
Existenzberechtigung in heutigen heidnischen Jahresfesten. Christliche Einflüsse sind darüberhinaus auch leicht erkennbar und können
ohne Schwierigkeiten weggelassen werden.

Das Buch will die heidnischen Inhalte unserer auch in das Christentum übernommener Jahresfeste erläutern und dazu anregen, diese Bräuche auch heute wieder im ursprünglichen heidnischen Sinne zu feiern. Die regionalen Unterschiede sind dabei gar nicht so entscheidend: Wenn etwa in Bayern das »Scheibenschlagen« zu Mittsommer üblich ist, wobei glühende Holzscheiben abgeschlagen werden, so daß sie in hohem Bogen zu Tale fliegen, dann wird man im norddeutschen Flachland derartige Bräuche schon deswegen nicht ausüben, da nicht immer so hohe Berge zur Verfügung stehen. Wenn zu Winternacht Weinproben im Süden üblich waren, dann wird man dies in Gegenden, wo kein Wein wächst, auch nicht machen. Umgekehrt wäre es kein Fehler, wenn auch schwedische Heiden zu Mittsommer glühende Scheiben von den Bergen schlagen würden oder man im Norden anstatt Weinproben eben Metproben veranstaltete. Die meisten Bräuche sind leicht auf das ganze germanische Gebiet übertragbar, auch wenn sie sich ursprünglich nur in einer einzigen Region erhalten haben sollten. Deswegen habe ich alle zitierten Sprüche aus dem regionalen Brauchtum ins Hochdeutsche übertragen. Jeder, der solche Sprüche verwendet, kann sie in seiner eigenen Mundart sprechen, sie stehen aber nun allen Regionen zur Verfügung. Christliche Namen habe ich durch heidnische ersetzt und damit versucht, den jeweils ursprünglichen Zustand wiederherzustellen. Derartige Änderungen sind aber in den Anmerkungen angegeben. Da ich diese Sprüche schon seit über 20 Jahren sammele, konnte ich einigen Fällen leider nicht mehr die genaue Quelle auffinden, der ich einen Spruch entnommen habe. Aber alle angeführten Sprüche stammen aus den brauchtümlichen Überlieferungen, die in zahlreichen volkskundlichen Büchern angeführt sind.

Da es in diesem Buche mehr um das Brauchtum zu den Festen geht, sind allgemeine heidnische Gebete, aber auch Kulteinzelheiten, die im heutigen Brauchtum nicht weiter vorkommen, hier nicht zu finden. Dazu verweise ich auf mein Buch »Götter, Mythen, Jahresfeste - Heidnische Naturreligion« (Holdenstedt 2004). Desgleichen konnte ich hier keine Lieder abdrucken; hierzu plane ich eine eigene Veröffentlichung. Ich verwende die deutschen Namen der Götter und setze die altnordischen Namen wo es nötig ist, hinzu. In den nordischen Namen gibt es bestimmte Sonderzeichen, die ich beibehalte, das sind þ (th), ð (d, th), ǫ (ö, o), ø (ö), sowie á bzw. å (ao). Die Hauptquellen

für die germanische Mythologie sind die beiden Eddas, die jüngere
Edda und die ältere Edda. Die ältere Edda wurde um 1087 auf Island
aufgeschrieben, die jüngere etwa 1 Jahrhundert später. Ich zitiere die
Eddalieder mit ihren jeweiligen Titeln und verwende eine korrigierte
Übersetzung.

Werbig 2005

Allsherjargode Géza von Neményi

Kapitel 1

Germanische Feste

n der wissenschaftlichen Literatur zur germanischen Religion finden wir ganz unterschiedliche Angaben über die Jahresfeste, die unsere Vorfahren gefeiert haben. Weder über ihre genaue Anzahl, noch über ihre jeweiligen Zeitpunkte im Jahr ist man sich einig. Die Quellen stammen oft genug bereits aus christlicher Zeit oder scheinen sich zu widersprechen, und je nach eigenem Standpunkt des Wissenschaftlers werden sie unterschiedlich interpretiert. Meine eigenen Forschungen haben erbracht, daß die Germanen acht große Jahresfeste gefeiert haben, deren Spuren noch bis heute auch im deutschen Brauchtum erhaltengeblieben sind.

Wodans Feste.

In der um 1225 von Snorri Sturluson zusammengestellten Ynglinga saga erfahren wir von drei Festen, die der Gott Wodan (nordisch: Óðinn) selbst eingeführt hatte. Es heißt 2 in dem Text unter »Lagasetning« (Wodans Gesetzgebung)[2]:

> »Geopfert werden sollte gegen die Winterszeit [í móti vetri] für ein gutes Jahr [til árs] und im Mittwinter [at miðjum vetri] für das Frühlingswachstum [til gróðrar]. Das dritte Jahresopfer aber im Sommer [at sumri] war das Siegopfer [sigrblót].«

Dieser Text nennt zwar drei Feste, allerdings bleiben ihre genauen Zeitpunkte unbekannt. Ich beziehe diese Angaben auf die folgenden drei Feste: Das Fest zu Winterbeginn ist Winternacht (Vetrnóttablót), christlich wurde es durch Allerheiligen übernommen. Dieser Zeitpunkt galt bereits den Celten als Beginn des Winters. Das Fest im Mittwinter ist das Mittwinterfest (Miðvetrblót), wir kennen es heute unter dem Namen Weihnachten, das Fest im Sommer ist das Fest, mit welchem der Sommer bei Germanen wie Celten begann, nämlich das Siegopfer (Sigrblót), das Maifest. Wodan hat diese Feste selbst angeordnet, und es ist kein Zufall, daß gerade diese Feste auch wichtige Wodansfeste sind: Im großen Totenfest Winternacht steht Wodan als Totengott im Mittelpunkt, im Mittwinterfest, das auch Julfest (Jólablót) heißt, sind Wodanskulte bis heute in verschiedenen Bräuchen z. B. um den Nikolaus erkennbar; Wodan führt nach diesem Fest sogar selbst den Beinamen Jólnir (»Gott des Julfestes«), und auch das Siegopfer oder Maifest stellt Wodan und Frick (nord. Frigg) in den Mittelpunkt.

Diese drei Hauptfeste werden auch an einer anderen Stelle in der Heimskringla erwähnt, und zwar in der Saga Olafs konungs hins helga[3] Kap. 109, wobei hier offenbar statt des Winternachtfests das Herbstfest (Haustblót) genannt wird. Tatächlich aber geht es nach dieser Schilderung um das Begrüßen des Winters, was nur zu Winternacht üblich war:

>In ganz Inner-Drontheim ist fast das ganze Volk heidnisch in seinem Glauben, wenn auch einige Männer dort getauft sind. Nun ist es ihr alter Brauch, im Herbst ein Opferfest zu begehen, und da den Winter zu begrüßen, ein zweites zu Mittwinter und ein drittes gegen den Sommer, da begrüßen sie den Sommer. So ist es Brauch bei den Bewohnern der Inseln wie bei denen von Sparbuen, von Verdalen und von Skogn. Dort sind zwölf Männer, die es auf sich nehmen, die Opferfeste zu leiten, und jetzt im nächsten Frühjahr ist Ölvir dran, das Fest zu geben. Eben weilt er in großer Geschäftigkeit in Mæren, und dorthin hat man alles Gut gebracht, was man zur Veranstaltung des Festes braucht.«

Man hat diese drei Feste aber auch auf die folgenden Sonnenpunkte gedeutet, nämlich das Herbstfest auf die Herbstgleiche, das Mittwinterfest auf die Wintersonnenwende, das Siegopfer auf die Frühlingsgleiche. Ich halte diese Zuordnung für falsch, weil gerade das Fest der Frühlingsgleiche nichts mit Wodan zu tun hat und es auch im Norden den Namen Várblót trägt, nicht Sigrblót. Die Fehldeutung rührt übrigens daher, daß in der gleichen Saga, der Ólafs saga hins helga, an anderer Stelle (Kap. 117) die drei heidnischen Feste mit christlichen verbunden werden[4]:

>»Solange das Heidentum herrschte, war er [Sigurðr] gewohnt, jedes Jahr drei Opferfeste zu veranstalten, eins zu Wintersanfang, ein anderes im Mittwinter, ein drittes gegen den Beginn des Sommers. Und als er Christ wurde, behielt er dieselbe Gewohnheit in der Veranstaltung der Feste bei. Im Herbst lud er immer eine Menge Freunde ein, und im Winter bat er zum Julfest: Da lud er wieder viele Leute zu sich. Ein drittes Fest hielt er zu Ostern ab, und auch da bat er wieder eine Menge Menschen zu sich.«

Hier ist ja nun eindeutig vom Herbst (als Ersatz des Winternacht-Festes) und von Ostern (als Ersatz des Festes gegen den Sommer) die Rede. Aber wir dürfen nicht vergessen, daß das »Fest im Herbst« ursprünglich den Winter begrüßen sollte, mithin am Ende des Herbstes zu Winteranfang (Winternacht) steht, und daß das hier genannte christliche »Ostern« bis zu fünf Wochen von der Frühlingsgleiche entfernt liegen kann, also häufig nur wenige Tage vor dem 1. Mai begangen wird, mithin auch das alte Maifest ersetzt, nicht unbedingt das heidnische Fest der Frühlingsgleiche, an dem ja damals noch ein Þing stattfand.

Die anderen Feste.

Neben diesen drei von Wodan selbst eingesetzten und angeordneten Festen gibt es noch fünf weitere Hauptfeste. Das Frøblót-Dísablót entspricht unserem Fasnacht und wurde in Skandinavien von Hading eingesetzt. Es war in Schweden der Zeitpunkt eines großen Marktes und wurde alle neun Jahre besonders aufwendig begangen. Der Forscher H. Ljungberg hat anhand der ziemlich regelmäßigen, in Abständen von neun Jahren feststellbaren Reaktionen des schwedischen Heidentums auf das Christentum gefolgert, daß diese mit dem alle neun Jahre stattfindenden Upsalafest in Zusammenhang standen[5]. Demnach wurde das Fest in den Jahren 1021, 1039, 1057, 1066, 1075,

1084 und 1120 gefeiert (im Jahre 2011 wäre der entsprechende nächste Zeitpunkt).

Das Fest der Frühlingsgleiche heißt Várblót und steht im Zusammenhang mit dem ersten Þing (= Volksversammlung) des Jahres, dem Várþing (Frühjahrsding). Es entspricht dem heidnischen Osterfest. Das Miðsumarblót ist das Fest der Sommersonnenwende; es gibt keinen Zweifel, daß auch unsere Vorfahren es gefeiert hatten, zumal es in ganz Skandinavien noch bis heute das wichtigste Fest ist. Heiligtümer (z. B. die Sonnenwarte auf den Externsteinen oder der Steinkreis von Stonehenge) sind auf den Sonnenaufgang zur Sommersonnenwende ausgerichtet, auch die Himmelsscheibe von Nebra bezieht sich darauf, es wäre also völlig undenkbar, daß dieser wichtige Zeitpunkt keine Beachtung gefunden haben sollte, zumal auf Island hier ja auch das Alþing tagte. Das Fest der Leinernte (Hǫrmeitiðblót) wird bereits in der Edda (Hymisqviða 39) erwähnt, auch die Celten feierten hier ihr Lugnasad, und das Herbstfest zur Herbstgleiche ist schon dadurch belegt, daß hier das dritte Jahresding, das Leiðarþing (Herbstding), abgehalten wurde.

Von den insgesamt acht Jahresfesten sind vier also vom Sonnenlauf bestimmt (Sonnenwenden, Tag-Nacht-Gleichen), die vier anderen werden am Vollmond begonnen. Da der Mondlauf im Vergleich mit dem Sonnenlauf beweglich ist, können diese Mondfeste im jeweiligen Jahr auf einen anderen Zeitpunkt fallen, was die widersprüchlichen Angaben bei den Chronisten erklärt. Auch bei den Celten waren diese vier Feste Vollmondfeste. Der aus dem Ende des 2. Jh. stammende Bronzekalender von Coligny führt diese Feste zu Monatsbeginn der Mondmonate, also zu Vollmond, an. Der mit lateinischen Buchstaben geschriebene gallische Kalender, der in 150 Bruchstücken erhalten ist, stellt einen Zeitraum von fünf Sonnenjahren (mit 62 Monaten) dar (s. Abb. 1). Die Jahre bestehen aus 12 Mondmonaten, 7 davon mit 30 und 5 mit 29 Tagen (zusammen 355 Tage). Alle zweieinhalb Jahre wurde ein 30tägiger Schaltmonat eingefügt, um die Abweichung gegenüber dem Sonnenjahr auszugleichen.

4

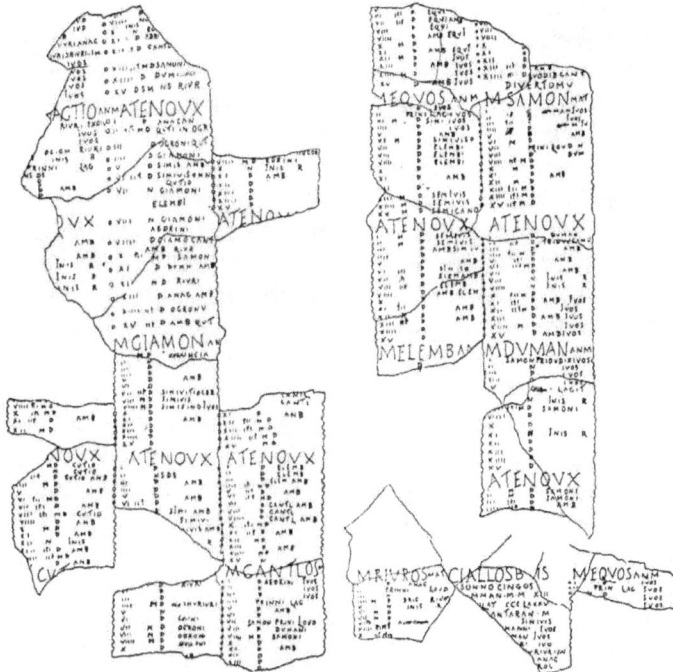

Abbildung 1: Bruchstücke des Coligny-Kalenders, Ende des 2. Jh. (Musé de la civilisation gallo-romaine, Lyon).

Die angelsächsischen Feste.

Der englische Mönche Beda führt in seinem um 730 verfaßten Werk
»De temporum ratione« folgende Monate und Feste der heidnischen
Angelsachsen an[6] :

>»Die alten Angelnstämme (denn es scheint mir nicht an-
>gemessen anderer Völker Jahresrechnung zu nennen, die
>meines eigenen zu verschweigen) haben ihre Monate ge-
>mäß dem Laufe des Monds gerechnet, woher diese auch
>(nach Sitte der Hebräer und Griechen) die Bezeichnung
>haben. Da also bei ihnen der Mond mona heißt, so heißt
>der Monat monath und der erste ihrer Monate, den die
>Lateiner Januar nennen, wird Giuli genannt, danach Fe-
>bruar Solmonath, März Hredmonath, April Eosturmonath,
>Mai Thrimilci, Juni Lida, Juli ähnlich Lida, August Veod-
>monath, September Halegmonath, Oktober Vintirfyllith,
>November Blotmonath, Dezember Giuli mit demselben
>Namen wie der Januar. Sie begannen aber das Jahr vom
>8. Tage vor den Kalenden des Januars, wo wir jetzt den
>Geburtstag des Herrn feiern, und diese Nacht, jetzt uns
>heilig, damals in heidnischer Bezeichnung modranecht, d.
>i. der Mütter Nacht, wegen, wie wir vermuten, der Gebräu-
>che, die sie durchwachend ausübten. Und so oft nur das
>Jahr ein gewöhnliches war, gaben sie drei Sonnenmonate
>den einzelnen Jahreszeiten; wenn aber die Einschaltung,
>d. i. das Jahr von 13 Mondmonaten, eintraf, fügten sie den
>überzähligen Monat dem Sommer bei, derart, daß dann
>drei Monate zugleich Lida mit Namen genannt wurden
>und deswegen das Jahr Thrilida zubenannt wurde, indem
>es vier Monate des Sommers hatte, drei wie immer in den
>übrigen Jahreszeiten. Wiederum unterteilten sie grundsätz-
>lich das ganze Jahr in zwei Zeiten, Winter und Sommer
>nämlich, indem sie jene sechs Monate, in denen die Tage
>länger als die Nächte sind, dem Sommer, die sechs übri-
>gen dem Winter zuteilten. Weshalb sie auch den Monat,
>mit welchem sie die Winterzeiten begannen, Vintirfyllith
>nannten, mit einem Namen, der aus Winter und Vollmond
>zusammengesetzt ist, weil nämlich vom Vollmond dieses

Monats der Winter den Anfang wählte. Nicht unzweckmäßig ist es auch, wenn wir uns angelegen sein lassen, auch die übrigen Namen ihrer Monate zu erklären. Die Monate Giuli haben ihre Namen von der Wendung der Sonne zur Mehrung des Tages, weil einer von ihnen vorangeht, der andere folgt. Solmonath kann der Monat der Kuchen genannt werden, die sie in ihm ihren Göttern darbrachten, Hredmonath wird nach ihrer Göttin Hreda, der sie in ihm opferten, benannt. Eosturmonath, der jetzt mit Passahmonat übersetzt wird, hat den Namen von ihrer Göttin, die Eostre genannt wurde, und welcher sie in ihm Feste feierten, gehabt, welchen Namen sie jetzt der Passahzeit beilegen, indem sie mit dem aus altem Brauche gewohnten Worte die Freuden der neuen Festlichkeit bezeichnen. Thrimilci wurde gesagt, weil in ihm dreimal am Tage das Vieh gemolken wurde, denn eine solche war einstmals die Üppigkeit Britanniens oder Germaniens, aus dem der Stamm der Angeln in Britannien eingewandert ist. Lida heißt der freundliche oder zur Schiffahrt geeignete deshalb, weil in jedem dieser beiden Monate sowohl die Reinheit der Lüfte freundlich ist als auch das Meer befahren zu werden pflegt. Veodmonath, der Monat des Tollkrauts (Lolch), das bei dieser Jahreszeit am üppigsten gedeiht. Halegmonath, der Monat gottesdienstlicher Handlungen. Vintirfyllith kann als Zusammensetzung mit neuem Namen Wintervollmond gesagt werden. Blotmonath ist der Monat der Opferhandlungen, weil sie in ihm das Vieh, welches geschlachtet werden sollte, ihren Göttern weihten«.

Interessant ist hierbei das Jahr mit den von Vollmond zu Vollmond gehenden Mondmonaten (von 29 und 30 Tagen im Wechsel). Alle 2 bis 3 Jahre mußte ein 13. Mondmonat gezählt werden, um die Monate wieder mit den Sonnenständen in Einklang zu bringen. Eine Einschaltregel aus Ostfinnland ist hierzu überliefert[7]: Tritt der 1. Neumond nach Zwölftetag (der 12. Tag des Julfestes, also 2.1.) ein, so gibt es in dem Jahre nicht 13, sondern nur 12 Monate. Dieser 13. Monat wurde bei den Angelsachsen zur Mittsommerzeit eingeschaltet, bei den Nordgermanen vielleicht schon vor dem Mai. Die Mondfeste ergeben sich dann als die Anfangsvollmonde der entsprechenden Mondmonate. Bei

Beda beginnt der Winter mit dem Vollmond des Monats Vinterfyllith (Oktober), gemeint ist sicher der Vollmond am Ende dieses Monats, weil nach alter Zählung der Monat nach dem Vollmond beginnt und bis zum nächsten Vollmond reicht. Nur dieser nächste Vollmond gehört zum entsprechenden Monat. Das wird auch durch die erhaltenen Schaltregeln zur Bestimmung des Frøblót-Dísablóts bestätigt (siehe Seite 51).

In der ältesten Zeit unterschied man nur zwei Jahreszeiten: Sommer und Winter. Sommer bedeutet[8] »Halbjahr, Jahreszeit, Zeit in der die Sonne scheint«; der Sommer ging von der Frühlingsgleiche bis zur Herbstgleiche. Der Winter, dessen Name »feuchte Jahreszeit«[9] bedeutet, begann mit der Herbstgleiche und ging bis zur nächsten Frühlingsgleiche. Später kamen aber noch die Zwischenjahreszeiten dazu. Nun begann mit der Frühlingsgleiche auch das Frühjahr oder der Frühling (= der Frühe, der Morgendliche) bzw. der Lenzing (= der Längerwerdende), während der Sommer nun erst am 2. Vollmond nach der Frühlingsgleiche, also mit dem Maifest, begann. Ähnlich ist es mit dem Herbst (= Pflückzeit, Erntezeit), der nun mit der Herbstgleiche begann, während der Winter wieder mit dem 2. Vollmond danach, dem Winternachtfest, begann. In den Mythen sind zuweilen noch die älteren zwei Jahreszeiten zugrundegelegt.

Beda nennt indirekt folgende Feste: Giuli als Monat des Julfestes, Solmonath als Monat von Fasnacht-Disenopfer, Hredmonath bezieht sich auf den Umzug der Göttin Hreda-Erda (Nerthus), Eosturmonath auf Ostera und die Frühlingsgleiche, Halegmonath bezieht sich auf das Herbstfest (Herbstgleiche) und Blotmonath auf das Fest Winternacht. Die anderen Feste spricht Beda nicht an.

Bestimmung der Vollmondfeste.

Zwischen zwei Sonnenfesten, also z. B. der Frühlingsgleiche und der Sommersonnenwende, stehen in der Regel drei Vollmonde, selten sind es vier. Der erste dieser drei Vollmonde kann zeitlich unmittelbar nach dem Sonnenfest (also z. B. der Frühlingsgleiche) stehen, so daß es nicht sehr wahrscheinlich ist, daß genau hier bereits ein weiteres Jahresfest gefeiert worden sein sollte, da ansonsten zwischen den

Festen ein zu geringer Abstand (einige Tage) bestanden hätte. Auch der dritte Vollmond ist als Zeitpunkt für ein Mondfest ungeeignet, da er sehr nahe an dem folgenden Sonnenfest stehen kann, also z. B. einige Tage vor der Sommersonnenwende. Daher kann es nur sein, daß der mittlere Vollmond, also der zweite nach der Frühlingsgleiche, der Zeitpunkt des Mondfestes (im Beispiel das Maifest) gewesen ist. Nur in dem seltenen Fall, daß vier Vollmonde zwischen den beiden Sonnenfesten stehen, ist unklar, ob das Mondfest auf dem 2. oder 3. Vollmond zwischen den Sonnenfesten gefeiert wurde. Wir haben als Begrenzungspunkte die beiden Sonnenpunkte (Frühlingsgleiche und Sommersonnenwende) genommen. Nun wissen wir aber, daß das Fest der Frühlingsgleiche nicht nur einen Tag dauerte, sondern auf Island (wie fast alle Feste) drei Tage währte, dazu kommt noch das Ding von 5 bis 7 Tagen[10] . Mithin muß in dem selteneren Fall von vier Vollmonden zwischen den Sonnenfesten der 3. Vollmond als Festtermin gelten, damit das Fest rechnerisch möglichst in die Mitte zwischen die Sonnenfeste fällt. Ich habe dazu eine einfache Schaltregel erstellt, die auf die drei Sonnenfeste Maifest, Leinernte und Winternacht anwendbar ist:

»Das jeweilige Vollmondfest wird am 2. Vollmond nach dem Ende des vorangegangenen dreitägigen Sonnenfestes begangen«.

In unserem Beispiel nehmen wir also nicht den Tag der Frühlingsgleiche als Berechnungsmaßstab, sondern den 3. Tag danach. Mit dieser Berechnungsregel ist es uns möglich, alle Vollmondfeste richtig zu bestimmen, trotz des heutigen mondunabhängigen Kalenders.

Hierbei sei noch bemerkt, daß bei den Germanen wie Celten der 24-Stunden-Tag mit den 12 Stunden der Vornacht begann, dann folgten die 12 Stunden des Tages. Dies ist bei der Festbestimmung zu berücksichtigen. Wenn also der Vollmond, der sich astronomisch als gradgenaue Sonnen-Mond-Opposition darstellt, rechnerisch z. B. am 18. April um 8 Uhr früh läge, würde man am Abend des 17. Aprils das Fest feiern, nicht erst am Abend des 18. Aprils. Es geht also darum, möglichst nahe am genauen Vollmondtermin zu feiern und bei allen Zweifelsfällen entscheide man sich immer für den Vorabend, wo also noch gering zunehmender Mond herrscht, was magisch wichtig ist. Man feiert also in den Termin hinein. Auch die Sonnenfeste werden so bestimmt: Tritt die Sommersonnenwende, die astronomisch der Eintritt der Sonne in das Tierkreiszeichen des Krebses ist, z. B. am 21.

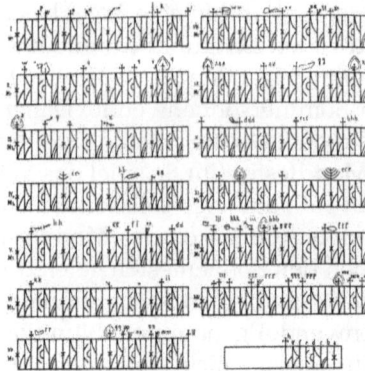

Abbildung 2: Runenkalender der Insel Ösel.

6. um 2 Uhr ein, dann muß man bereits am Abend des 20. 6. feiern, man feiert dann in den Zeitpunkt hinein. Es geht ja bei der Sommersonnenwende um die kürzeste Nacht und den längsten Tag, und in dem Beispiel ist die kürzeste Nacht die Nacht vom 20. zum 21. 6., nicht die Nacht vom 21. 6. zum 22. 6., und der längste Tag ist der Tag des 21. 6., der ja zu der Vornacht gehört. Die Feste beginnen immer am Abend (bzw. wie gesagt am Vorabend), was sich noch in den brauchtümlichen und christlichen Festen erhalten hat. So sprechen wir vom »Heiligabend« (Vorabend vor Weihnachten), von der »Fasnacht«, der »Osternacht«, der »Walpurgisnacht«, der »Johannisnacht« oder dem »Hallowe'en« (All Hallows Even = Allerheiligenabend).

Die Abb. 2 auf S. 10 zeigt einen Runenstabkalender (Allmonacht) von der Insel Ösel, der sich auf das Dreizehnmonatsjahr bezieht. Und auch die 13 Himmelsburgen der Götter in den Grimnismál der Edda, die in 12 Strophen aufgezählt werden, hängen mit dem Dreizehnmonatsjahr zusammen. Jedem Monat wurde eine Himmelsburg zugeordnet, die 13. Himmelsburg des Gottes Wuller wurde aber nicht in jedem Jahr zugeordnet, sondern nur in den Dreizehnmonatsjahren.

Ich gehe von den folgenden acht germanischen Festen aus:

Nordisch	Deutsch
Frøblót-Dísablót	Fasnacht-Disenopfer
Várblót-Várþing	Ostern, Frühlingsding
Sigrblót	Maifest
Miðsumarblót-Alþing	Mittsommerfest, Allding
Hjǫrmeitiðblót	Leinerntefest
Haustblót-Leiðarþing	Herbstfest, Herbstding
Vetrnóttablót-Dísablót	Winternacht-Disenopfer
Miðvetrblót-Jólablót	Mittwinter-Julfest

Von diesen acht Festen sind vier durch den Sonnenlauf bestimmt (Ostern, Mittsommer, Herbst, Mittwinter) und liegen in der Mitte der jeweiligen Jahreszeit, die vier anderen sind Vollmondfeste (Fasnacht, Maifest, Leinerntefest, Winternacht) und stehen am Beginn der jeweiligen Jahreszeit.

Abbildung 3: Sonnen- und Mondlauf sind seit alten Zeiten Grundlagen für die Kalenderberechnung (aus Schedels Weltchronik).

Der heutige Kalender.

Im Jahre 46 v. u. Zt. führte der römische Kaiser Julius Cæsar in Rom den nach ihm benannten Julianischen Kalender ein. Dieser Kalen-

11

der teilt das Sonnenjahr willkürlich in zwölf Monate, die mit dem Mondlauf nichts mehr zu tun haben. Die Christen übernahmen diesen Kalender von den heidnischen Römern. Der große Nachteil des Julianischen Kalenders war und ist, daß er den Jahrhundertschalttag nicht kennt. Dadurch verschiebt sich in 128 Jahren ein bestimmter Punkt des Sonnenjahres, z. B. die Wintersonnenwende, von dem ihr zugeordneten Tagesdatum, z. B. dem 25. 12. um einen Tag nach vorne (also auf den 24. 12.). Mit der Zeit würde dieser Kalender also die Punkte des Sonnenjahres immer mehr in andere Monate verschieben. Die Ostkirche, die den Julianischen Kalender bis heute benutzt, feiert ihr Weihnachten mittlerweile am 7. Januar, also mehr als zwei Wochen von der eigentlichen Wintersonnenwende entfernt, auf der es einst lag. Im Jahre 1582 führte Papst Gregor XIII. den nach ihm benannten Gregorianischen Kalender ein, der auf dem Julianischen basiert, aber den Jahrhundertschalttag kennt. Nun wird in jedem Jahrhundertjahr ein zusätzlicher Tag eingeschaltet, sofern die Jahrhundertjahreszahl durch vier teilbar ist. Damit ist die Verschiebung der Sonnenpunkte zu den Tagesdaten beendet. Es ging Papst Gregor darum, daß das Datum der Frühlingsgleiche, welches für die Berechnung des christlichen Osterfesttermins wichtig war, wieder auf den 21. März fallen sollte, wo es noch im 4. Jh. gewesen ist. Zu diesem Zweck ließ man zwischen dem 4. und 15. Oktober 1582 ganze 10 Tage wegfallen. Der Gregorianische Kalender wurde im katholischen Teil Deutschlands schon 1583 eingeführt, im protestantischen Teil aber erst 1700 (hier mußten dann 11 Tage weggelassen werden), in Teilen Skandinaviens geschah die Einführung noch später.

Wegen dieser Kalenderumstellung (von nur 10 Tagen statt 12) und wegen des fehlenden Jahrhundertschalttages zuvor, finden wir noch heute im Christentum die Differenz vom tatsächlichen Sonnenpunkt zum christlichen Festtermin. So tritt z. B. die Wintersonnenwende um den 20. 12. ein, das christliche Weihnachten aber liegt auf dem 25. 12., ähnlich ist es mit der Sommersonnenwende, die um den 20. 6. eintritt, aber der zugehörige christliche Johannistag ist am 24. oder 25. 6. usw. Gregor hatte also mit seinen 10 ausfallenden Tagen einen bestimmten Zustand zementiert, anstatt den ursprünglichen Zustand (mit 12 ausfallenden Tagen) wiederherzustellen und damit die Feste wieder auf die ihnen zugrundeliegenden Sonnenpunkte zu bringen.

Abbildung 4: Mittelalterliche Himmelsbeobachtung. Holzschnitt von
    Albrecht Dürer.

Noch heute finden wir im Brauchtum sogenannte »alte« Festter-
mine, etwa am 12. 5. der alte Maitag oder am 13. 12. den Lucientag
als früheres Datum der Wintersonnenwende. Diese nunmehr völlig
falschen Daten sind also für uns heute nicht mehr zu beachten, allerdings hat sich auf diesen Tagen oft noch Brauchtum erhalten, das zu
den ursprünglichen Festterminen gehört. Es muß uns darum gehen,
die alten germanischen Feste wieder an ihren alten Zeitpunkten zu
begehen, nicht an falschen Daten, die nur von Kalenderberechnungen
herrühren. Dasselbe gilt übrigens für die Mondfeste, die wir auch
wieder an ihren alten Vollmondzeitpunkten feiern wollen, nicht auf
den Monatsanfängen von mondunabhängigen Monaten.

Ablauf der Feste.

Die verschiedenen, teils erst in den letzten Jahrhunderten aufgezeich-
neten Bräuche der unterschiedlichen Regionen sind die letzten Aus-
läufer dieser ursprünglichen germanischen Jahresfeste. Es stellt sich

13

nun die Frage, in welchem Zusammenhang die Bräuche mit dem überlieferten Ablauf der germanischen Feste stehen. Ich habe bereits an anderer Stelle[11] den Ablauf der Feste unserer Vorfahren aus den Quellen rekonstruiert, und führe ihn daher hier nur kurz an.

Die Goden (Priester) eines Festes errichten vor dem eigentlichen Beginn eine Einhegung um den Kultplatz. Mit einem Horn rufen sie die Menschen zusammen und fordern zur Ruhe auf. Alle zusammen sprechen ein Begrüßungsgebet. Nun werden durch die Goden die jeweiligen Gottheiten des Festes und Heiligtums angerufen, danach wird als Zeichen der Anwesenheit der Götter das Festfeuer entzündet und geweiht. Es wurden auch Götterbilder aus dem Tempel oder einem abgeschiedenen Ort geholt und aufgestellt. Der Mythos des Festes, der sich auch auf die Jahreszeit bezieht, wird vorgetragen oder im Mysterienspiel vorgespielt, auch wohl vorgesungen. Die Opfergaben werden auf den Altar gelegt bzw. Opfertiere hereingeführt, dann treten alle einzeln hervor und sprechen leise ihre Bitten, Dank oder Gelübde an die Götter. Es werden nun Opfersprüche durch die Priester gesagt und Hymnen gesungen oder vorgetragen. Dann werden die Opfertiere geschlachtet und mit ihrem Blut die Anwesenden besprengt, um ihnen Kraft zu geben. Hernach werden die Opfertiere zubereitet, indem das Fleisch in Kesseln gekocht wird. Es werden Gemeinschaftsrundtrünke veranstaltet, indem ein großes Horn jeweils einer Gottheit geweiht wird und herumgereicht. Jeder trinkt daraus, es muß Schweigen herrschen und derjenige, der trinkt, muß stehen. Aus dem Opferfleisch bzw. einem Teil der Opfergaben wird das Opfermahl bereitet, von dem alle essen. Ein Teil (etwa 1/3) der Opfergaben wird später im inneren Kreis des Heiligtums vom Goden niedergelegt, Haut und Schädel der Opfertiere auf einem Opferbaum aufgestellt. Die Priester befragen die Götter, um Antworten für die Gemeinschaft oder den Einzelnen zu erhalten. Am Ende ver abschieden sich alle von den Göttern und gehen nach Hause. Während des Festes sind auch Tänze, Spiele und Lieder üblich.

Wenn wir uns nun einzelne Bräuche aus unseren späteren Überlieferungen heraussuchen, so stellen wir fest, daß sie aus Bestandteilen des alten Opferfest-Ablaufes entstanden sind. So ist z. B. der Sommer-Winterkampf zu Fasnacht lediglich ein Nachspielen des dem Feste zu Grunde liegenden Jahresmythos und ist folglich an seiner Stelle in den Festablauf zu integrieren, ähnlich wie manche Umzüge. Das Einholen und Setzen eines Maibaumes ist ein Brauch, mit dem der Einzug des Grüns und der Gottheit des Wachstums dargestellt wird. Ein solcher Brauch wird also am besten nach der Anrufung der Gottheiten geübt werden. Das Abschlagen glühender Scheiben zu Mittsommer, verbunden mit Liebeswünschen, gehört an die Stelle, wo die Festteilnehmer ihre Opferbitten äußern, das zu Tale Rollen brennender Räder zu Mittsommer ist wiederum ein Nachahmen des Sonnenlaufs und gehört an die Stelle, wo der Mythos vorgetragen oder gespielt wird. Wenn zum Herbstfest eine Strohfigur mit Bier übergossen wird, so ist dies ein Brauch, der mit dem Rundtrunk (Trankopfer) in Verbindung steht.

Jeder Brauch ist also an seiner entsprechenden Stelle in den Festablauf einzufügen. Nur sehr selten ist dies nicht möglich. Derartige Bräuche kann man aber meist nach dem Mysterienspiel und vor den Opferbitten einfügen.

Je nach Anzahl der Teilnehmer kann man Feste recht aufwendig gestalten, indem man z. B. mehrere Teilnehmer den Mythos spielen läßt. Man kann ihn aber auch nur durch einen Teilnehmer vortragen lassen. Ähnlich ist es mit den zahlreichen anderen Bräuchen, die man einfach oder aufwendig ausführen kann, viele Bräuche können auch ganz entfallen, weil sie für die Gesamtbedeutung des Opferfestes nicht entscheidend sind. Einige Bräuche kann man heute, wo viele Menschen derartigem Brauchtum unwissend gegenüberstehen, gar nicht mehr ausführen, andere, die heute in maßloser Übertreibung ausgeführt werden (etwa die Fasnachtsumzüge) kann man wieder auf das ursprüngliche Maß reduzieren usw.

Daß jeweils bestimmte Göttermythen zu bestimmten Jahresfesten gehören, ist eine Vorstellung, die auch das Christentum mit seinem Kirchenjahr übernommen hat. Noch heute werden bestimmte Ereignisse im Leben Jesu an bestimmten Tagen des Jahres betrachtet, und hierbei hat auch der Wandel der Natur Bedeutung. Wenn etwa Jesu Geburt zur Wintersonnenwende (Weihnachten) jährlich gefeiert wird, oder sein Tod zu Karfreitag, seine Auferstehung aber zu Ostern, dann sind mythische Vorstellungen mit Vorgängen in der Natur verbunden worden. Jesus wurde zum Sonnengott und das Längerwerden der Tage ab der Wintersonnenwende wird zur Wiedergeburt des Gottes, desgleichen wird Jesu Auferstehung mit der Frühlingsgleiche verbunden, ab der ja die Tage länger sind, als die Nächte, mithin das Licht der Sonne überwiegt und somit der Sonnengott an den Himmel aufsteigt,

aufersteht. Ganz genauso hatten schon unsere Vorfahren die Göttermythen als inhaltliche Grundlagen der Jahresfeste verstanden, wofür
z. B. der schwedische Name »Baldersbol« (= Balders Scheiterhaufen)
für das Mittsommerfeuer ein Beleg ist. Ein gotischer Tanz erzählt in
seinem Text von der Wiedergeburt des Ebergottes (Fro) zum Julfest
usw. Die den Festen zugrundeliegenden Mythen werden also auf den
Festen vorgetragen, vorgespielt oder -gelesen.

Bei der Auswahl der Gaben, die man den Göttern opfert, richte man
sich nach den in den jeweiligen Kapiteln der Jahresfeste angegebenen
Dingen, die auch in den Überlieferungen enthalten sind.

Deutsche Monatsnamen.

Zuletzt sollen die in Deutschland in den verschiedenen Regionen
erhaltenen deutschen Monatsnamen angeführt werden. Es gibt dabei
viele Abweichungen, die ich hier nicht berücksichtigen kann[12]:

Hartung, Hartmond (Januar)	=	der hartgefrorene Monat
Hornung (Februar)	=	der Zeugungsmonat, der Monat, wo die Hirsche ihre Geweihe abwerfen
Lenzing, Lenzmond (März)	=	der Monat der längerwerdenden Tage
Wandelmond (April)	=	der Monat mit dem wandlungsreichen Wetter
Sonnmond (Mai)	=	der Monat der Sonne
Brachet, Brachmond (Juni)	=	der Monat, wo alles auf dem Felde prangt
Heuert, Heumond (Juli)	=	Monat der Heuernte
Ernting, Erntemond (August)	=	Monat der Getreideernte
Scheiding (September)	=	Monat des Trennens von Stroh und Korn oder des Scheidens des Lichtes
Gilbhart (Oktober)	=	Monat der harten Stoppelfelder
Nebelung, Nebelmond (November)	=	Monat der Nebel und der Toten
Julmond (Dezember)	=	Monat des Julfestes

Kapitel 2

Mittwinterfest -Miðvetrblót

erschiedene Namen sind für dieses germanische Hauptfest überliefert. Es heißt Mittwinterfest (Miðvetrblót), weil es mitten im Winter gefeiert wird, ferner Julfest (Jólablót) nach dem »Jul« (»Rad«, vgl. engl. »wheel«), dem Jahresrad, möglicherweise bedeutet »Jul« aber auch »Zeit der Schneestürme« (*jehwla), das Wort wurde aber in der Bedeutung »Feier, Weihnachten« schon früh ins Finnische und Lappische übernommen. Ein anderer bekannter Name ist »Weihnachten« oder »Weihnachtsfest« (althochdt. »ze den wîhen nahten«, »zu den geweihten od. heiligen Nächten«, seit 1170 bei Spervogel bezeugt), denn das Fest dauert 12 Nächte und Tage. Diese 12 Nächte heißen auch die »Zwölften« oder die »Zwölf Nächte«. Im skandinavischen Bereich heißt das Fest auch »Sonarblót« (Eberopfer), der »Sonargǫltr« ist der »Sühneeber«, das Opfertier.

Das Mittwinterfest beginnt mit der Nacht der Wintersonnenwende, die gewöhnlich um den 20. und 21. Julmond (Dezember) eintritt. Diese Nacht der Wintersonnenwende wird beim altenglischen Chronisten Beda auch »modrenicht« (»Mütternacht«) genannt (siehe Seite 6.

Die Lage des Festes und seine Länge hängen mit dem alten Kalender zusammen. Die Germanen zählten nämlich die Monate nach dem Monde, d. h. ein Monat (von Vollmond zu Vollmond) dauerte 29,5 Tage. Zwölf derartige Mond-Monate dauern somit 354 Tage. Das Sonnenjahr (von Sonnenwende zu Sonnenwende) aber dauert 365,2422 Tage, so daß also dem Mondjahr rund 11,5 Tage (oder 12 Nächte) fehlen. Diese fehlende Zeit wurde dadurch ausgeglichen, daß alle 2-3 Jahre nach einer bestimmten Schaltregel ein 13. Mondmonat im Sommer eingeschoben wurde. Das alte Jahr endet nach germanischer Überlieferung mit der Wintersonnenwende, das neue aber beginnt erst nach den Zwölf Nächten. Die Zeit des Mittwinterfestes steht also zwischen den Jahren und ist daher besonders heilig und bedeutsam.

Die Kirche schrieb die Geburt Jesu (Christfest) seit dem 4. Jh. auf den 25. 12. fest (vorher wurde sie am 6. 1. begangen); an diesem Tage trat damals die Wintersonnenwende ein und schon bei den Römern wurde ein Fest des Sonnengottes Sol (Mithras) gefeiert, nämlich der »Tag der Geburt des unbesiegten Sol« (Dies natalis Sol invictus). Das ganze Fest wurde auf die Zeit vom 25. 12. bis 6. 1. gelegt. Weil man aber noch nicht den Jahrhundertschalttag kannte, verschob sich der Zeitpunkt der Wintersonnenwende immer mehr in Richtung des heutigen Termins (in 128 Jahren um einen Tag) ohne daß die Kirche auch den Festtermin veränderte. Als der Kalender unter Papst Gregor reformiert wurde, wurde diese Verschiebung beendet, es wurden beim Übergang vom Julianischen zum Gregorianischen Kalender 10 Tage (statt 12) weggelassen, so daß das christliche Weihnachten heute immer noch erst einige Tage nach der Wintersonnenwende beginnt.

Die Heimskringla des Snorri Sturluson beschreibt in der Hákonar saga góða, daß auch schon in heidnischer Zeit eine Diskrepanz zwischen heidnischem Wintersonnwendtermin (ca. 21. 12.) und dem christlichen Termin (25. 12.) auftrat[13]:

> »Er (König Hákon der Christ) gab ein Gesetz, daß das Julfest künftig zu derselben Zeit abgehalten werden sollte wie das christliche Weihnachtsfest. Da sollte jeder ein bestimmtes Maß Bier brauen oder sonst Strafe zahlen, und er sollte die Zeit heilig halten, solange das Bier reichte. Vorher hatte das Julfest aber in der Hǫkunótt, das war die Mittwinternacht begonnen, und dann wurde Jul drei Tage lang gefeiert«.

Die »Hǫkunótt« ist die »Haunacht«, in der die Opfertiere geschlachtet wurden.

Bedeutung.

Der Grundgedanke des Mittwinterfestes ist die Wiedergeburt der Sonne, aber auch der anderen Gottheiten. Es herrscht der Glaube, daß die Sonne in der längsten Nacht des Jahres stirbt, dann aber wiedergeboren wird und als neues, verjüngtes Licht von neuem den Kreislauf des Jahres beginnt. Mit der Sonne verjüngt sich die ganze Schöpfung, gewinnt ihre alte Frische wieder und ihre Kraft, aufs neue zu gebären, Blüten und Früchte hervorzubringen. Es ist die Zeit, in der die Weltordnung neu aufgerichtet wird und gegen alles Zerstörerische neue Kraft erhält. Begann zu »Winternacht« die Götterdämmerung, die Zeit also, wo die Winterriesen die Götterburg erstürmten, so ist nun die Zeit gekommen, wo sich das Blatt wieder wendet. In der tiefsten Dunkelheit wird den Göttern der junge Sonnengottsohn geboren, welcher Garant dafür ist, daß das Wachstum erfolgt und damit die Herrschaft der Götter im neuen Jahr wieder errichtet werden wird. Das Eddalied Grógaldr berichtet davon, wie der junge Sonnengott Svípdagr (der geschweifte Tag) von seiner im Totenreich ruhenden Erdmutter Gróa (die Grünende) Zauberratschläge erhält, die er für seine Ausfahrt in den neuen Jahreskreis benötigt. Im Eddalied Vǫluspá dagegen wird der gesamte Götterzyklus geschildert: Die Erschaffung der Erde in der Urzeit, das Werden der Erde, der Weltuntergang und schließlich das Neuentstehen der Erde und die Rückkehr der Götter. Auch in der Vǫluspá in skamma (in der Hyndluljóð) werden diese Grundgedanken kurz behandelt. Zuletzt sei auf die Gylfaginning Kap. 51-53 verwiesen, welche die genannten Vorgänge ausführlich in Prosa schildert. Dies sind die Göttermythen der Edda, die dem Mittwinterfest zu Grunde liegen, die ursprüngliche Weihnachtsgeschichte.

Götter des Festes.

Das Mittwinterfest ist ein Hauptfest, so daß wir hier die Verehrung zahlreicher Götter finden. Auch die christlichen Ersatzheiligen lassen uns leicht die Götter erkennen, die hier ursprünglich verehrt wurden. Der Sonnengott des alten Jahres, der im Mythos stirbt, ist Wodan (Óðinn). Ihn erkennen wir hinter dem Nikolaus (»Volkssieger«), dessen Tag der 6. 12. ist. Schon der Name des Heiligen erinnert an Wodan, denn »Nikolaus« hängt mit den Wodansnamen »Hnikarr« oder »Nikarr« (»Aufhetzer, Flutgeist«) und »Nikuðr« oder »Hnikuðr« (»Stoßer, Flutgeist«) zusammen (vgl. »nicchus« »Nöck«, Wassergeist). Daß Nikolaus als Ersatzheiliger für Wodan eintrat, belegt auch der folgende thüringer Kindervers[14]:

> »Wer kommt denn da geritten?
> Herr Wude, Wude Nikolaus!
> Laß mich nicht lange bitten
> Und schüttle deinen Beutel aus.«

Nikolaus gilt als Patron der Seefahrer, Flößer, Fischer und Brückenbauer, seine Kirchen wurden meist in Küstennähe und an Gewässern erbaut. Nach den Nikolauslegenden stillt er das Meer und rettet die Seefahrer. In den Reginsmál II (16) steht Wodan, der sich hier Hnikarr nennt, auf einem Berge und stillt ein Unwetter, welches Sigurðs Schiff bedroht. Dann gibt er ihm Unterweisung in Kriegsvorzeichen. 1911 schrieb H. Philippen über den Wodanskult der Schiffer:

> »Da Wöda (Wodan, Óðinn) als Allvater seine Macht nicht nur auf dem Lande ausübte, sondern auch Wind und Meer gebot, so mußte man sich seiner Huld zu versichern suchen, namentlich wenn man Reisen zu Wasser unternahm«.

Ein anderer Ersatz für Wodan ist der »Knecht« Ruprecht (»hruod peraht« = »der Ruhmumglänzte«, altenglisch »Rof Breocht«). Als man nämlich aus dem Wodan-Nikolaus einen Bischof-Nikolaus gemacht hatte, ordnete man den Gott dem Bischof als Knecht bei. Heute nennt man den Gott auch Weihnachtsmann. Er heißt auch Bartel, Klaubauf, Schimmelreiter und (in Mecklenburg) Wode. Als »Hakolberand« (»Hackelbernd«, »Hackelbert«, d. i. »Gewand-« oder »Mantelträger«) finden wir Wodan in der Form eines Gebildgebäckes noch im Weihnachtsbrauchtum. In der Olafs saga Tryggvasonar hin mesta aus dem 14. Jh. wird dieser Gott als Hauptgott des Julfestes genannt[15]:

> »Nun soll erzählt werden, aus welchem Grunde die Heiden ihr Julfest feierten, denn damit steht es ganz anders als bei den Christen. Denn diese halten ihr Julfest wegen der Geburt unseres Herrn Jesus Christus, aber die Heiden begingen das Fest zu Ruhm und Ehren des bösen Óðinn«.

Wodan hat nach der »Heimskringla« dieses Fest selbst eingeführt (siehe Seite 1), und er trägt den Beinamen Jólnir (Gott des Julfestes).

Seine Gemahlin ist Frick (Frau Holle, Berchta, nord. Frigg), die Erdmutter, deren Verehrung wir gleichfalls zu Mittwinter nachweisen
können. Der letzte Tag der 12 Nächte heißt »Berchtentag«. Wodan und
Frick führen die Seelen der Verstorbenen an; Mittwinter ist auch der
Zeitpunkt der Ahnenverehrung. Hinter der hl. Barbara, die die Patronin des Wehrstandes ist, sehen wir auch die Göttin Frowa (Freyja). Wie
Frowa wird Barbara (Heiligentag: 4. 12.) von den Kriegern angerufen,
und Barbara gilt als Schutzheilige der Sterbenden und der Schwerver-
wundeten, die sie in ihrer Todesstunde anrufen. Hier finden wir eine
Verbindung zu Frowa als Herrin der Walküren, die den sterbenden
Krieger nach Walhall geleiten.

Abbildung 5: Einzug der Lichterkönigin Lucia.

Die hl. Lucia (lat. »lux« = Licht) ist Ersatzheilige für die Sonnengöttin
Sunna (nordisch: Sól). Die Bauern sagen, wenn Gewitter aufzieht[16]:

»Heilige Lucia, zeig uns die Sonne«.

In Schweden weckt die älteste Tochter die Familie, indem sie weiß-
gekleidet und mit einem Kranz mit brennenden Kerzen gekrönt ins

Zimmer kommt. Der Luciatag (13. 12.) galt vor der Kalenderumstellung als der kürzeste Tag im Jahr und damit als Festbeginn. Schließlich treten im älteren Brauchtum auch die Götterbrüder Widar (Víðarr) und Wale (Váli) hervor, die man gleichfalls mit der Sonne und dem Morgen- und Abendrot in Verbindung bringt. Auch Reste der Verehrung des Gottes Donar (Þórr) lassen sich nachweisen, wenn wir den hl. Thomas betrachten. An seinem Tage, der Sonnwendnacht (21. 12.) opferte man früher Ziegen, der »Dammer« holt die unartigen Kinder und bindet sie an eine Eiche (Donars Baum), oder der Heilige wird »St. Thammer mit dem Hammer« genannt[17]. Der Tag Adams und Evas (24. 12.) erinnert an die beiden ersten Menschen, Askr und Embla bzw. Líf und Lífþrasir, die nach dem Weltuntergang Stammeltern des neuen Menschengeschlechtes werden. Der Tag der unschuldigen Kinder (28. 12., Pfefferlestag) erinnert an die Seelen der verstorbenen Kinder, die sich im Gefolge der Frau Holle befinden. Eine der wichtigsten Gottheiten des Festes ist der Fruchtbarkeits-, Feuer- und Sonnengott Ing-Fro (Yngvi-Freyr). Der hl. Stephan (»Krone«) trat in Schweden öfter an die Stelle Fros, er ist der Patron der Pferde. An seinem Tage (26. 12.) wird die Stephansminne getrunken und das Wasser gesegnet. Johannes der Evangelist hat (wie Johannes der Täufer) Züge des Gottes Balder (Baldr) übernommen; es fällt auf, daß auch sein Heiligentag (27. 12.) um die Zeit der Wintersonnenwende liegt, während Johannes der Täufer seinen Heiligentag zu Mittsommer hat. Auch auf den Sylvestertag (31. 12, Altjahresabend) und Neujahr (1. 1.) fiel Mittwinterbrauchtum. Schließlich erinnern die drei heiligen Könige (6. 1.) an die Götterdreiheit Wodan, Höner, Lodur (Wodan, Hother, Loke), die nach dem Weltuntergang die Menschen erschaffen und die ganze neue Welt. Vielleicht sind die drei Könige auch nur Ersatz für die drei Nornen (Schicksalsfrauen), die im Christentum vermännlicht wurden. Der Name »Mütternacht« für die Wintersonnwendnacht erinnert gleichfalls an sie.

Vorweihnachtszeit.

Die Vorweihnachtszeit wird auch »Adventszeit« genannt. Die Bezeichnung »Advent« soll lat. »Ankunft« bedeuten. Wie so oft ist das aber nur der Versuch, einen feststehenden Ausdruck christlich umzudeuten. Ursprünglich hieß Advent »An der Wend'«, der Sonnen- und Jahreswende. Es ist noch heute Brauch, einen grünen Tannenkranz als Symbol des Jahreskreises aufzustellen und mit mit vier roten Kerzen zu bestecken, die die vier abgelaufenen Jahreszeiten symbolisieren, und diese dann an den Sonntagen anzuzünden. Meist wird in der 4. Woche vor Weihnachten die erste Kerze allein angezündet, in jeder weiteren Woche wird eine mehr entzündet, so daß am Sonntag vor dem Fest alle vier Kerzen brennen. Der Adventskranz (s. Abb. 6 und 7) symbolisiert den Jahreskreis und das Jahresrad (»Jul«). Wahrscheinlich hängt der Adventskranz mit dem »Wepelrod« zusammen, einem zu einem Kreis geflochtenen Zweig, der an eine mit Gaben (Kuchen, Äpfel, Bänder) behängte Lebensrute angehängt und von den Burschen den Mädchen ins Fenster geworfen wird. Der Bursche darf dabei nicht erkannt werden, denn der Zweig soll von der Gottheit kommen. Einen weiteren Vorläufer des Adventskranzes können wir in dem brauchtümlichen Schmuck zu Mittwinter finden.

Abbildung 6: Adventskranz

Es ist nämlich üblich, drei verschiedengroße Tannenkränze übereinander aufzustellen (ähnlich wie beim Maibaum), so daß der größere jeweils unten ist. Auch die schwedischen Lucienkronen kommen als Vorläufer des Adventskranzes in betracht. Angeblich soll schon 1839 ein hamburger Pastor einen Holzkranz mit 23 Kerzen gebastelt haben, 1860 soll ein Kranz aus grünen Zweigen hergestellt worden sein. Um 1870 und 1871 führen dann ein evangelischer Pfarrer diesen heidnischen Brauch als »Adventskranz« in Pommern und ein Berliner Pastor in Berlin ein. Aber jedes schwedische Lucienmädchen, das seine

23

Lucienkrone mit den Kerzen und Grünschmück einmal ablegte, kann mit gleichem Recht als »Erfinderin« des Adventskranzes betrachtet werden.

Abbildung 7: Adventskranz

In der Adventszeit gehen allerlei Geister um (Hexen, Holzfräulein, feurige Männer, Irrlichter, Kobolde, weiße Frauen, die Wilde Jagd), man heiratet nicht, es gibt zahlreiche Umzüge. Was man in den Nächten der vier Adventssonntage träumt, geht in den vier Vierteljahren des künftigen Jahres in Erfüllung. Die Burschen blasen jeden Abend ihr Mittwinterhorn, um die bösen Geister zu vertreiben. Ursprünglich waren nicht die Sonntage vor Mittwinter wichtig, sondern die drei letzten Donnerstage vor dem Fest, besonders der letzte. Man nennt sie die »Klöpfelnächte«, auch »Klöpfers«, »Bosselnächte« oder »Anklopfete«. Hier ziehen vermummte und maskierte junge Leute, Frauen und Kinder, nächtlich umher und schlagen mit Stöcken, Prügeln und Holzhämmern gegen die Häuser (Türen) und werfen Erbsen, Bohnen, Linsen, Korn und kleine Steine dagegen (heute oft auch Mais, der bei uns aber nicht heimisch ist). Dabei lärmen sie mit umgehängten Kuhglocken und sagen vor jedem Haus ihren Spruch auf. Ein Spruch aus dem fränkischen Jura lautet[18]:

> »Gut Heil! Gut Heil!
> Wir wünschen Glück.
> Gebt unsern Teil!
> Gut Heil! Glück ins Haus!
> Langt uns ein fett'n Krapfen raus«.

Der folgende schwäbische Klopferspruch stammt aus Krumbach (1817)[19]:

»Holla, Holla, Knöpfelsnacht!
Gut's Jahr, guts Jahr,
Daß Korn grünt
Hoch und fest
Daß wohlfeil wird,
Schmalz im Kübel
Ist auch nicht übel.«

Oft gibt es im Hause ein Wettreimen, und wenn die Umziehenden die Frage oder das Spottlied nicht erwiedern können, müssen sie leer abziehen. Gewöhnlich läßt die Bäuerin sie ein und beschenkt sie mit Würsten, Schinken, Broten, Obst und Gebäck (Weihnachtszopf), zuweilen auch mit Klößen. Mancherorts erhalten die Anklopfenden in der dritten (letzten) Klöpfelnacht nichts und werden mit Asche und Ruß bestreut. Bei beliebten Menschen werden Erbsen zum Anklopfen genommen, bei unbeliebten Sand und Steinchen, Mädchen werfen Erbsen an die Fenster ihrer Freundinnen, Burschen werfen Traubenkerne an das Fenster ihrers Mädchens, das auch von ihnen ein Geschenk erhält. Das neue Jahr und das neue Leben soll »erweckt« werden, die Dämonen vertrieben, daher findet der Brauch am Tage Donars statt. Die Anklopfenden begrüßen die im Hause mit dem Spruch[20]:

»Guten Abend, guter Wirt
Geh ich drei Mal um den Herd.«

Dabei ziehen sie drei Mal um den Herd. Wenn sie ihre Gaben bekommen haben, sagen sie:

»Ihr habt uns gute Verehrung gegeben,
Fro laß' euch in Frieden leben.«

Die Verehrung des Herdfeuers ist eine Verehrung und Anrufung des Gottes Fro (Freyr). Oft sagen die Umherziehenden auch nur an der Tür:

»Wir wünschen euch ein fröhliches Neujahr,
Wenn wir nichts kriegen,
schmeißen wir ein Hut an die Tür«.

Hier werden die Anklopfenden mit Äpfeln und Nüssen belohnt. Ein anderer Vers lautet[21]:

»Ich wünsche euch ein gesundes neues Jahr,
So viel Dorn der Rosenstock,

So viel Haar der Ziegenbock
So viel Flöh der Pudelhund
So viel Jahre bleibt gesund«.

Aber auch schiache (häßliche) Perchten ziehen umher, machen in den Stuben ihre Späße oder toben und lärmen auf den Feldern zur Freude des Bauern, da man sich davon ein gutes Erntejahr verspricht. Man wünscht:

»Gut Jahr, daß das Korn wohl gerät,
Kraut und Zwiebel.«

Auch Orakel werden hier gemacht, z. B. Bleigießen.

Ruprechtsumzug.

Überliefert ist in der Vorweihnachtszeit der Ruprechtsumzug, wobei der Termin des 6. 12. nicht ursprünglich ist. Er geht auf den vermeintlichen Todestag des Bischofs Nikolaus zurück. In England beschenkt der Ruprecht oder Weihnachtsmann noch heutigentags die Kinder direkt zu Weihnachten, nicht in der Vorweihnachtszeit. Den Ruprechtsumzug kann man also mit den Klöpfelnächten verbinden oder direkt zur Wintersonnenwende begehen. Ein Bursche ist dabei mit einem weißen Mantel oder Laken vermummt, er trägt einen langen weißen Bart und einen breitkrempigen Hut. Er wird aber auch mit rauhem Pelz, Sack und Rute oder in eine Tierhaut oder Erbsenstroh gehüllt, mit Ketten rasselnd, dargestellt. Vor der Brust hat er ein dichtes Sieb, an dessen langem Stiele ein Pferdekopf ist, gebunden. Oft sitzt er auf einem Schimmel, selten auf einem Ochsen (Wuotanesstier). Begleitet wird er von einer schreckhaft verkleideten Schar von Perchten, oft zwölf, seltener ist er allein. Die Begleiter tragen Peitschen oder Schellen, Ketten oder brennende Kienfackeln, manchmal auch Tannenreiser und Stechpalmen. Mit dem Ruprecht gehen sie in die Häuser und belohnen gute Menschen mit in Körben oder im Sack mitgebrachtem Obst, Äpfeln und Nüssen, oder sie strafen mit der Birkenrute. Begleitet wird Ruprecht zuweilen von der Budelfrau, einem weißgekleideten Mädchen, die die Göttin Sunna symbolisiert. Beim Umzug mit dem Weihnachtsmann sagen die Kinder, während sie mit einem Stock den Takt dazu schlagen[22]:

»Volkssieger, der gute Mann,
Klopft an alle Türen an,
Kleinen Kindern schenkt er was,
Große Kinder steckt er in Sack.
Halli, halli, hallo,
So geht's nach Bremen zu.«

Abbildung 8: Ruprechtsdarstellung aus Ostfriesland.

Die Menschen stellen für den Weihnachtsmann und besonders für
dessen Roß Gaben vor die Türe. Dies geschieht da, wo es keine di-
rekte Bescherung durch den Weihnachtsmann bei einem Umzug gibt.
Man stellt die Schuhe (auch: Teller, Schiffchen usw.) gefüllt mit Heu,
Hafer oder Kohlblätter vor die Türe, auch wohl einen Eimer Wasser
und etwas besonderes für den Weihnachtsmann (eine Schüssel voll
Rahm), und erwartet in den Schuhen Gaben des Weihnachtsmannes.
Das Wegnehmen der hingestellten Speisen (Opfergaben) durch die
Götter erwähnt auch die Heimskringla in der Hálfdanar saga svarta. In

England hängt man Strümpfe an den Kamin, die dann gefüllt werden, oder es werden Teller ans Fenster gestellt. Der Ruprecht verteilt besonders Äpfel, Nüsse, gedörrte Birnen oder Zwetschgen, Kletzen- oder Klötzenbrot. Der Weihnachtsmann legt Gebildgebäck auf die Teller, das sind teiggebackene Tiere (Hahn, Huhn, Hase, Hirschbock, Schwein und Roß), Menschenfiguren, Spekulatius (speculator = Bischof) oder Zopfstollen. In Schlesien wurden früher am 6. 12. Hühner geopfert, besonders schwarze. Übrigens trägt der Weihnachtsmann seit alter Zeit immer ein blaues Gewand, seltener auch ein braunes oder rostrotes. Die modernen grellroten Weihnachtsmänner der Großstädte verdanken ihre Farbe einer Werbekampagne der amerikanischen Firma Coca-Cola aus den 20er Jahren des vorigen Jahrhunderts. Die Gaben Ruprechts, die Äpfel, erinnern an die Äpfel der ewigen Jugend, welche die Göttin Iduna besitzt, und welche sie allen Göttern zu essen gibt. Mit der Gabe der Äpfel geben uns die Götter symbolisch auch diese ewige Jugend (unsere Seele ist ja tatsächlich unsterblich), die Nüsse symbolisieren die Samen und damit das neue Wachstum. Die Rute war einst kein strafender Zweig, sondern ein grüner Lebenszweig, auch mit einem Licht geschmückt, mit Gebildgebäck, Äpfeln und Bändern, sie bedeutet die Lebenskraft und Fruchtbarkeit. Am Barbaratag schneidet man sie, ehe die Sonne darauf scheint. Man nimmt die der Frowa geweihten Kirschreiser, Kätzchen, Obstbaumzweige oder Birkenreiser, steckt diese ins Wasser, um sie dann zu Mittwinter zum Blühen oder Grünen zu bringen. Daraus wird auf das neue Jahr orakelt, außerdem nimmt man diese Zweige als Weihnachtsbaum. Noch heute ist es in manchen Gegenden üblich, daß am 28. 12. (Pfefferlestag) die Burschen die Mädchen mit diesem Lebenszweig peitschen (»pfitzeln« oder »pfefferln«) und mit Hafer und Erbsen bewerfen, um ihnen Fruchtbarkeit, Segen, Kraft und Gesundheit zu erwirken. Dafür bedankt sich die Geschlagene.

Julfeuer.

Wichtigster Bestandteil des Mittwinterkultes ist das feierliche Entzünden des Julfeuers. Die Hauptbestandteile des Festes werden zwar im Hause begangen, doch das Entzünden des Festfeuers wird in der Nähe des Dorfes, in einem Hohlweg, früher wohl auch auf einem heiligen

Abbildung 9: Weihnachtsmann.

Berg, durchgeführt. Zuvor wird alles Licht und Feuer im Hause gelöscht, so daß es finster und kalt in den Hütten ist. So werden die Schrecken eines Lebens ohne Licht und Wärme noch einmal fühlbar; die Römer begingen vor Mittwinter die »Saturnalien«, die 7 Nidelnächte, in denen das Licht mit der Dunkelheit kämpft. Durch das Julfeuer soll nun neues Licht und neue Wärme in die Häuser kommen.

Zwei in den Boden gerammte Eichenpfähle werden mit einem kleinen Stab versehen, der oben in horizontaler Lage eingespannt wird. Mit Hilfe eines Seiles wird der Stab von zwei Brüdern oder von zwei Burschen mit gleichem Vornamen gedreht (s. Abb. 10). Dieser Brauch läßt deutlich den Kult der Götterbrüder, der Alken (Widar und Wale) erkennen, die man hier anruft. Ursprünglich wurde das Feuerquirlen wohl nur von zwei Stammeshäuptlingen durchgeführt. In der langobardischen Sage finden wir zwei Brüder als Könige der Wandalen, Ambri und Assi. Diese Namen bedeuten »Pflock« und »Holzstock«. Auch andere Stammesfürsten tragen ähnliche Namen. Eine Verbindung scheint auch zu bestehen zu den ersten Menschen der Edda, die ja aus zwei Hölzern geschaffen sind, Askr (Esche) und Embla (Ranke), und die als die beiden Hölzer des Feuerquirlens aufgefaßt werden können. Es ist kein Zufall, daß die Kirche den 24. 12. (ursprünglicher Sonnwendtermin) als Heiligentag von Adam und Eva ansieht. Es kommt übrigens auch die einfache Feuerentzündung durch drehen eines Hartholzstabes auf einem Weichholzbrett vor (siehe Seite 159).

Abbildung 10: Julfeuerquirlen.

In der Nähe der Feuerquirlpfähle ist ein Scheiterhaufen errichtet, für den jeder Hausstand Holz gegeben hat. Mit Zunder (ein speziell bearbeiteter Baumpilz, der besonders auf Birken wächst) wird die durch das Drehen des Holzstabes erzeugte Glut (Funken) aufgefangen, durch Schwenken in der Luft entzündet und damit der Scheiterhaufen angesteckt. Dieses Feuer haben die Götter selbst entzündet, es ist das heilige Julfeuer, von dem sich später jeder ein brennendes Scheit mit nach Hause nimmt, um damit seinen Herd wieder anzuzünden. An der Feuerstelle im Hause (früher gab es in der Mitte eines Bauernhauses eine große, offene Feuerstelle, die Licht und Wärme spendete und auf der auch das Essen zubereitet wurde) liegt der »Julkloben«, der nun entzündet wird. Der Julkloben (erstmals erwähnt vor 580) ist ein großer Block Holz, meist aus einem Wurzelstock, oft einer Eiche. Er wird feierlich begrüßt, mit Öl, Wasser, Körnern und Speisen überschüttet und mit Gesang empfangen. Nachdem er entzündet ist, glimmt er an der Feuerstelle. Der Julkloben oder -block wird dabei jeweils in Richtung des Feuers geschoben, er wird also nur angebrannt, nicht verbrannt. Er darf auch nicht in dieser Nacht verlöschen, sonst stirbt einer in dem Hause im neuen Jahr. Auch bei anderen Festen oder bei Gewitter schiebt man den Block ans Feuer. Selten wird der Julblock im Freien verbrannt. Wo man ihn nicht mehr kennt, brennt doch wenigstens die ganze Nacht das Ofenfeuer. Die Asche des Julblocks oder des im Ofen als Ersatz entzündeten Feuers streut man als Fruchtbarkeitssymbol auf die Felder, gibt sie den Kühen ins Futter oder schwärzt sich damit an. Sie gilt als heilkräftig. In manchen Gegenden - wahrscheinlich durch römischen und christlichen Einfluß - wird das Herdfeuer auch erst zu Ostern feierlich entzündet. Bei den Germanen beginnt das neue Jahr ja nach dem Julfest, die Römer dagegen führten später Ostern als Jahresbeginn ein. Das Herdfeuer ist ein Abbild der Sonne, ist die Sonnenkraft im eigenen Hause. In der Edda heißt es (Hávamál 68):

> »Feuer ist das beste den Erdgeborenen
> Und der Sól (Sonne) Schein.«

Gleichzeitig erkennen wir im feierlichen Entzünden des Herdfeuers Reste des Frokultes. Fro bzw. Freyr (»Herr«) heißt ja eigentlich »Ing-Fro« (Yngvi-Freyr), der Name »Ing-« (so im Runenlied) oder »Yngvi-« geht zurück auf indogerm. *ingneq = Brennen (vgl. indisch »Agni« = Feuergott, lat. »ignis« = Feuer, etymolog. möglicherweise verwandt ist die Wortwurzel von »Ofen«), Fro ist also der ursprüngliche Feuergott, der uns heute das Sonnenfeuer und seine Fruchtbarkeit symbolisiert.

Weihnachtsbaum.

Die Sitte, sich einen grünen Baum oder Zweig in die Stube zu stellen, ist uralt, auch wenn dies von christlicher Seite immer wieder bestritten wird. Schon im Jahr 580 verbot der Bischof Martin von Bracara den in Spanien eingewanderten Sveben das Schmücken mit Lorbeer und anderem Grünschmuck zur Wintersonnenwende. Um das Jahr 1000 verbot auch Bischof Burchard von Worms den Grünschmuck zu Weihnachten. Aus dem Jahr 1184 stammt eine westphälische Urkunde, die einen weihnachtlichen Baum »zum Festfeuer« erwähnt. Im »Narrenschiff« von Sebastian Brant (um 1494) lesen wir[23]:

> »Und wer nit etwas nüwes hat
> und umb das nüw jor syngen gat
> und gryen tann risz steckt in syn huß,
> der meynt, er leb das jor nit uß.«

Nach einem Hinweis aus dem Elsässischen (um 1500) wurden mit einem »weyenacht meyen« Häuser und Scheunen geschmückt. 1508 predigte in Straßburg Geiler von Keysersberg gegen die »heidnische Unsitte« von »dannenreis in die stuben legen« und das gegenseitige Beschenken. In Riga (Lettland) sind schon 1514 Weihnachtsbäume beurkundet. Im Jahre 1525 gibt es in Salzburg eine Verordnung über das Abhacken von Weihnachtsgrün. Elsässische Urkunden aus Schlettstadt erwähnen 1526 Weihnachtsbäume und verboten 1555 das Abhacken von Weihnachtsbäumen. Gleichfalls aus dem Elsaß stammt eine Waldordnung aus Ammerschweier, die Regeln für das Abschlagen von Weihnachtsbäumen aufstellt: Jeder Bürger darf danach höchstens einen Baum schlagen, der nicht länger als acht Schuh (2,50 Mtr.) sein darf. Das bekannte Lied »O Tannenbaum, du bist ein edles Reis«[24] taucht auf einem Fliegenden Blatt um 1550 und im Ambraser Liederbuch 1582 auf, die Melodie und Textteile auch in einer Handschrift von 1590. Schon in den ältesten Erwähnungen der Weihnachtszweige und -bäume ist das Behängen mit Obst, Nüssen, Lebkuchen, Zischgold, Spielzeug und Süßigkeiten erwähnt. Eine genaue Beschreibung des Weihnachtsbaumschmuckes enthält die Schilderung einer elsässischen Reise von 1605[25]:

> »Auff Weihenachten richtett man dannenbeumen zu Strasburg in den stuben auff, daran hencket man rossen, aus vielfachem papir geschnitten, äppel, ablatten, zischgolt, zucker und so fort. Man pflegt darum einen viereckent rahmen zu machen und vorn... (Rest unleserlich)«.

Eine Quelle von 1632 aus Lützen berichtet, daß ein schwedischer Offizier in der dortigen Kirche einen mit Kerzen geschmückten Tannenbaum aufstellte, wie es »*in seiner Heimat üblich*« wäre. 1654 verbot die evangelische Kirche offiziell den Weihnachtsbaum. 1657 läßt die Geistlichkeit in der Oberpfalz den Weihnachtsbaum als ein »*gar unflätig, unchristlich Ding*« von der Polizei verbieten. 1684 verurteilt der Straßburger Domherr Dannhauer in seiner Schrift »Katechismusmilch« Unsitten:

> »... unter anderen Lappalien ist da der Weihnachtsbaum, den man zu Hause aufrichtet, denselben mit Puppen und Zucker behenket...«.

1709 wird ein Buchsbaum als Weihnachtsbaum erwähnt, der auf jedem Zweig eine Kerze hatte, 1750 gibt es mehrere Berichte über lichtergeschmückte Weihnachtsbäume. 1775 verbot der großherzogliche Oberforstmeister von Wedel in Weimar das Abholzen der Weihnachtsbäume. Die Forstleute erhielten die Anweisung, am 21. 12. die Bäume besonders zu schützen.

Jeder erhielt zwei Schilling für das Bewachen der Bäume und ebensoviel, wenn er sie - im Auftrag der Gemeinde - abschlug. Erst zwischen 1750 und 1800 wurden die Baumverbote wieder aufgehoben, 1813 ist der Weihnachtsbaum in Wien, 1830 in München neu eingeführt worden. Noch in den 40er Jahren des vorigen Jahrhunderts wetterte der Papst gegen den heidnischen Brauch des Weihnachtsbaumes, heute versucht die Kirche ihn in »Christbaum« umzunennen und stellt Weihnachtsbäume in den Kirchen auf.

Seinen heidnischen Bezug zu den Göttern belegt der schweizerische Name »Bechteli« (die Göttin Perchta, d. i. Frick) für den Weihnachtsbaum.

Abbildung 11: Weihnachtsbaum.

Abbildung 12: Brauchtümlicher weihnachtlicher Lebensbaum.

Abbildung 13: Julbogen - Weihnachtsgestell mit Kerzen und Menschenpaar.

Der Weihnachtsbaum oder der Weihnachtszweig ist ein Symbol dafür, daß auch in der Zeit des tiefsten, kältesten Winters die Kräfte der Natur und der Götter die Menschen nicht verlassen. Darum muß es ein Nadelbaum sein, der im Winter grün ist (oder ein zuvor ins Wasser gestellter Zweig, der ergrünt). Außerdem symbolisiert er die immergrüne Weltesche. Der Weihnachtsbaum muß bis Fasnacht stehen bleiben, nicht nur über die Weihnachtszeit, denn der kalte Winter bleibt ja auch bestehen, so daß die Symbolik des grünen Baumes auch für die nachfolgende Zeit passend ist. Überliefert ist, daß man den Weihnachtsbaum im Funkenfeuer zu Fasnacht verbrennt.

Der Weihnachtsbaum wurde früher in der Mitte der Stube aufgestellt und umtanzt. Ein alter norwegischer Weihnachtsreigen lautet[26]:

»Nun jauchzt und singet hell,
Nun klatscht und dreht euch schnell!
Kommt tanzen den Weihnachtsreigen
Und vor dem Baume uns neigen und beugen.«

Geschmückt wurde er mit Äpfeln (als Ersatz auch: Glaskugeln), Nüssen, Gebildgebäck, Lametta (wird als Schneesymbol oder als Bild des Nornengespinstes gedeutet), Papierblumen, Oblaten und natürlich Kerzen, ursprünglich in den Stamm gesteckte Talglichter, die nicht nur Symbole des wiederkehrenden Lichtes der Götter, sondern auch Symbole für die Götter und Geister selbst sind. Am letzten Tag des Julfestes wird das Gebildgebäck vom Weihnachtsbaum abgenommen und gegessen. Unter den Baum werden auch bunte (goldene, silberne) Eier gelegt.

Abbildung 14: Weihnachtsgestell mit Äpfeln und Buchsbaum.

Auch schon vor dem eigentlichen Aufstellen des Weihnachtsbaumes finden wir Lichter und Tannenschmuck. In Friesland stellt man (in Ermangelung genügender Bäumchen) hufeisenförmig gebogene Zweige als »Weihnachtsbögen« auf, wobei darin der Lebensbaum, mit roten Äpfeln und Nüssen behangen, steht. An Gebildgebäck finden wir Mann und Frau (Askr, Embla), die Odalsschleife, Herz (Frick), Wickelkind (Sonnenkind), und viele andere Formen. Die Abb. 16 auf Seite 38 stellt einige überlieferte Weihnachtsgebäcke zusammen. Es gibt zahlreiche andere Weihnachtsschmuckgebilde, z. B. Weihnachtspyramiden aus Holz, die den dreistufigen Weltberg symbolisieren (seit 1534 bezeugt) oder Weihnachtsgestelle (Putzapfel, s. Abb. 14) usw. In Skandinavien werden auch die Julstangen oder -bäume vor dem Hause aufgerichtet, es sind z. Teil abgeästete Stangen, auf deren Spitze verschiedene Figuren hergerichtet sind.

Die Mistel.

Aus England ist der Brauch des Mistelaufhängens zu uns zurückgekehrt. Über die Türe oder in die Mitte der Stube wird die Mistel auf-

Abbildung 15: Weihnachtsgebäck.

gehängt. Jedes unverheiratete Mädchen, welches versehentlich oder absichtlich unter diesen Zweig gerät, muß sich von den Burschen küssen lassen. Die Mistel ist eine dem Mond geweihte Pflanze und steht daher mit der Liebe in besonderer Verbindung. Die Druiden schnitten die Mistel am 6. Tag nach Neumond mit einer goldenen Sichel (Mondsymbol) und ließen sie auf ein weißes Tuch fallen, welches unter dem Baume ausgebreitet war. Dann opferten sie an der Stelle einen Stier (Mondstier). Von den verschiedenen Mistelarten galt besonders die Eichenmistel als heilig. Sie ist sehr selten; unter einer Eichenmistel legten die Druiden daher ihre Kultstätten an. In der Edda ist es ein Mistelzweig, der dem Sonnen- und Lichtgott Balder den Tod bringt; im Naturmythos ist die Mistel der Mond, die immergrünen Blätter sind die Mondsichel, welche sich bei Sonnenuntergang zeigt. Am Ende der Zwölf Nächte wird die Mistel wieder abgenommen und im Feuer verbrannt. Ein anderer, ursprünglich celtischer Julfestschmuck ist die Stecheiche oder Stechpalme (Ilex, dt. auch Hülse). Sie ist eine immergrüne Pflanze mit stachligen Blättern. Die Stechpalme hält alles Böse vom Hause ab.

Abbildung 16: Aufgehängte Mistel.

Rauchnächte.

Die Rauchnächte werden auch irrtümlich »Rauhnächte« genannt, wobei dies die ältere Schreibweise darstellt. Es sind Nächte, an denen die Häuser ausgeräuchert werden. Sie sind nicht mit den 12 Weihenächten zu verwechseln. Bei den Rauchnächten gibt es im Brauchtum keine einheitliche Überlieferung. In manchen Gegenden werden die Klöpfelnächte als Rauchnächte angesehen und so behandelt, in andern Gegenden werden die Heiligentage vor dem Julfest und Tage des Julfestes selbst als Rauchnächte angesehen.

Zuweilen gelten auch alle 12 Weihenächte zugleich als Rauchnächte, oft aber nur die erste, mittlere und letzte Nacht des Julfests. Nach heidnischer Überlieferung sind also die Klöpfelnächte, sowie der Anfang, die Mitte und das Ende der 12 Weihenächte oder alle Zwölf Nächte zugleich als Rauchnächte anzusehen. Auch die Vorabende anderer Feste (Fasnacht, Maifest, Winternacht) sind Rauchnächte.

Der Hausvater oder die Hausfrau geht am Abend, gefolgt von der Familie, durchs Haus mit einer Rauchpfanne oder einem Rauchhafen in der Hand, durch alle Räume des Hauses und durch Stall und Scheunen. Dabei darf niemand etwas fallenlassen. Überall wird geräuchert und dazu - neben Gebeten gegen böse Geister - gesprochen[27]:

»Glück ins Haus, Unglück hinaus.«

Die Räume werden auch mit Weihwasser besprengt. Geräuchert wird mit Baumharzen (z. B. Kiefer, Fichte, Tanne), frischen Wacholderbeeren, Odinskopp (Alantwurzel) oder Zweigen und geweihten Kräutern. Fichtenharzweihrauch wird geradezu »heidnischer Weihrauch« genannt. Man verwendet zum Räuchern auch einen irdenen Topf. Mit dem Weihrauch vertreibt man alle bösen Geister des alten Jahres und macht es den guten Geistern, Göttern und Ahnen möglich, im eigenen Hause einzukehren (Ahnenopfer).

Am 13. 12. (Lucia), ursprünglich wohl am Berchtenabend, räuchert die Hausfrau mit der Holzasche des im Osterfeuer verbrannten Holzes. Der Berchtenabend ist die wichtigste Rauchnacht, sie heißt »Foast-Rauhnacht«, weil es da recht fettes Schweinefleisch (ursprüngliches Julebermahl) zu essen gibt, es werden von maskierten Burschen »Foastrauhnochtlieder« gesungen. Auch das Zeltenbrot wird an einer

Rauchnacht eingeräuchert. Es gibt Rauchweizen, den alle essen müssen, außerdem wird der Räuchwecken gebacken. Die Rauchnächte sind auch der Zeitpunkt des Götter- und Ahnenopfers (bzw. beim Opfer wird geräuchert) und werden zum Losen genutzt.

Götter- und Ahnenopfer.

Dem Gott Wodan und den Toten wird im Norden ein Tisch mit Speisen gedeckt, auf deutschem Gebiet ist dieses Opfer auch für Perchta (Frick) bezeugt, vereinzelt werden die drei Nornen erwähnt. Darauf deutet auch der bei Beda bezeugte Name »modranecht« (Nacht der Mütter) für die Wintersonnwendnacht. Die Frau Perchta (Stampa) zeigt sich in den Rauchnächten, ihr läßt man Speise auf dem Tisch stehen. Eine Handschrift des 15. Jhs. berichtet, daß man zu Ehren der Frau Perchta die Häuser ziert, indem grüne und blühende Zweige ins Zimmer geholt werden. Dies wird auch für die einkehrenden Toten getan. Früher wurden außerdem die Wände mit Teppichen behängt. Zuweilen wird auch das Vorratshaus offengelassen, damit die Unterirdischen nehmen könnten, was sie brauchen (Albenopfer oder Álfarblót). Mit dem Weihrauch (schon in germanischen vorchristlichen Gräbern gefunden) will man Götter und Verstorbene anlocken, weil man von ihrem Besuch Segen erwartet. Kerzen, besonders das große Weihnachtslicht, sollen die Toten erfreuen und wärmen. Die große Kerze wird kurz zu eines jeden Teller gesetzt. Sie symbolisiert auch das neue Götterlicht. Für die Ahnenseelen, die im Winter umherziehen, wirft man Kuchen aufs Hausdach. Im 14. und 15. Jh. warf man auch Grummet (Grün-Mahd) und Hafer aufs Dach und ließ es darauf liegen, bis die Zwölf Nächte vorüber waren, um es dann dem Vieh zu geben.

Im Norden war früher das Julstroh (aus der letzten Garbe) üblich, in dem alle Hausleute schliefen. Es wurde gelegt, weil die Betten für die in der Julnacht einkehrenden Toten bereitet wurden. Durch diesen Besuch erhielt das Stroh seine segnende Kraft. Später wurde das Stroh durch gehackte Wacholder- oder Tannennadeln oder durch Sand ersetzt. In Ostpreußen heizte man ein Zimmer, stellte Stuhl und Bett hin und schmückte die Stube mit Tannenzweigen für die Toten. Auf das Julstroh goß man auch das Albenopfer. Auch unter dem Tisch opferte man, und dorthin legte man eine Strohpuppe, die nach dem Fest im Stall aufgehängt wurde. Ein Bock aus Stroh, der Julbock oder Julgubben bekam unter dem Tisch zu essen und zu trinken, ihm wurde Stroh hingelegt. Auch Heu oder einen Hering legte man unter den Tisch als Opfergabe. Früher wurde ein voller gedeckter Weihnachtstisch das ganze Fest oder doch wenigstens eine Nacht für Frau Perchta und die unsichtbaren Gäste stehengelassen. Heute ist es meist nur noch ein Weihnachtsstriezl und ein Teller Obst mit zwei (oder einer) Kerzen. Die so geopferte »Perchtmilch« wird am nächsten Tag getrunken. Auch Bier läßt man für die Götter stehen. Selbst den Tieren (Bär, Fuchs, der Maus) gibt man Speisereste oder Opfergaben. Der Wassermann erhält gleichfalls zu Jul Opfergaben. Auch den Elementen gibt man Opfergaben: Mehl wirft man in die Luft, Speise vergräbt man und wirft etwas in den Brunnen (auch Honig, Salz, Brosamen oder Geld) und ins Feuer. Opfergaben werden auch an bestimmten Steinen niedergelegt. Essen, Bier, Mehl und Butter opfert man im Feuer und spricht es festlich an (Opfer an Fro).

Jul-Eber.

Am Weihnachtstage oder an einem Tage innerhalb der Zwölf Nächte (meist in der Mitte) wird das Weihnachtsessen feierlich eingenommen. In Deutschland finden wir als traditionelle Weihnachtsessen Schweinebraten oder ein Schweinegericht. Dieses Schweinegericht erinnert noch an das alte Opfertier zum Mittwinterfest, den Jul-Eber. In der Helgaqviða Hiǫrvarǫzsonar der Edda (Pr. IV) wird er erwähnt:

> »Da fuhr Hedin am Julabend einsam heim aus dem Walde...
> Abends wurden Gelübde verheißen und der Sühneeber
> [Sonargoltr] vorgeführt, auf den die Männer die Hände
> legten und beim Bragar-Becher Gelübde taten«.

Nach diesem Jul- oder Sühneeber ist im Norden das ganze Fest benannt: Sonarblót (»Eberopfer«). Als Ersatz für den Juleber gibt es auch oft nur noch den Eberkopf, ein Schweinegericht, ein Gebäck in Eberform oder ein Gebäck mit eingedrücktem Eberkopfsymbol. In Oxford wird noch heute ein Eberkopf feierlich hereingetragen und dazu gesungen[28]:

»Bringt den Eberkopf herbei,
Und singt lautes Lob dem Freyr.
Den Eberkopf trag' ich herein,
Bedeckt mit Laub und Rosmarein.
Ich bitt' euch all stimmt fröhlich ein,
Die hier beim Mahl versammelt sein.«

Dieser Opfereber lebt auch im »Glücksschwein« fort, welches man zu Sylvester als Neujahrsglücksschwein verehrt oder als Marzipanschwein ißt. Der Eber ist das heilige Tier des Gottes Ing-Fro (Freyr). In der Edda heißt der Eber »Gullinbursti« (Goldborstig) oder »Sliðrugtanni« (Reißendzahn) und ist ein Symbol für Sonne und Fruchtbarkeit; im Juleber verehrt man die Kraft des Gottes Fro. Auf den Eber werden Gelübde abgelegt, wie die Hervarar saga[29] belegt:

»König Heiðrek opferte dem Freyr und verehrte ihn am meisten von allen seinen Göttern. Es war Brauch, daß man den Eber nahm, der am besten gedieh und den sollte man aufziehen; den sollte man Freyr für eine Verbesserung des Ernteertrages geben zu Beginn des Monats der Februarius heißt; dann sollte man ein Opfer darbringen für das Wohlergehen. Der König sagt, daß dieser Eber so heilig sei, daß man auf Grund dieses Opfers über alle wichtigen Dinge entscheiden könne. Am Vorabend des Julfestes sollte dieser Opfereber vor den König geführt werden; Männer legten ihm die Hände auf die Borsten und legten dabei Gelübde ab.«

(Dieser Text verwechselt allerdings den Julfesttermin mit dem Frøblót).

Zu diesen Julgelübden ist folgendes zu sagen. Grundsätzlich ist es im Heidentum so, daß man den Göttern etwas opfert und sie um etwas bittet, wenn man ihren Beistand braucht oder ihnen für geleistete Hilfe dankt. Die Opfergaben waren meist pflanzlicher Art, bei größeren Opfern auch Tiere. Diese Tiere wurden geschlachtet und von der Opfergemeinde verzehrt. So nahm jeder die Kraft der Gottheit in sich auf, der das Tier geweiht ist. Das Opferblut wurde mit einem Sprengwedel über die Anwesenden versprengt, außerdem die Götterbilder und Wände des Tempels eingefärbt. Es war aber auch möglich, insbesondere dann, wenn man nicht genügend Opfergaben hatte, daß man den Göttern ein Gelübde machte. Dies mußte dann unbedingt eingehalten werden, wollte man des Beistands der Gottheit nicht verlustig gehen oder sie gar beleidigen. Gerade in der Winterzeit, wo die Vorräte noch für den Winter dringend benötigt wurden, hat sich der Brauch, Gelübde zu vollziehen, erhalten. Das Opfertier trägt die Gelübde in das Götterreich. Dazu wird - quasi zu Befestigung des gesprochenen Wortes - das Bragehorn getrunken. Brage (Bragi) ist Gott der Dichtkunst und der Gott des gesprochenen Wortes.

Heute ist es üblich, die Gelübde auf einen Kuchen in Eberform abzulegen, der später (bis auf den Kopf, den Götterteil) gegessen wird. Oder man ißt ein Schweinegericht und legt zuvor die Gelübde ab. In Ostgotland wurde der Brauch dahingehend verändert, daß wir statt des Jul-Ebers einen Holzklotz finden, der mit einer Schweinehaut überzogen ist. Wenn dieser Block auf den Tisch gebracht wird, tritt der Hausvater heran, legt seine Finger auf den Block und gelobt, ein treuer Verwalter, Gatte, Vater und Herr zu sein. Nach ihm tun Hausfrau, Kinder und Gesinde in gleicher Weise das Gelöbnis treuer Pflichterfüllung[30]. Ein derartiger Block wird schon in der Harðar saga Grímkelssonar im 14. Jh. erwähnt. In Norwegen wurde noch in unserer Zeit das Julschwein geschlachtet und aus den Eingeweiden geweissagt, während es bei uns fast nur noch im Marzipanschweinchen zu Neujahr weiterlebt.

Der eigentliche Sinn des Julfestopfers ist eine Bitte um Frieden und ein gutes kommendes Erntejahr. Fro ist Friedensgott und Fruchtbarkeitsgott. Auch in Norwegen ist der Zweck des Mittwinteropferfestes in dieser Weise überliefert. In der Heimskringla[31] heißt es, daß man zu Mittwinter um um Frieden und guten Winterverlauf opferte.

Gelage.

Nach dem nordischen Gesetzbuch Gulaþingslǫg mußten wenigstens drei Bauern zusammen »Jul trinken«. Ab dem 3. Jultag sind derartige Gelage, bei dem jeder seinen Anteil mitbringen muß, noch heute in Schweden üblich. Es wird Met und Bier getrunken. In England und Frankreich wird hier heute besonders der aus Amerika eingeführte Truthahn gegessen. Als Nachtisch gibt es in Frankreich das »Buche de Noel«, das »Weihnachtsscheit« (neuerdings auch als Eis). Es handelt sich um eine Art Cremerolle in Form eines großen Holzscheites (Julblock). In England wird ein Pudding mit Rum übergossen und brennend in die verdunkelte Stube getragen. In ihn werden auch einzelne Silbermünzen gebacken, die dem Finder Glück anzeigen. Sie müssen heute der Hausfrau zurückgegeben werden. In Deutschland finden wir als traditionelle Weihnachtsessen neben dem Schweinegericht die Weihnachtsgans, dem Wodan geweiht, Brot, Kuchen, Brei (Julgrütze), Erbsen, Bohnen, Mohnkörner, Klöße und Kuhfleisch. Ein Mehlgebäck mit einer Schicht Honig darauf wird gemeinsam gegessen, außerdem Milchrahm und Speisen von verschiedenen (7 oder 9) Körnern und Früchten. Fleischbrühe mit Weißbrot am ersten Julabend oder Milch mit Weißbrot sind Opferspeisen, wie der Stollen. Das Weihnachtsbrot (aus dem Mehl der letzten Ähren, oft Roggen) heißt »Julgalt« (Jul-Eber), es liegt auf dem Weihnachtstisch, ein Teil wird verzehrt, der Rest im Frühjahr mitausgesät. Weihnachtsstriezel und Stollen (Zopfstollen gelten der Frau Holle) sind heilkräftig. Mehrere Brote übereinandergesteckt, mit Kringeln und Äpfeln besteckt und oben mit einem Hahn oder Apfel geziert, heißen »Julhögar« (Julhügel) und sind Geschenke. Gebildgebäck finden wir in Eberform, als Ringe, Hakenkreuze, Scheiben und tiergestaltig (s. Abb. 15). Pfeffer- und Honigkuchen sind durch die Christen vermittelte Gebäcke. Alle Reste von den Opfergelagen werden unter die Obstbäume gelegt, dazu gesagt:

»Ihr Bäume und Äste, kommt rein zu mir,
Seid alle meine Gäste. Bäume eßt's«

Die Obstbäume werden auch geschüttelt damit sie reichlich Frucht geben und mit Strohseilen umwunden, wobei man spricht[32]:

»Schlafe nicht Bäumchen, Frau Hulle kommt«.

In Schweden sagt man bei Wind:

»Freyja schüttelt die Obstbäume«.

Zwölf Nächte.

Wie schon ausgeführt, dauert das Mittwinterfest 11 Tage und 12 Nächte. Später wurde es auch auf drei Tage verkürzt, weil man oft nicht länger Gäste bewirten konnte. In den Zwölf Nächten wird das Wetter des neuen Jahres »gemacht«, d. h. wie das Wetter an jedem Tage ist, so wird es im entsprechenden Monat des neuen Jahres sein. Es darf aber diese Prognose nur in der Zeit von 8 Uhr Vormittags bis 4 Uhr Nachmittags genommen werden. Der Berchtentag entscheidet zuletzt noch, ob die Wetteranzeige der Lostage eintreffen wird, oder nicht. Ist das Wetter trocken, gilt sie, gibt's aber Schnee und Regen, gilt sie nicht. Auch für die Träume gilt, daß jeder Traum der Zwölf Nächte für einen Monat im neuen Jahr steht und dort in Erfüllung geht. Träume vor Mitternacht gelten für den Monatsanfang, nach Mitternacht für das Monatsende. Wie man an jedem Tag der Zwölf Nächte lebt, so lebt man auch im Monat des neuen Jahres. Darum findet das gegenseitige Beschenken statt, damit man auch im neuen Jahre Geschenke und Reichtum erhält. Später wird noch das Beschenken am 8. Jultag (dem Neujahrstag) erwänt (z. B. in der Bjarnar saga Hitdœlakappa 3 u. 28). Es ist heute auch üblich, daß jeder Gast einer Julfeier ein Geschenk mitbringt, dieses in einen bereitgestellten Sack tut. Später werden die Geschenke dann an alle Gäste verteilt, so daß jeder ein anderes Geschenk erhält. Dies nennt man Julklapp. Ich habe keine Überlieferung gefunden, inwieweit man bei einem 13-Monatsjahr auch 13 Julnächte als jahranzeigend zählt (indem man also einen 13. Jultag begeht). Außerdem ist nicht überliefert, ob die Vorbedeutung auf die heutigen Monate, oder - wie ich es annehme - auf die alten Mondmonate bezogen werden muß. Nach meinen eigenen Erfahrungen bezieht sich die Vorbedeutung auf die Mondmonate und bei einem 13-Monatsjahr muß man auch 13 vorbedeutende Nächte zählen.

In dieser Zeit muß Frieden herrschen, und man arbeitet nicht, damit man im neuen Jahre weniger Arbeit hat. Es ist sogar verboten, zu arbeiten oder gar zu Spinnen. Schon vor dem Fest muß aller Flachs abgesponnen sein. Nur die Göttin Frick spinnt jetzt die Schicksalsfäden des neuen Jahres zusammen. Verboten ist auch jede Arbeit mit drehender Bewegung, weil jetzt ja das Jahresrad still steht, und darum darf sich kein anderes Rad drehen.

In den Zwölf Nächten vollzieht man die Opfer an die Götter und an die Geister. Die Götter kommen auf die Erde zu den Menschen und in die Häuser (die Sonne hat im Winter ihren Tiefstand), und die Stuben sind zum Empfang der Götter gerüstet. Es gilt als unhöflich, Gäste abzuweisen, vielmehr muß jedem Ankommenden Bier und Branntwein (ursprünglich Met) geboten werden In dieser Zeit kann auch Zauber und Orakel (Runenlosen) durchgeführt werden; noch heute werden vielfach zum Altjahresabend (31. 12.) Blei- oder Wachsgießen veranstaltet und andere Orakel.

In den Zwölf Nächten finden außerdem zahlreiche Umzüge und Gelage statt. Überliefert ist ein Minnetrinken auf die Götter, besonders Fro und Balder, welches sich noch im Minnetrunk auf Stephan und Johannes (26. und 27. 12.) erhalten hat. Diese Minne wurde auch am 25. 12. oder 1. 1. getrunken. Die Minne wurde für ein glückliches neues Jahr, für Stärke (Männer) und Schönheit (Frauen), für Geburtserleichterung und gegen Zwietracht der Eheleute getrunken. Am 26. 12. wurde später der Rotwein, am 27. 12. der Weißwein geweiht. Auch für Frowa wurde getrunken. Der 26. 12. galt auch als der große Pferdetag, wo die Pferde geweiht wurden und Umritte und Ausritte stattfanden. Das Aufhängen eines Pferdeschädels am Hause oder eines Hufeisens als Weihegabe erinnert noch an alte Pferdeopfer. Auch Wasser und Salz, ja sogar Samen (Hafer) wurden jetzt geweiht, und mit Weihwasser wurden die Felder besprengt und etwas in Quellen gegossen. Außerdem wird in den Zwölf Nächten, meist schon in der Wintersonnwendnacht, das Weihwasser, »Heilwag« (heiliges Wasser) geschöpft. Um 12 Uhr wird das Wasser vom Brunnen geholt, zuweilen von einem Pärchen oder Dienstleuten. Es wird gegen Krankheiten verwendet. Umzüge der Perchten, Glöckler, Holden, Klöpferle, der norwegischen Julburschen (Julesvenner) und die schwedischen Julbockumzüge, mit Tanz um den Baum, auch im Hause, sind vielfach üblich. Dabei finden wir Pelzvermummung, Tierverkleidung (Bär, Wolf, Bock, Storch, Vogel) und Strohverhüllung. Beim Umzug werden auch Lieder gesungen und Gaben erheischt. Lärmbräuche (z. B. Schießen) dienen zur Abwehr von Dämonen.

In Östergötland wurde der Tanz am 2. Jultag mit einem Aufzug eröffnet. Zwei weißgekleidete Mädchen mit Goldkronen und Flitterstaat angetan, trugen den brennenden Julbaum (julbuske) herein, während zwei andere Mädchen gleichzeitig eine Kaltschale hereintrugen. Der Baum in einer Kiste mit Erde wurde in die Mitte gestellt und zum Gesang von den Mädchen und anderen umtanzt.

Perchtenabend.

Die letzte der Zwölf Nächte wird auch der Perchtenabend genannt, der darauffolgende Tag ist der Perchtentag oder Berchtholdstag. Schon im Jahre 900 beschwerte sich ein Mönch aus dem Kloster Attel am Inn über Leute, die lieber Lieder der Göttin Perchta singen, als »Ave Maria« zu beten. Die »giperchtennacht« wird zuerst in den Mondseer Glossen (um 1000) als Vornacht von Dreikönig schriftlich bezeugt[33]. Perchta ist die »bergende« oder »strahlende« Erdmutter Frick. Als Symbol des Einzugs des neuen Jahres findet mancherorts das Perchtenlaufen oder die Perchtenjagd statt. Eine weißgekleidete Frau mit einer Handspindel und einem Spinnrocken stellt die Göttin Perchta dar. Zwölf häßlich verkleidete Burschen mit fratzenhaften Holzmasken und umgehängten Kuhglocken, die sog. »schiachen« (häßlichen) Perchten, symbolisieren die 12 Monate des alten Jahres, zwölf Burschen mit schöngeschnitzten Holzmasken, die schönen Perchten, stellen dagegen das neue Jahr dar. Zusammen ziehen sie umher, jagen sich, lärmen und klopfen an die Türen. Der Brauch symbolisiert die Ablösung des alten durch das neue Jahr. Es gibt auch Schnabelperchten, Masken, die aus Stoffschnäbeln bestehen (s. Abb. 17). Andere Perchtenumzüge, die bis zu 10 Stunden dauern können, haben die Perchtadarstellerin nicht, die Zahl der Maskenträger geht bis an die 100. Mit Besen wird das Böse, Alte, Schmutzige symbolisch weggefegt. Sie heißen Reinlichkeitsperchten. Auch Lärmbräuche sind üblich, wobei heute diese oft am Altjahresabend mit Feuerwerk (statt Hörnern, Peitschen und Schellen) vollführt werden. Bei den Umzügen der Sternsinger am Perchtentag, die als drei hl. Könige christianisiert wurden, handelt es sich um die drei Schöpfergötter Wodan, Höner und Lodur oder die Nornen. Früher folgten noch 20 bis 100 Burschen den drei Königen mit ihrem Hauptsternen. Die Sterne drehen sich im Sonnenlauf und symbolisieren die Sonnengottheit.

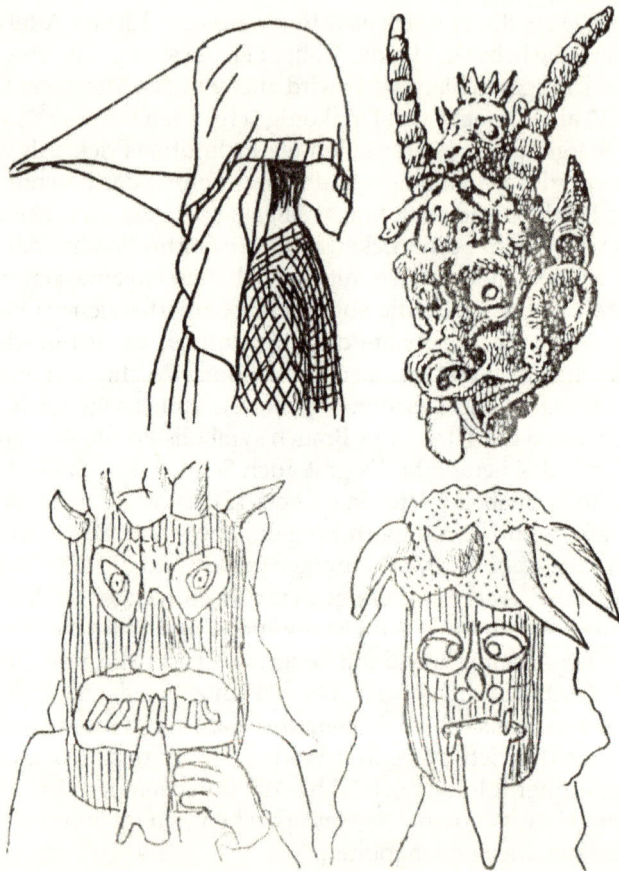

Abbildung 17: Schnabelperchte, geschnitzte Perchtenmaske, Schiach-
perchten aus dem Rauriser Tal.

Kapitel 3

Fasnacht-Frøblót

Unter verschiedenen Namen ist uns dieses germanische Vollmondfest überliefert. Die gebräuchlichste Bezeichnung lautet Fasnacht (mittelhochdeutsch vas[e]naht, oberdeutsch und mittelrheinisch Fas[e]nacht) und rührt vom frühniederdeutschen Wort »fasen, faseln« = gedeihen, fruchtbar sein, her, vgl. die rheinischen Formen Fasabend, Faselabend. Althochdeutsch »fasal« = Nachkommenschaft, mittelhochdeutsch »vasel« = Zuchtvieh, »vaseln, viseln« = Gedeihen, fruchtbar sein, »visel, viselin« = männliches Glied. Das Wort Fasnacht ist seit 1200 bezeugt, in Wolfram v. Eschenbachs »Parzival« findet sich »vasnacht«. Die Kirche deutete den Begriff um und machte daraus die Fastnacht (mittelhochdeutsch vastnaht), also das Fest vor der Fastenzeit. Während »Fasnacht« das eigentliche Fest bezeichnet, bedeutet »Fasching« (mittelhochdeutsch vast-schanc, vastschang, vaschanc) vielleicht das »Ausschenken des Trunks zur Fasnacht« und später allgemein die Festzeit, die Zeit vor und nach der eigentlichen Fasnacht. Im celtischen Bereich hieß das Fest Imbolc oder Oimelc. Die etwa seit 1700 aus dem Italienischen übernommene Bezeichnung »Karneval« stammt von lat. »carrus navalis« (= Schiffswagen) und bezieht sich auf die derartigen Festumzüge. Mit »carne val« (= Fleisch lebe wohl) versuchte die Kirche auch diesen Namen umzudeuten. Heute hat auch jeder Fasnachtstag einen eigenen Namen (Sonntag: Herrenfasnacht, Montag: Bauernfasnacht, Rosenmontag, Guter-, Blauer- oder Geiler Montag, Dienstag: Narrenfasnacht, der Hauptfasnachtstag).

Im skandinavischen Bereich heißt das Fest Frøblót (= Opfer für den Gott Fro) und Dísablót (Opfer für die Disen). In Schweden wurde es von Hading eingeführt, der mit einem derartigen Opfer eine Freveltat gesühnt hatte. Der Chronist Saxo Grammaticus schrieb gegen 1200 in seiner Gesta Danorum[34]:

>>Damit die Götter ihm wieder ihre Gnade zuwandten, opferte er dem Gotte Frö schwarze Opfertiere. Diese Art des Opfers wiederholte er im jährlichen Umlaufe der Tage und hinterließ sie auch der Nachwelt zur Nachachtung. Fröblod nennen die Schweden dieses Opfer.<<

Das Dísablót war auch Zeitpunkt eines großen Marktes und wurde später Disting genannt. Alle neun Jahre wurde in Upsala ein Hauptfest zu diesem Zeitpunkt begangen, von dem uns die Quellen berichten. In der Saga Olafs konungs hins helga[35] heißt es:

>>In Schweden war es ein alter Brauch, solange das Heidentum dort herrschte, daß das Hauptopfer im Monat Gói [Februar] zu Upsala stattfinden sollte. Da sollte ein Opfer gebracht werden für Frieden und für den Sieg ihres Königs. Dorthin sollten Männer aus dem ganzen Schwedenreiche kommen, und dort sollte zu gleicher Zeit das Þing aller Schweden abgehalten werden. Auch war dort ein Markt [Distingmarkt] und eine Messe, die eine Woche lang dauerte<<.

Auch in Dänemark wurde in dieser Zeit im Hauptheiligtum Lejre bei Roeskilde ein besonderes Fest gefeiert. Thietmar von Merseburg (nach 1009) schreibt darüber in seiner Chronik[36]:

>>Hier will ich aber doch die wunderbaren Geschichten, die ich von ihren [der Dänen] Opfern gehört habe, nicht unerwähnt lassen. Es ist ein Ort in jenen Gegenden, namens Lederun [Lejre bei Roeskilde], die Hauptstadt jenes Reiches im Gau Selon [Seeland], wo alle neun Jahre im Monat Januar, nach der Zeit, wo wir die Erscheinung des Herrn feiern, alle zusammenkamen und ihren Göttern neunundneunzig Menschen und ebenso viele Pferde nebst Hunden und Hähnen, die man in Ermangelung der Habichte opferte, töteten, indem sie für gewiß glaubten, daß diese ihnen bei den Göttern Dienste leisten und begangene Missetaten bei ihnen sühnen würden.<<

Gemeint sind hierbei nicht 99 Menschen, sondern 9 Menschen (ver-
urteilte Verbrecher), 9 Hunde, 9 Hähne usw., wie Adam v. Bremen
beschreibt, insgesamt 99 Opfer, die an die neunjährige Frist des Festes
erinnern. Nach den späteren Ergänzungen des Scholiast zu Adam v.
Bremen fand dieses neunjährige Fest allerdings zur Frühjahrsgleiche
statt; die unterschiedlichen Angaben (nach Dreikönig, um die Frühlingsgleiche) rühren daher, daß es ein bewegliches Vollmondfest ist,
das je nach Mondphase früher oder später gefeiert wurde.

Zeitpunkt.

Beim Fasnachtsfest handelt es sich um ein Vollmondfest, Procop (um
550) schreibt in seinem bello Gothico[37], daß die Bewohner Thules
wenn 35 Tage der Polarnacht vorüber sind, auf die Berge gehen und
die Sonne sehen und melden, daß sie in fünf Tagen alle beleuchten
werde. Alsdann feierten sie ihr größtes Fest. Die genaue Berechnung
ist nach dieser Quelle nicht sicher, wahrscheinlich ist das Fest der Thu-
lebewohner auch nur ein besonderes Fest der Polarregion, das aber in
etwa dem Frøblót entspricht. Über den Zeitpunkt des Frøblót-Dísablót
gibt es spätere Aufzeichnungen aus Skandinavien. Olaus Magnus[38]
(um 1550) schreibt in seiner »historia de septentr. gentium var. condi-
tionibus« (Rom 1555), daß der Neumond, der nach 0 Uhr mitternachts
zwischen dem 6./7. Januar eintrifft, der Distingsneumond ist; der darauf folgende Vollmond ist Distingsvollmond. Der 6./7. Januar war der
letzte Tag des 12tägigen Julfestes, auch genannt der »Dreizehntag«.
Also muß an dem Vollmond, der dem ersten Neumond nach Ende des
Julfestes folgt, Fasnacht gefeiert werden. Bei Johann Bureus (1599) im
»Runokänslones lärespån« heißt es[39]:

>»Wenn Dreizehntetags Neu- zu Vollmond geht,
>dann Disating in Upsala steht.«
>[När trettondags nyt i fylle går,
>då disating i Upsala står.]

Noch kürzer findet sich die Schaltregel bei Magnus Celsius (1673)
im Comp. eccl.[40]:

>»Der Neumond, der nach Dreizehntetags Mittnacht er-
>scheint, ist Distingmond«.

51

Das ursprüngliche Vollmondfest wurde im christlichen, mondunabhängigen Kalender auf den Anfang Februar festgeschrieben. Das Fest des Gottes Fro (Yngvi-Freyr) wurde durch den christlichen Ignatiustag am 1. 2. ersetzt, in Schweden heißt noch heute der 3. 2. »Disa« nach dem Dísablót[41]. Um die vierzigtägige christliche Nachzeitspanne von Weihnachten zu erhalten, wurde das Fest im Jahre 494 auf den 2. 2. verschoben, dem Tag »Maria Reinigung«. Dieser Name erinnert an das in dieser Zeit übliche entsprechende römische Fest der Lupercalien (Reinigungsfest), das gleichfalls mit dem 2. 2. übernommen wurde. Der Name Maria Lichtmeß (»Lichtankündigung«, mezzen = ankündigen) für den 2. 2. bezieht sich auf die seit dem 5. Jh. bezeugten Lichterprozessionen und die seit dem 10. Jh. bekannten Kerzenweihen. Mit der Einführung dieses Marienfestes nahm man auch Bezug zum »Weibermonat« Februar und zur Weiberfasnacht.

Der Hauptersatz bildet aber das heutige, eigentliche Fasnachtsfest, welches als bewegliches Fest vor die 40tägige christliche Fastenzeit vor Ostern gesetzt wurde. Es besteht aus dem Fasnachtssonntag und geht bis zum Aschermittwoch. Da seit der Synode von Benevent 1091 die sechs Sonntage der Fastenzeit ausgenommen wurden, wurde der Festtermin um 6 Tage vorverlegt und nun Herrenfastnacht oder Pfaffenfastnacht genannt, weil er von der Obrigkeit vorgeschrieben worden war. Am Oberrhein dagegen behielt man den alten Termin bei und feiert dort, wenn andernorts schon gefastet wird. Im »Indiculus superstitionum« (um 743) wird ein germanisches Fest im Februar erwähnt, die »Spurcalien«, nach welchem der Februar noch heute zuweilen »Sporkel« genannt wird. Möglicherweise war dieses Fest der Matrone Aufania geweiht und entspricht der Fasnacht. Beda (gest. 735) erwähnt eine Göttin Hrede (= Erde) die dem Monatsnamen Hredmonat entspricht. Er nennt einen Monat Solmonat (ursprüngl. Seelenmonat) und übersetzt dies als Kuchenmonat, weil hier den Ahnen Kuchen geopfert wurden. Umzüge der Frau Herke, Holle oder Bercht finden sich vereinzelt auch zu Fasnacht. Im Norden war auch das Þorrablót (Opfer im Monat Þorri) und Góiblót (Opfer im Monat Gói) üblich. Verschiedene andere Heiligenfeste erinnern an germanische und römische Kultfeste. So heißt der Valentinstag (14. 2.), auf den viele Liebesbräuche fallen, bei uns noch »Vielliebchentag«, er war einst ein Festtag der Juno. Als Ersatz für die römischen Feralien (ein Totenfest, welches die Griechen als Anthesterien feierten) wurde Petri Stuhlfeier (22. 2.)

eingeführt. Am 22. 1. ist Vincenztag, am 24. 2. ist der Festtag Matthias, und auch der Sonntag Lätare hat als Todsonntag zahlreiche Bräuche des germanischen Disen- und Ahnenkultes übernommen.

Mythen.

In Skandinavien stehen der Fruchtbarkeitsgott Ing-Fro (Yngvi-Freyr) und die Disen besonders im Mittelpunkt des Fasnachtskultes. »Disen« (altnord. dísir, althochdt. idisi) ist der germanische Name für Geistwesen aller Art, besonders Wachstumsgeister. Auch Walküren und Folgegeister (Fylgjen) sowie Ahnen werden mit diesem Begriff bezeichnet. Der Mythos des Festes ist in den Skírnisfǫr der Edda enthalten. Fros Diener Skirner fährt zu den Winterriesen, um dort um die Erdgöttin Gerda (Gerðr) für Fro zu werben. Fro wird dann auf eine spätere Zeit vertröstet, nämlich auf Ostern. Skirner (Skírnir), der erste Sonnenstrahl der kommenden Frühlingssonne, bringt Gerda dazu, die Werbung des Sonnen- und Fruchtbarkeitsgottes Fro anzunehmen. Die Licht- und Sonnenmacht wird also langsam stärker und ist in der Lage, die Erde Gerda aus der Winterhaft im Reich ihres Vaters zu befreien. Der Bezug dieses Festes zur Lichtwiederkehr hat sich auch noch in Versen aus dem 7. Jh. erhalten[42]:

> »Das Licht kam in die Welt und erhellte sie,
> die von Finsternis umfangen war.
> Das strahlende Licht aus der Höhe kam zu uns
> und leuchtete denen, die in Finsternis
> und im Dunkel des Todes saßen.«

Den Mythos von Ing-Fro und Gerda finden wir auch bei den Celten, wo der Gott Oengus (= Ingwaz, Ing) heißt. Oengus ist der Gott der lichten Kräfte, der überall hilfreich und schützend eingreift. In der altirischen Liebesgeschichte Aislinge Oenguso (Oengus Traumgesicht) aus dem 9. Jh. wird erzählt, wie Oengus jede Nacht eine wunderschöne Jungfrau erblickt, die aber immer entschwindet, wenn er nach ihr greift. Die Götter helfen ihm nun, so daß er endlich seine Geliebte Caer Ibormait findet und in die Arme schließen kann.

Fro ist der Herr Albenheims, und somit sieht man auch eine Verbindung zu den Lichtalben (Ljósálfar), den lichten Geistwesen höherer

Sphären. Der Bezug von Fro zu den Geistern erklärt viele noch heute übliche Lichtmeßbräuche.

Abbildung 18: Der Gott Fro mit seinem Diener Skirner. Auf der rechten Seite ist der Rest des Winterriesens Bele (Beli) zu erkennen, den Fro bekämpfen wird. Bilder von einem Helmbeschlag aus Upland in Schweden, vor 700 u. Zt.

Neben Fro und Gerda stehen auch die Vanengottheiten Nerd (Njǫrðr) und Nertha (Njǫrunn), also die Eltern des Fro, im Vordergrund. Auch die Stiefmutter Fros, Skade (Skaði), die Gemahlin des Nerd, hat hier Bedeutung, der Mythos, wonach Skade als Buße für ihren getöteten Vater Tjazzi mit einem der Götter vermählt wird, wobei sie ihn nur nach den Füßen auswählt (es ist Nerd), wird so gedeutet, daß Tjazzi den Winter mit seinen Stürmen symbolisiert, Skade aber die eisigen Frühjahrswinde. Loke als Verkörperung der Sommerwärme muß Skade zum Lachen bringen, d. h. den eisigen Wind besänftigen. Die Wahl des Gottes nach den Füßen deutet auf die Zeit der Zeugung hin, denn der Fuß ist ein uraltes Zeugungsymbol. Der Urriese erzeugte Nachkommen mit seinen beiden Füßen, bei der Eheschließung werden Braut und Bräutigam an den Füßen zusammengebunden usw. Der Mythos von Skade ist in den Skaldskaparmál 1 (Bragerœður 2) zu finden. Überliefert sind gerade Fros- und Nerthaumzüge in dieser Jahreszeit. Nerd ist Gott der Schiffahrt und des Reichtums, wohl auch des Meeres, Nertha (Nerthus) wird bei Tacitus (Germania) als Mutter Erde erwähnt; sie entspricht der Njǫrunn und der Jǫrð (Erde). Bei den Celten wurde besonders die Göttin Brigit-Brigantia verehrt, die auch Sul heißt und vom Namen der germanischen Göttin Sunna (Sól) oder Sinthgunt (Sýn) entspricht. Sie hat aber auch Züge der Frowa.

Im Heldenmythos tritt an die Stelle des Licht- und Sonnengottes der Held Siegfried (Sigurðr), der den Winterdrachen Fafner (Fáfnir) besiegt und die Saat, symbolisiert durch das Gold des Drachen, befreit. So wird es im Eddalied Fáfnismál erzählt. Im Sigrdrífumál findet dann die Vereinigung Siegfrieds mit der erweckten Erde Brünhild statt, was der Ostermythos ist. Die Mythen besingen also zuerst die Bekämpfung der Wintergewalt und das erste Liebeswerben des Sonnengottes um die Erdgöttin.

Imbolc.

Bei den Celten wurde das Fest »Imbolc« oder »Oimelc« (»im Schoß«) genannt, es bezeichnet den Frühlingsbeginn und Beginn des Lammens der Mutterschafe und des Lämmersäugens und wurde in der Nacht vor dem 1. Februar (Mondkalender!) und dem darauffolgenden Tag gefeiert. Es wird schon im Coligny-Kalender (2. Jh.) erwähnt. Dieser Kalender aus Bronze ist um die Zeitenwende von Druiden errechnet und mithilfe römischer Buchstaben und Zahlen in gallischer Sprache abgefaßt (s. Abb. 1 auf Seite 5). Das Fest fand zu Ehren der Göttin Brigit (Brigantia, Brighid, Brigid, Bridget) statt. Fischart spricht in seinem »Aller Praktik Großmutter« vom Februar als Brigidemonat (Monat Brigits). Brigantia (latinisierte Form von *Briganti, bedeutet »die Hehre, Hohe«) wurde von dem Stammesverband der Brigantes (zw. Mersey und der schottischen Grenze) als oberste Göttin verehrt. Sie ist identisch mit der irischen Brigit (ir. »brig« = »Hoheit, Machtfülle«, engl. »bright« = Glanz, auch: Braut). Das Relief von Birrens (Mus. Edinburgh) stellt sie als gekrönte auf einer Kugel stehende Göttin mit den Attributen der Minerva dar. Sie hat eine Mauerkrone und die Schwingen der Victoria, mit der sie auch andere Weiheinschriften identifizieren. Auf dem Altar aus Corbridge in Nordengland (2. Jh.) wird sie als Caelestis Brigantia (himmlische Brigantia) bezeichnet (s. Abb. 19).

Brigantia symbolisiert das Wohnland und schützt es als Kriegerin. Sie ist auch für die Herden, die Flüsse und für Heilung zuständig. Die irische Brigit ist Tochter des Dagda und Schwester des Oengus, Besitzerin der beiden magischen Ochsen Fea und Femen, sie ist Dichterin, Prophetin, Schutzherrin der Fili (Hilfspriester). Ihr unterstehen

Abbildung 19: Altar der Brigantia.

Bauerntum, Landwirtschaft, Vieh, Ernte sowie Quellen und Flüsse. Den Frauen hilft sie bei der Geburt und schützt die Kinder und die Kühe. Ihre beiden Schwestern heißen gleichfalls Brigit und sind für Schmiedehandwerk und Heilkunst zuständig. Orts- und Flußnamen, die sich auf Brigit bzw. Brigantia beziehen, sind Braganca in Portugal, Bregenz am Bodensee, Brig in Wallis, Ebene von Brega in Irland, Braint, Barrow und Brent in Britannien und Irland. Ihr eigentliches Attribut ist aber das Feuer, mit einer Feuersäule wird sie oft dargestellt, »Brigits feuriger Pfeil« wurde sprichwörtlich. Licht und Feuer hatte in ihrem Kult besondere Bedeutung. Sie ist Gattin (nach anderer Lesart Mutter) des Bres, Mutter der Eriu und des Ruadán. Diesen Sohn verlor sie wieder, so daß zum ersten Mal »Schreien und Weinen« (die rituelle Totenklage) in Irland ertönte. Als Geburtstag der St. Brigid (von Kildare) oder St. Brigit wird der Tag vor allem in den ländlichen Gegenden Irlands bis heute festlich begangen. In den Kindergärten und den Schulen werden St. Brigidskreuze, Cros Bhríde, das sind drei- oder vierarmige, aus Binsen geflochtene Swastika, aufgehängt. Sie werden traditionellerweise an den Dachbalken der Wohnhäuser angebracht und sollen der Familie im kommenden Jahr Glück und Segen bringen. Diese Kreuze deuten auf die Sonne (Hakenkreuz) und das Wachstum (Binsen) (s. Abbildung 20).

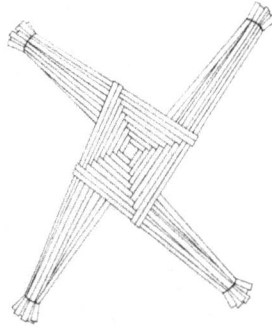

Abbildung 20: Brigidskreuz (Cros Bhríde).

Es werden auch Glücksspiele gespielt, die einen Blick in die Zukunft erlauben. St. Brigit wird auf Heiligenbildern gern als lämmerumhüpfte Kuhirtin oder neben einer Scheune, die auf ihr Gebet sich füllte, mit Enten und Gänsen dargestellt. In den Legenden Brigits spielen besonders Kühe und Haustiere eine große Rolle. In Kildare (Prov. Leinster) neben einer hl. Eiche ist eines ihrer Heiligtümer. Auf diesen Ort bezieht sich auch der christliche Mythos, daß die hl. Brigitta (gest. um 521) in einem Hause gewohnt haben soll, über dem sich oft eine Flamme zeigte und bei dem Kloster Kildare soll ihr ewiges Feuer unterhalten worden sein. Ihre Kirche lag gleichfalls unter einem Eichenbaum. Es gibt an ihrem Fest rituelle Reinigungen, wobei vorgeschrieben ist, Hände, Füße und das Haupt zu waschen (möglicherweise von den römischen Lupercalien und Februar-Zeremonien übernommen), Opfer und Pferdewettlauf, sowie Zeremonien die mit Ackerbau und Viehzucht in Zusammenhang stehen. Am 1. Hornung legt die Hausfrau eine Puppe aus Hafer in einen Korb und einen Knittel daneben, und alle heißen Brigit willkommen. Am andern Morgen sieht man nach der Herdasche, und wenn man den Abdruck von Brigits Knittel darin findet, gilt dies als Vorzeichen guter Ernte und eines gesegneten Jahres. Die Bauern holen von ihren Capellen geweihte Erde für sich und ihr Vieh, um die Ställe vor Zauber zu schützen (Lüttich). Ein Gebet und Kirchhofserde hilft gegen Vermeinung des Viehs und verhindert gewaltsame Bewegungen der Kühe beim Melken (15. Jh.). Das Hersagen ihres Stammbaumes sichert gegen Verwundung und bösen Blick, die

»Brigittenkrone« beten schützt vor Dämonen. Soweit zu den celtischen Bräuchen zu diesem Fest.

Abbildung 21: Brigit (Syn).

Frosumzug.

Die wichtigste Gottheit des Festes ist Ing-Fro (Freyr), der daher im Heiligtum angerufen wird. Mit der Anrufung und dem Opfer an die Gottheit verbunden ist der Frosumzug, den große Kultgemeinden durchführen können. Dabei wird der angerufene Gott (Götterbild oder menschl. Darsteller) auf einem Wagen durch das Land gefahren, um Fruchtbarkeit und Frieden zu bringen. Wie ein derartiger Umzug ablief, beschreibt der Ögmundar þttr dytts ok Gunnars helmings (Mitte des 13. Jh.), der allerdings schon christlich beeinflußt ist[43]:

> »Dort in Schweden fanden in jener Zeit große Opferfeste statt. Seit alters hatte man dort besonders dem Freyr geopfert, und dessen Bild war so verzaubert, daß der Teufel [gemeint: Gott] es wagen konnte aus dem Götzenbilde zum Volke zu sprechen. Man hatte aber dem Freyr ein junges Weib von schönem Aussehen zum Dienste gegeben. Es war der Glaube bei dem Volke jenes Landes, daß Freyr noch lebe, wie das aus einigen Anzeichen hervorginge. Sie

dachten, er müsse notwendig Verkehr mit seinem Weibe haben. Jene Jungfrau hatte mit Freyr zusammen die ganze Verwaltung des Tempels und des Tempeldienstes in der Hand. Gunnar Helming tauchte also endlich dort auf und bat Freys Weib, sich seiner anzunehmen. Er frug, ob sie ihn dort bleiben lassen wolle. Sie musterte ihn und frug, wer er wäre. Er erklärte, er sei ein armer Wandersmann aus der Fremde. Sie sagte: »Du kannst kein besonderer Glücks-mann sein, denn Freyr sieht nicht mit freundlichen Augen auf dich. Bleib zunächst drei Nächte hier. Wir wollen dann sehen, wie Freyr über dich denkt«. Gunnar erwiederte: »Mich dünkt, deine Hilfe und Huld nützt mir mehr denn Freys«. Gunnar war ein vergnüglicher Mann und verstand sich auf allerlei Kurzweil. Und als die drei Nächte um wa-ren frug Gunnar das Weib, wie es nun um sein weiteres Verbleiben dort stünde. »Das kann ich noch nicht genau sagen«, erwiederte sie, »du bist ein armer Schlucker, wenn du auch von guter Herkunft scheinst, und von meiner Seite her würde ich dir gern weiter beistehen. Aber Freyr mag nichts von dir wissen, und ich fürchte dessen Zorn. Doch verweile hier noch einen halben Monat, und sehen wir dann, was daraus wird«. Gunnar sagte: »Es kommt just so, wie ichs mir wünschte. Freyr haßt mich und du hilfst mir. Jenen aber halte ich für einen gar üblen Teufel«. Gunnar ge-fiel dem Volke immer besser, je länger er sich dort aufhielt, wegen seiner witzigen Unterhaltung und anderer Vorzüge. Wieder besprach er sich mit Freys Weibe und frug, wie sei-ne Zukunft dort sich weiter gestalten solle. Sie antwortete: »Die Leute haben dich gern. Es ist wohl gut, du bleibst hier noch den Winter über und begleitest Freyr und mich zum Opferschmaus, wenn er auszieht, gute Jahre [árs] über das Volk heraufzuführen. Freyr aber will noch immer nichts von dir wissen«. Gunnar dankte ihr sehr. Die Zeit verging nun, und dann brachen sie zu dem Zuge durch das Land auf. Freyr und sein Weib saßen auf einem Wagen, und die Tempeldiener schritten vor ihnen her. Sie mußten über eine hohe Bergstraße ziehen. Da überfiel sie ein arger Schnee-sturm, und der Weg ward gar beschwerlich. Gunnar hatte den Wagen zu führen und den Zaum zu halten. Schließlich aber kam es soweit, daß alle die andern von ihnen abkamen und Gunnar mit Freyr und dem Weibe auf dessen Wagen allein zurückblieb. Da hatte es Gunnar satt, immer den Wagen zu leiten. Eine Weile ging er noch vorwärts, dann aber gab er die Führung des Wagens auf und setzte sich auf diesen nieder. Die Zugtiere aber ließ er gehen, wies gerade kam. Kurze Zeit darauf sprach das Weib zu Gunnar: »Auf, nimm den Zaum wieder und lenke die Rosse oder Freyr wird jetzt wider dich vorgehen«. Gunnar tat es auch eine Weile. Da er es aber bald wieder völlig überdrüssig war, sagte er: »So werd ich es denn wagen mich wider Freyr zu erheben, wenn er wider mich vorgeht«. Da stieg Freyr vom Wagen und sie begannen miteinander zu ringen. Gunnar aber verließen bald die Kräfte. Er sah, er würde so nicht zu Rande kommen. Da gelobte er sich im Innern, wenn er die Oberhand über den Teufel gewönne und es ihm vergönnt würde, wieder nach Norwegen zu kommen, dann wollte er zum Christentum zurück und sich mit König Olaf aussöhnen. Falls dieser ihn wieder in Gnaden aufnähme. Sobald er aber diese Gedanken hegte, begann Freyr zu straucheln, und schließlich fiel er zu Boden. Der Teufel war aus dem Götzenbild entwichen, in dem er sich geborgen hatte, und es blieb nur noch ein nichtiger Baumklotz übrig. Den brach Gunnar in Stücken. Darauf stellte er das Weib vor die Entscheidung: Entweder wolle er sie verlassen und für sich allein sorgen oder sie solle, wenn sie wieder in bewohnte Gegenden kämen, erklären, daß er Freyr sei. Sie sagte, viel lieber wolle sie das letztere tun. Da zog Gunnar die Gewänder des Götzenbildes an, und das Wetter begann sich jetzt aufzuheitern. Schließlich kamen sie zu dem Opfermahl, das für sie gerüstet war. Da trafen sie eine Menge von den Leuten schon an, die sie hatten geleiten sollen. Das Volk sah ein großes Wunder darin, daß Freyr sich so mächtig erwies. Er hatte ja in solchem Unwetter mit seinem Weibe die menschlichen Wohnsitze erreicht, während alle Welt vor jenem geflüchtet war. Und nun ging er sogar und aß und trank wie alle andern Menschen. So zogen beide den Winter hindurch von Opfermahl zu Opfermahl.«

Abbildung 22: Umzug zwischen zwei Schiffen, einer trägt eine Götter-
figur. Felsbild aus Schweden (Bronzezeit).

Nach der Anrufung im Tempel zog die Priesterin mit dem Götterbild, mit dem sie in einer Art heiligen Hochzeit verbunden war, durch
die Lande. Danach fand das eigentliche Opfermahl statt. In diesem
christlichen Text klingt an, daß Gunnar ursprünglich wohl ein Darsteller des Gottes Fro war (Mysterienspiel), bevor der Text seine christliche
Aussage bekam. Umzüge, wo ein Mensch ein Götterbild trägt, sind
schon auf bronzezeitlichen schwedischen Felsbildern zu sehen (s. Abb.
22). Im Angelsächsischen Runenlied (9. Jh.) wird auch ein Umzug des
Gottes Ing-Fro angedeutet:

>>Ing war zuerst mit Ost-Dänen gesehener Sprecher,
als er seitdem östlich über Wege fortging;
Der Wagen nach rollte;
die Heardinge nannten ihn Helden.<<

Nerthaumzug.

In gleicher Weise, wie man den Umzug des Gottes Fro vollzog, fand
auch der Umzug der Göttin Nertha (Nerthus, Njǫrunn) statt. Tacitus, der diesen Umzug wohl nicht aus eigener Anschauung kannte,
sondern nur aus Erzählungen germanischer Söldner, die als Krieger

möglicherweise gar keinen Zugang in den Nerthahain hatten, sowie einem verlorenen Werk von Plinius, schreibt in der Germania[44]:

>»Die Reudigner alsdann, die Avionen, Angeln, Wariner, Eudosen, Suardonen und Nuitonen sind durch Flüsse und Wälder geschützt. Im einzelnen ist bei ihnen nichts Bemerkenswertes, außer, daß sie gemeinsam die Nerthus, d. h. die Mutter Erde verehren und glauben, sie befasse sich mit den Angelegenheiten der Menschen und komme zu den Völkern gefahren. Auf einer Insel des Weltmeeres ist ein heiliger Hain, in ihm soll ein geweihter Wagen stehen, der mit einem Tuch überdeckt ist. Nur dem Priester ist es erlaubt, ihn zu berühren. Er merkt es, wenn die Göttin im Heiligtum anwesend ist, und geleitet die auf einem mit Kühen bespannten Wagen Umherfahrende mit großer Ehrfurcht. Froh sind jetzt die Tage, voll Festesfreude die Orte, welche die Göttin ihrer Ankunft und ihres Besuches würdigt. Man zieht nicht in den Krieg, greift nicht zu den Waffen: Weggeschlossen ist alles Eisen. Nur Ruhe und Frieden ist jetzt bekannt, jetzt geliebt, bis derselbe Priester die Göttin, die des Verkehrs mit den Menschen müde ist, in das Heiligtum zurückbringt. Dann werden Fahrzeug und Hülle und, wenn man es glauben will, die Gottheit selbst in einem verborgenen See gewaschen. Dabei bedienen Sklaven, die sofort derselbe See verschlingt. Daher herrscht ein geheimes Grauen, ein heiliges Dunkel, was das für ein Wesen sei, das nur Todgeweihte schauen.«

Abbildung 23: Nerthaumzug

Da der Gott Nerd (Njǫrðr) und seine Gemahlin Nertha (Njǫrunn) nach den Grimnismál im Tierkreiszeichen des Wassermannes stehen, gehe ich davon aus, daß in dieser Zeit auch der Nerthaumzug stattgefunden hatte. Allerdings wohl nicht an einem genau festgelegten Datum, sondern - wie es heißt - wenn die Göttin im Heiligtum anwesend ist. Vielleicht richtete der Priester sich danach, wann der Schnee schmolz oder Zugvögel wiederkamen, was dann als Zeichen der Ankunft der Göttin Anlaß für den Umzug war, der sicher auch länger, vielleicht mehrere Wochen, gedauert hat. Man hat die Tacitusschilderung auch mit einem weiteren Zitat aus der Germania zusammengebracht. In Kap. 9 schreibt Tacitus[45]:

>»Ein Teil der Sueben opfert auch der Isis. Welchen Anlaß und Ursprung dieser fremde Dienst habe, ist mir rätselhaft geblieben; nur deutet das Bild der Göttin selbst, in Gestalt einer Barke, aus einen vom Ausland eingeführten Kult«.

Die der Isis entsprechende Göttin, die mit einem Schiff dargestellt wurde, ist möglicherweise Fros Schwester Frowa, die Liebesgöttin. In Oberdorla (Thüringen) fand man germanische Heiligtümer teilweise in Schiffsform, d. h. Pflöcke (»Haseln«) waren in Form von Schiffen aufgestellt und mit Schnüren (»Vé-bǫnd«) eingehegt. An einer Stelle wurde ein größeres neben einem kleineren Schiffsheiligtum ausgegraben. Auch Fro besitzt ja das Schiff, welches »Skiðblaðnir« heißt und durch Luft, Meer und über Land fahren kann, und auch Frick fährt nach den Sólarljóð auf »der Erde Schiff«. Auf dem abgebildeten schwedischen Felsbild sind neben den Umziehenden Schiffe dargestellt. Somit liegt es nahe, an einen Götterumzug von Fro, Frowa oder Nertha in einem Schiffswagen (Schiff auf Rädern) zu denken, was dem Begriff »carrus navalis« (Karneval) entspricht. Und noch heute findet sich in manchen Fasnachtsumzügen ein derartiges Narrenschiff mit einer Marienstatue darauf. Dieses Schiff finden wir z. B. in dem alten Lied »Es kommt ein Schiff geladen«, dessen älteste Fassung in der Handschrift des Jungfrauenklosters zu Inkofen (um 1470-80) folgende 2. Strophe hat[46]:

>»Uf einem stillen wage
>kumpt uns das schiffelin,
>es bringt uns riche gabe,
>die heren künigin.«

Hier also ein Schiff auf einem Wagen, das die Königin (Maria, ursprünglich die Göttin Frowa) bringt. Auch im Märchen lebt das Schiff, das über Land, Luft und Wasser gehen kann, noch fort. Ein ausführlicher Bericht über einen im Jahre 1133 in den Rheinlanden stattfindenden Umzug mit einem Schiff stammt von dem Mönch Rudolf von St. Trond[47]. In einem Wald bei Inda in Ripuarien wurde ein Schiff gezimmert, unten mit Rädern versehen und durch vorgespannte Menschen zuerst nach Aachen, dann nach Mastricht (wo Mastbaum und Segel hinzukamen), Tungern, Looz usw. im Lande herumgezogen, überall unter großem Zulauf und Geleit des Volkes. Wo das Schiff anhielt war Freudengeschrei, Jubelsang und Tanz um das Schiff herum bis in die Nacht. Die Ankunft des Schiffes sagte man den Städten an, die ihre Tore öffneten.

Pflugumzug.

Es liegt nahe, daß nicht jedes kleine Dorf und jede kleinere Kultgemeinde einen Narrenschiffsumzug veranstalten kann. Im Brauchtum und in Sagen hat sich auch noch ein einfacherer Umzug erhalten, der Pflugumzug. Schon im »Indiculus superstitionum« (743) wird er erwähnt, vielfach dann im 15. und 16. Jh. (1530 Ulm, 1578 Neustadt a. S., 1580 Freiburg). In Berliner Sagen (Sage von der Blanken Helle, Sage von Heiligensee) wird erzählt, daß zwei schwarze Stiere einen Pflug zogen oder um den See eine Furche pflügten. Der Pflug ist ein uraltes Symbol der Erde und der Fruchtbarkeit. Mit dem Pflug wurde auch etwas in das Wasser gegangen, um den See so zu weihen. Noch bis in unsere Zeit war es üblich, daß ein von allem Eisen befreiter Pflug, der zu keiner profanen Arbeit dienen durfte, von den Kindern durch das Dorf gezogen wurde. Er wurde von einem Führer begleitet, der den Pflugstab hielt (mit dem die Erde vom Pflug losgekratzt wird), als Ersatz für den einstigen Priester. In manchen Gegenden wurden die ledigen Dorfmädchen vor den Pflug oder eine Egge gespannt, hinter der der jüngste Ehemann säend einherschreitet. Hans Sachs und Chroniken des 15. und 16. Jhs. überliefern, daß heiratsfähige Mädchen, die im letzten Jahre nicht geehelicht hatten, Fasnachts vor den Pflug gespannt wurden. Nach einer Nachricht von 1553 rissen zu Fasnacht die Burschen die Mädchen aus den Häusern, spannten sie vor den Pflug und ließen sie diesen, auf dem ein Spielmann singend und spielend saß, durch die Straßen ziehen, wobei ihn ein Bursche, die Mädchen mit der Peitsche treibend, lenkte und ihm ein Säemann Sand oder Asche oder Häckerling und Sägespäne streuend, folgte. In Böhmen ging ein nacktes Mädchen dem Pflug vorauf, mit einer schwarzen Katze, die geopfert wurde. Manchmal zogen auch die Burschen den Pflug, um die junge Saat zu weihen und Fruchtbarkeit zu erwirken. Meist wurde eine Furche im Schnee um das Dorf oder das eigene Besitztum gezogen (Pflugziehen). In Zeiten, in denen innerhalb der Gemeinde keine Hochzeit mehr stattfand, wurde anstatt des Pfluges auch ein Baumstamm genommen, der als Phallussymbol besondere Wirkung hat. Der Pflugumzug ging auch um das Feuer oder es wurde auf dem Pflug ein Feuer abgebrannt, bis dieser in Trümmer fiel (1493 in England überliefert). Auch ins Wasser wurde der Pflug gezogen. Den von Burschen an Stricken gezogenen, festlich geschmückten Pflug begleitet in England auch ein altes Weib, die Old Bessy in hohem, zuckerförmigen Hut und närrischem Aufputze (Winter), gefolgt von einem in Felle gekleideten Narren mit Schwanz und befehligt von einem Burschen, der auch einen Kalbsschwanz trägt.

Funkenfeuer.

Das eigentliche Festfeuer zu Fasnacht ist das Funkenfeuer. Auf einem Hügel (meist ein hochliegendes Feld) wird ein Scheiterhaufen in der Art errichtet, daß in seiner Mitte eine Tanne steht, die wie ein Maibaum mit Bändern geschmückt ist. Außen ist Stroh und Holz aufgeschichtet. Die Tanne im Funkenfeuer ist in der Regel ein großer Weihnachtsbaum; bekanntlich muß der Weihnachtsbaum bis Fasnacht stehenbleiben und wird dann im Funkenfeuer verbrannt. Das Feuer wird nach der Anrufung der Götter und ggfls. dem Umzug entzündet. Später tanzt man auch darüber und springt hindurch oder man rollt brennende Räder zu Tale und schnellt brennende hölzerne Scheiben (meist 8 Zoll im Durchmesser, in der Mitte mit einem Loch versehen) mit einem Stock ins Tal hinab. Dies soll Fros Sonnenkraft ankündigen. Man widmet die Scheibe seiner Geliebten, meist mit einem Spruch wie z. B.[48]:

»Schieb aus, Schieb aus!
Wem soll die Scheibe sein?
Die Scheibe soll der N. N. sein!«

Auch der Winter wird in dem Funkenfeuer verbrannt. Soweit der Schein des Feuers geht, ist die Flur vor Gewitterschaden geschützt. Ruhiger Brand des Funkenfeuers bedeutet ein gutes Jahr, unruhiger viele Gewitter, deren Richtung der Zug des Rauches angibt. In der Richtung, in der die »Hexe« (der auf eine Stange gesteckte Strohwinter) fällt, nehmen das ganze Jahr die Gewitter ihren Zug und schlagen nicht. Je mehr Funkenfeuer brennen, desto mehr Fruchtbarkeit gibt es, und je höher der Sprung der Teilnehmer durchs Feuer ist, desto höher wächst der Flachs. Wer sich am Funkenmachen nicht beteiligt, dem machen die Götter ein Funken (Gewitterschläge) oder er muß bald sterben. Kränkliche Kinder werden durch den Rauch des Feuers gezogen, die Asche wird um Fruchtbarkeit aufs Feld gestreut. Man geht mit Fackeln über die Felder, viele Fackeln und starker Funkenflug des Feuers bedeuten eine gute Ernte. Ein alter Ruf zum Fackelschwingen lautet[49]:

Abbildung 24: Winterverbrennen zu Fasnacht.

»Flackus! Flackus!
Über alle Spitzen und Berge aus!
Kara in der Wanne,
Schmalz in der Pfanne -
Des Gottes großes Licht
Zwischen allen Stegen und Wegen.«

Beim Abbrennen des Feuers wird viel Getöse mit Glocken, Sensen und Geschrei gemacht. Beim Funkenfeuer dingt man die Sommerheirat, d. h. man wählt seinen Schatz unter den Mädchen und tanzt mit ihr um den Holzstoß und durch das Feuer. Die jüngste Frau springt über die Glut, Pärchen springen zusammen, dürfen aber nicht Lachen und Sprechen und sich nicht loslassen, sonst werden sie kein Paar. Beim Scheibenwerfen werden die Namen aller bekannten und geheimen Liebespärchen rücksichtslos gerufen. Die erste Scheibe wird einer Gottheit geweiht, möglicherweise wurden alle Scheiben Göttern geweiht, wobei man persönliche Bitten anfügte. Heute widmet der Bursche den Wurf seiner Scheibe der Liebsten, wobei es auf einen gleichmäßigen, schönen Flug ankommt. Das Mädchen bedankt sich bei seinem Liebhaber durch Schenken des Funkenküchleins. Überhaupt werden zahlreiche Kuchen und Gebäcke hergestellt und verschenkt. Sie werden auch im Hause geopfert (Disenopfer) oder gegen Zahnweh (Fro erhielt Albenheim als Zahngeschenk) gegessen. Wer kein Mädchen an diesem Tage hat, der bekommt das ganze Jahr keines. Die Jüngstvermählten zünden das Feuer an und müssen das Rad für den Funkentag stellen.

Winteraustragen.

Das Winteraustragen (auch mit christlichem Bezug »Verbrennung des Judas« oder »Todaustragen« am Todsonntag genannt) ist ein Brauch, der den Mythos der Edda nachspielt. Das ursprüngliche Theater war immer ein Mythenspiel und fand zu den Jahresfesten statt. Der Mythos wird also von Schauspielern (Festteilnehmern) nicht lediglich erzählt oder gelesen, er wird gespielt. Noch im Mittelalter gab es Fasnachtsspiele als Theaterstücke. Es handelt sich dabei um das kultische Verbrennen oder Töten des Winters. Auf einem großen Umzug durchs Dorf wird eine Strohpuppe, die den Winter darstellt, mitgeführt, die dann am Schluß feierlich verbrannt, ertränkt, mit Steinen beworfen oder bestattet wird. Das Todaustragen wird schon früh (Prag 1366, Franken 1520) erwähnt, auch in den Figuren auf den Bronzeplättchen von Torslunda (Öland), 6. Jh. kann man diesen Brauch erkennen (s. Abb. 25).

Abbildung 25: Bronzeplättchen von Torslunda (6. Jh.)

Hier finden wir einen hörnerhelm- und speertragenden tanzenden Krieger und einen als Bär verkleideten weiteren Tänzer, die wohl Sommer und Winter verkörpern. Auf einem anderen Plättchen von Torslunda findet ein Kampf eines Menschen gegen zwei Bären oder andere Tiergestalten als Vertreter des Winters statt.

In manchen Gegenden ist das Winterverbrennen (oder Wintervergraben) zum Fasnachtsbegraben geworden, d. h. die ursprüngliche Winterfigur (genannt meist »Bachus«, auch »Bruder Alex«) oder ein Gegenstand, der die Fasnacht verkörpert, wird in einer Art komischen

Gerichtsverfahren und unter Nachäffung kirchlicher Zeremonien in einem Düngerhaufen begraben, ertränkt, erschossen oder verbrannt. Im nächsten Jahr wird er dann wieder ausgegraben und die Festzeit beginnt erneut.

Es finden sich aber auch statt der Strohpuppe zwei Burschen, deren der eine als Winter mit Fell und warmer Kleidung oder Strohhülle, der andere als Sommer (Fro) mit grünem Laub bekleidet ist. Der Sommer trägt oft ein bloßes Hemd und einen mit Bändern und Früchten geschmückten Baum. Sie tragen eine Art Wortgefecht miteinander aus, wobei natürlich immer der Sommer gewinnt. Man nennt das Winteraustreiben auch Stabausfest (Stab von »stäup«, d. i. Staub), und in manchen Gegenden ziehen die Kinder mit den in Singrün und Epheu gekleideten Sommer und einem in Stroh und Moos gekleideten Winter umher, wobei sie den Reim sprechen[50]:

> »Stab aus, Stab aus!
> Dem Winter gehn die Augen aus.
> Veilchen Rosenblumen,
> Holen wir den Sommer,
> Schicken wir den Winter übern Rhein
> Bringt uns guten kühlen Wein!«

Oder[51]:

> »Violen und die Blumen
> Bringen uns den Sommer,
> Der Sommer ist so keck
> Und wirft den Winter in den Dreck.«

Oder[52]:

> »Wir alle, wir alle, wir kommen heraus
> Wir bringen euch den Tod hinaus,
> Der Sommer ist wiedergekommen,
> Willkommen, lieber Sommer!«

Am Schluß wird die Strohhülle des Winters im Feuer verbrannt, während der Sommer um dasselbe tanzt. Zuweilen wird der Winter aber auch vergraben. Über das Feuer springt dann die jüngste Frau. Zum Verbrennen singt man[53]:

> »Strieh, Stroh, Strah,
> Der Sommertag ist da!

Der Sommer und der Winter
Das sind Geschwisterkinder.
Sommertag, stabaus.
Blaß dem Winter die Augen aus,
Strieh, Stroh, Strah,
Der Sommertag ist da!«

Ein anderes Lied lautet[54]:

»Der Sommer ist ein guter Knecht
Der schmeißt den Winter in den Dreck.«

Oder[55]:

»Tri, tro, tra, der Sommer der ist da.
Wir stellen uns für die Leut' daher.
Ein Glas Wein, ein Brecelein drein
Den Sommer wolln wir lustig sein.
Wir schlafen hinter der Hecken
Und wolln den Sommer erwecken.«

Der zu Boden geworfene Winter wird seiner Hülle entledigt und diese zerstreut, und ein sommerlicher Zweig oder Kranz wird umhergetragen. Man singt:

»Ja, ja, ja, der Sommertag ist da,
Er kratzt dem Winter die Augen aus
Und jagt die Bauern zur Stube hinaus.«

Zuweilen ziehen die Kinder mit weißen, geschälten Stäben, hölzernen Gabeln und Degen aus, um dem Sommer zu helfen. Diese Stäbe könnten auch ein Ersatz für den alten Schwerttanz sein, der ja später auch nur noch mit solchen Stäben getanzt wurde. Sommer und Winter werden von Erwachsenen gespielt, die mit Holzstangen kämpfen, bis der Winter niederliegt. Die übrigen singen währenddessen[56]:

»Stab aus, Stab aus!
Stecht (auch: blast) dem Winter die Augen aus.«

In manchen Gegenden kämpfen zwei Gruppen (Sommer- Winter) gegeneinander, berußte Burschen stürmen eine von Knaben und Mädchen besetzte Anhöhe oder die Anführer zweier sich begegnender Maskenzüge raufen miteinander.

Zahlreiche uralte Lieder sind zum Sommer-Winterkampf überliefert wie das »Winteraustreiben« von 1545 (wird nach dem Winterkampf gesungen), »Heut ist ein freudenreicher Tag...« (altes Wettstreitlied) von 1580, oder das Lied »Tra- ri-ra, der Sommer der ist da« (1778 aufgez.) usw. Zuweilen singen ganze Gruppen von Sängern (Sommer-Winter) gegeneinander. Hin und wieder schreit auch die ganze Gruppe: »Sommer rein, Winter raus«. Interessant ist, daß die Jahreszeit des Frühlings (Lenzing= der Längerwerdende) nicht vorkommt; die Unterscheidung in vier Jahreszeiten ist jung. Es kommt auch vor, daß der Winter in einen Teich, meist den Dorfteich, geworfen wird, während die Mädchen bei der Rückkehr in geschmückten Lebenszweigen (Maien) das neue Leben sinnbildhaft mitbringen. Dazu singt man[57]:

»Den Tod, den haben wir ausgetrieben
Den lieben Sommer bringen wir wieder,
Den Sommer und einen Mai'
Ein Bäumlein voller Zweig'
Der Ing-Fro wird bei uns sein
Er wird auch bei uns wohnen
Und wird uns schenken die ewige Krone.«

In Nürnberg ziehen die Landmädchen in vollem Putz durch die Stadt. Jede trägt einen kleinen offenen Sarg, aus dem ein Leichentuch hängt, darunter eine Puppe (oder eine Schachtel mit einem grünen Buchenzweig, an dessen in die Höhe gerichtetem Stiel ein Apfel statt des Kopfes steckt). Dies soll den Tod (Winter) symbolisieren. Sie singen[58]:

»Heut ist Mitfasen,
Wir tragen den Tod ins Wasser, (wohl ist das).
Tragen ihn rein und wieder raus,
Tragen ihn vor des Bidermanns Haus.
Wollt ihr uns kein Schmalz nicht geben,
Lassen wir euch den Tod nicht sehen.
Der Tod, der hat ein Panzer an.«

Wird der Winter weiblich dargestellt, trägt ihn ein Knabe, männlich, dann trägt ihn ein Mädchen. Je nachdem, ob die letzte Leiche des Ortes männlich oder weiblich war, trägt ein Knabe oder Mädchen den Winter. Ist der Winter weggeworfen, rennt man zurück, um dem Unheil zu entgehen, denn den letzten soll der Tod holen. Beim Umzug vermeidet es jeder, daß der Winter nicht zu lange vor seinem Hause verweilt, und man gibt dem Umherziehenden Gaben oder Geld. Durch das Winterverbrennen erhofft man sich Schutz vor bösen Krankheiten, unterläßt man es, gibt es Seuchen und Sterben. Wir sehen, daß dieser Brauch durchaus an Stelle des Frosumzuges bzw. mit diesem kombiniert, begangen werden kann. Das Winteraustragen kann auch dazu genutzt werden, schlechte Eigenschaften, Dinge, Feinde usw. im Winter zu personifizieren und somit sich von ihnen zu befreien. Jeder kann dann auf die Strohpuppe schlagen, um die Dinge loszuwerden. Ein ähnlicher Brauch ist als Bockheiligen aus Litauen überliefert. Zuweilen wird der Winter auch als Drache personifiziert und symbolisch getötet.

Das Winter- oder Todaustragen ist der erste Teil des Sommergewinnens und gehört mit diesem Brauch zusammen. Der Sommer wird oft nur durch einen zierlichen Zweig verkörpert. In einer Mosbacher Stadtrechnung von 1537 wird der Brauch erwähnt:

> »Uff mitfasten ufgangen 12 Schilling, als man den sumer wie von alters geholt. 1 Schilling den Knaben dises tags für pretzen«.

Kornaufwecken.

Eng verbunden mit den Umzügen und dem Winteraustragen ist der Brauch des Kornaufweckens. Die Teilnehmer sind maskiert, um die bösen Geister des Winters, die Reifriesen (Hrimþursen) zu vertreiben, um dem Korn die Möglichkeit des Keimens zu geben. Schon bei Saxo Grammaticus[59] legt Bessus die Tracht der Riesen an, indem er sich maskiert und ein Fell umlegt, um so die Riesen zu erschrecken. Durch den Lärm und die Masken werden böse Geister vertrieben, danach aber versucht man, gute Geister durch den Brauch des Kornaufweckens usw. anzulocken. Außerdem will man dem Flachs zu gutem Wachstum verhelfen. Auf dem Felde wird dabei gesagt[60]:

> »Ich grüß dich Flachs,
> Daß du recht wachst
> So lang wie ne Weide,
> So fein wie die Seide

So hell und so klar,
Wie der Holda ihr Haar.«

»Heut ist Fasentag,
Fro geb, daß Flachs gut wachst.«

Bei dem sogenannten »Beekenbrennen«, welches Ende Hornung besonders bei den Friesen gefeiert wird, werden lange Strohfackeln von den Burschen brennend in der Luft geschwenkt und dazu gerufen »Lang Flachs«. Mit den Fackeln gehen sie über die Felder und rufen dazu[61]:

»Same, Same, reg dich,
Ackerscholl beweg dich
Gras fahr aus -
Der Winter, der geht raus.
Same, Same, reg dich,
Same, Same, streck dich!«

Die Umzüge mit Fackeln wurden von der Kirche übernommen, indem mit zu Lichtmeß geweihten Kerzen eine Bittprozession gehalten wurde. Das Weihen der Kerzen ist schon seit dem 7. Jh. bezeugt. Die Kerzen trägt man ums Haus und brennt sie für die Verstorbenen ab. Im Mondschein sammeln sich auf Waldwiesen Jünglinge und Mädchen, wobei sich die Jünglinge mit Schwertern im Klange der Lieder bewegen, während die Mädchen mit Fackeln dazwischentanzen. Beim Umziehen werden auch alte Fruchtbarkeitssinnbilder geworfen wie Erbsen, Getreidekörner und Hirse. Heute tritt leider oft an ihre Stelle das Confetti. Liebespaare werden mit Hanfsamen besprengt. Auch Wurmsamen, Nüsse und Breceln wirft man. Die Brecel ist eine gebackene Form der bercanan-Rune der Göttin Frowa. Häufig finden wir auch das Peitschenknallen, Schießen, Rufen oder allgemein Getösemachen, mit Schellen und Kuhglocken, wobei hierbei der wintervertreibende wie der kornaufweckende Charakter durchscheinen. Als Maske finden wir den Hirsch, der uraltes Sonnensymbol und eines der heiligen Fros-Tiere ist. Nach den Gylfaginning hat Fro den Winterriesen Bele (Beli) mit einem Hirschhorn erschlagen, und im Hornung werfen die Hirsche - nachdem sozusagen der Winter besiegt ist - auch ihre Geweihe ab. Darum ist Fro auch hinter dem »gehörnten« Gott der Celten zu sehen.

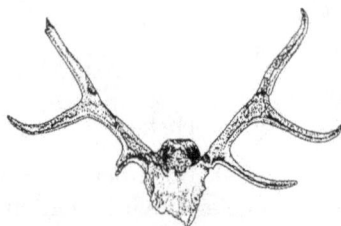

Abbildung 26: Hirschmaske aus Berlin-Biesdorf (7. Jhtsd. v. u. Zt.).

Hirschmasken aus der Bronzezeit sind erhalten (z. B. die Hirsch-maske von Biesdorf, s. Abb. 26), und Schamanen mit Hirschmasken werden schon in der Steinzeithöhle Les Trois Freres dargestellt. Eine weitere Maske ist das Pferd, das Roß der Sonne oder des Sonnengottes. In der Hrafnkels saga Freysgoða hat der Frosgode (Priester) Hrafnkel ein grauweißes Roß mit Namen »Freyfaxi« (Frosmähne). Der Schim-mel symbolisiert auch das Licht und darum finden zu Fasnacht Schim-melreiterumzüge statt. Nach einer alten Sage bewirkt ein Schimmelritt beschleunigtes Wachstum der Pflanzen. Dieser Schimmelumritt ist wohl auch ein Rest des alten Frosumzuges. Beim Schimmelritt werden Gaben mit diesem Spruch erbeten[62]:

»Faselabend, Faselabend,
Auf ein'm weißen Schimmel!
Wer mir was gibt,
Der kommt in'n Himmel,
Wer mir nichts gibt,
Der kommt in d' Hölle,
Da tanzt der Turse
Mit der Butterkelle.«

Neben dem Pferd (Schimmelreiter) finden wir unter den Masken den Bock, dem Gott Donar geweiht, und den Bären, der wohl den Win-ter symbolisiert. Zuweilen wird nämlich der Bär als personifizierter Winter symbolisch getötet. Das Töten zweier Bären (oder Bärendar-steller) finden wir auf den erwähnten Bronzeplättchen (s. Abb. 25) dargestellt. Auch gewaltige Maskenaufbauten auf dem Kopfe und Sonnenbilder, mit Spiegeln, Flitterwerk, künstlichen Blumen und Im-

74

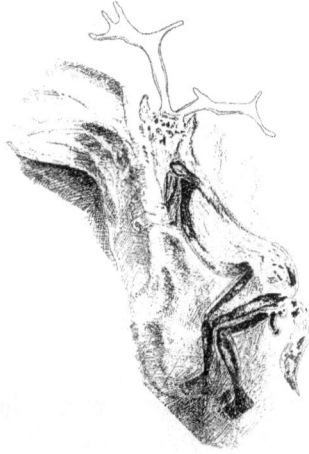

Abbildung 27: Maskentänzer. Höhlenbild aus Les Trois Freres, Ariege, Frankreich, zw. 30000 und 15000 v. u. Zt.

mergrün geschmückt, finden wir noch heute im Brauchtum. Die Masken sollen Geister und unheimliche Wesen darstellen, sie heißen »Hexen«, »Teufel« (als Maske schon 1440 bezeugt), »Schleicher« »Berchten«, »Schemen«, »Huttler« u. a. und haben die Freiheit, im Hause die Lebensmittel aus der Küche und vom Feuer weg zu stehlen.

Die Burschen schwärzen die Mädchen mit der Asche des Funkenfeuers an, um ihnen die Fruchtbarkeit des Feuers zu geben. Diesen Brauch übernahm die Kirche, indem die Pfarrer am Aschermittwoch den Gläubigen ein Aschenkreuz auf die Stirn malen und sie gemahnen, an ihren Tod zu denken. Die Maskenzüge werden vom Klang des Rummeltopfes begleitet.

Lebensrute.

Auch zu Fasnacht finden wir wieder den Brauch des Schlagens mit der Lebensrute, einem Hasel- oder Holderzweig, die Fasnachtspritsche.

Diese Faselzweige werden Wochen vorher geschnitten und ins Wasser gestellt, so daß sie zu Grünen beginnen. Beim Berühren mit dem Zweig spricht man[63]:

>»Faselzweig und Rute
>Kühe, Rind und Stute,
>Schweine, Schafe, Federvieh,
>Haus und Stall,
>Fro segne sie.«

Die Mädchen schlagen auch die Burschen, die Frauen ihre Männer und verlangen dafür einen Apfel. Man soll sich am Fasnachtstage zwischen 12 und 1 Uhr mit der Lebensrute tüchtig balgen, damit man recht fleißig werde. Ohne das Peitschen gibt es kein gutes Flachsjahr. Allerdings ist häufiger überliefert, daß die Burschen die Mädchen schlagen (wie zu Ostern). Heute werden oft keine grünen Ruten mehr genommen, sondern z. B. Ochsenschwänze usw. Man bringt sich mit grünen Tannenbäumen oder Buchsbaumzweigen einen »grünen Faselabend«.

Weiberfeste.

Zu Fasnacht steht das weibliche Geschlecht im Mittelpunkt und verleitet die Männer zu allerlei närrischem Tun. An bestimmten Tagen führen die Frauen das Regiment. So heißt der Donnerstag vor Fasnacht Weiberdonnerstag, der Montag vor Fasnacht Weibermontag, der ganze Hornung heißt auch Weibermonat, weil früher auch die Frauen eigene Festlichkeiten feierten, sie hatten besondere Vorrechte und Freiheiten, durften sich z. B. aus dem Walde einen Baum holen usw. (Weiberfasnacht). Darum wurden die Tage zahlreicher weiblicher Heiliger hierher verlegt: Brigitte (1. 2.), Maria Reinigung und Lichtmeß (2. 2.), Anna-Marientag (3. 2.), Veronika (4. 2.), Agatha (5. 2.), Dorothea (6. 2.), Apollonia (9. 2.), Scholastika (10. 2.), Euphrosine (11. 2.), Eulalia (12. 2.), Katharina (13. 2.), Juliana (16. 2.), Marianne (17. 2.), Eleonora oder Irene (21. 2.), Margaretha von Vortona (23. 2.) und Walburgis (25. 2.). Weil die Frauen im Mittelpunkt stehen, trachtet man, besonders sie mit der Lebensrute zu schlagen oder mit Wasser zu begießen und bespritzen, um alles Unreine abzuspülen. Zuweilen werden allerdings die Mädchen nur »beschmutzt«. Wir finden auch den Reinigungsbrauch des Waschens der Füße oder der rechten Fußspitze. Diese Zeremonien stammen teilweise von den römischen Lupercalien (Reinigungsfest im Hornung).

Wenn lange Zeit keine Hochzeit mehr war, läßt man zur Strafe die alten Jungfern ein Bloch oder eine Egge ziehen. Die mancherorts üblichen Paarbildungen (ähnlich den Mai-Lehen) wurden schon erwähnt, weiters ist es Aufgabe der Frauen, durch hohes Springen und Tanzen zu bewirken, daß der Flachs recht hoch wird. Mädchen veranstalten Jungferntänze, bei welchen sie ihre Tänzer küren und freihalten, die Frauen begehen unter sich Festlichkeiten und Umzüge mit strengem Ausschluß der Männer. Der Fasnachtssonnabend heißt auch Frauchensamstag, der 19. 1. Frauenabend. Ein isländischer Brauch besagt, daß der Monat Þorri (Hartung) für den Hausvater, Góa (Hornung) für die Hausmutter, Einmánuðr (Lenzing) und Harpa (Wandelmond) für deren Sohn und Tochter stehen. Am 1. Hartung, wo »Þorri in den Hof kam«, mußten alle Hausväter am frühen Morgen barbeinig im bloßen Hemd, ein Hosenbein angezogen, das andere nachschleppend zur Haustür gehen, auf einem Fuß um den Hof hüpfen und Þorri (eigentlich ein Winterriese) im Hofe willkommen heißen. Später hielten die Hausväter ein Mahl, weswegen der Tag Hausvätertag hieß. Die Frau mußte sich willig gegen ihren Mann erzeigen. Am 1. Hornung mußte sie leichtbekleidet Góa auf ähnliche Weise willkommenheißen mit den Worten[64]:

>»Willkommen, meine Góa,
>Tritt ein in den Hof!
>Bleib nicht draußen im Winde
>Den frühlingslangen Tag.«

Die Frauen bereiteten ein Mahl für ihre Nachbarinnen. Ebenso empfingen am Lenzing und Wandelmond die Burschen und Mädchen die Monate Einmánuðr und Harpa.

Opferspeisen.

Die Liebenden treffen einander an verabredeter Stätte, die Burschen führen die Mädchen da zu Lebkuchen und Met und die Paare beschenken sich mit Breceln (»Fasenbohnen«). Sie sind die wichtigsten

Gebildgebäcke die in zahlreichen Bräuchen erwähnt werden. Am Fuchssonntag (Sonntag nach Aschermittwoch, ursprünglich Fasnacht) hängen die Eltern ihren Kindern Breceln an die Bäume und sagen, der Fuchs hätte sie gebracht.

Man muß viel Kochen und von allem etwas übrigbehalten, sonst steht ein teueres Jahr bevor. Oft ißt man siebenerlei oder neunerlei Speisen, besonders Fleisch und Schweinefleisch (Schweinekopf oder Schinken, Säusack), mancherorts ißt man keine Suppen. Die Frau muß viel kochen, dann aber auf den Herd springen und rufen[65]:

> »Häupter wie mein Kopf,
> Blätter wie meine Schürze
> Und Dorsen wie mein Bein.«

Dann wird alles in Überfluß geraten. An Speisen sind überliefert: Mittags Bohnensuppe mit Blutwurst, abends Sauerkraut mit Schweinefleisch, damit Wurst und Fleisch, Bohnen und Kraut »fasseln« im kommenden Jahre. Andernortes ißt man gerade morgens Blutwurst um gegen Rotlauf und Flohstiche gefeit zu sein. Auch frischgeschlagene Butter wird morgens gegessen gegen die Not im Hause, Milch (Schneemilch) gegen Sonnenbrand im Sommer, Hirse (Hirsebrei) und Erbsen (Erbsensuppe) damit einem das kleine und große Geld nicht ausgehe sondern wie die Hirse aufquille. Hirsebrei mit Bratwürsten soll auch den Flachsgedeih befördern. Erbsen werden geröstet und jedem Besucher ein Löffel davon gegeben. Auch Erbsensuppe mit gedörrten Schweinsrippen (Fro), die später in das besäte Feld gesteckt werden, werden gegessen. Neben dem Schwein ist der Hahn ein Opfertier der Fasnacht, der unter besonderen Förmlichkeiten getötet wird.

Weiter ißt man Kirchweihnudeln, geschwungenen Rahm, gebackne Plinze und Semmeln in Milch (damit der Flachs gut wächst). Wer morgens nüchtern Schnaps (ursprünglich Met) trinkt und Hering ißt (der Kopf des Herings wird dabei an die Decke geworfen), wird unter den Mücken nicht leiden. Da zu Fasnacht der Rettich geweiht wird, muß auch er einst eine kultische Bedeutung gehabt haben. Die weiße Rettichrübe erinnert an die Mondsichel.

Gebäck.

Zu Fasnacht werden zahlreiche Kuchen auf dem Herd gebacken, die zur gegenseitigen Beschenkung dienen. Vielfach werden diese Fasnachtskuchen in ungerader Zahl gebacken, und ohne sie mit der Hand zu berühren mit einem Holzstab aus der Pfanne geholt. Die ersten drei tut man bei der Ernte in die erste Garbe (gegen Mäuse). Weitere Gebäcke sind die Scheidewecken, Haubenküchel und Krapfen (Hußauskrapfen). Es werden besonders die heißen, fettreichen Pfannengebäcke hergestellt, während die süßen Gebäcke der Weihnachtszeit fehlen. Es heißt, wer keine Krapfen backe, kann das Jahr hindurch nicht froh sein, ihn trifft Blitz, Hagel und Brand. Abends ißt man kalte Hutzeln mit Schmalzkrapfen (daher: Hutzeltag) oder Pfannkuchen. Weitere Fasnachtsgebäcke: Heetwecken, Flecken, Mutzen, Gebäcke in Herz-, Rauten und Genitalform. Auch Festgebäcke in Mondsichelform oder Hornform sind üblich, sowie gebackene Zelten von Gerstenmehl.

Besondere Bedeutung hat auch das Brot, in Österreich Störibrot (Steuerbrot) genannt, man ißt den Schürz- oder Schenkellaib (Schöngelbrot, Schüngelbrot, Kälbelesbrot). Das Ignatzibrot (Ignatz ist ein Ersatzheiliger für Ing-Fro) hilft gegen Halskrankheiten. Bei den Celten tauschen Pärchen Gebäcke in Form der Geschlechtsorgane aus und essen sie an einer Quelle. Die übrigbehaltenen Reste von Speise und Gebäck werden den Disen oder dem Fuchs, Habicht, Marder, Iltis usw. geopfert, damit diese die Haustiere das Jahr über verschonen. Dem Fuchs legt man Speisen unter die Hecke, damit er sich nicht an den Hühnern vergreife. Die Reste der Fasnachtsbreceln kommen in die Saat.

Man trinkt Warmbier um kräftig zu bleiben und um nicht im selben Jahre zu sterben, außerdem trinkt man um »Stärke und Schönheit«. Warmbier ist nicht einfach »warmes Bier«, sondern 1 Ltr. Weiß- oder Braunbier wird mit 125 Gr. Zucker (früher Honig) und Gewürzen (Citronensaft, früher wohl Essig, Stangenzimt) aufgekocht. Mit 1 Eßlöffel Butter und 1 Eßlöffel Mehl bereitet man eine helle Mehlschwitze, gießt das Bier nach und nach hinzu und kocht damit das Bier sämig, knieen am Ende siebt man das Bier.

Disenopfer.

Das Fasnachtfest ist verbunden mit einem Disenopfer (dísablót), einem Opfer an die guten, helfenden Geister. Die Disen (altnord. dísir) sind den Walküren verwandte Geistwesen, Verstorbene und Folgegeister (altn. fylgjar), sie sind dem Gott Wodan unterstellt und wurden später mit den christlichen Engeln gleichgesetzt. In den Sólarljóð 25 heißt es:

»Die Disen bitte, die Bräute des Himmels,
Dir holdes Herz zu hegen:
Deinen Wünschen werden sie in kommenden Wochen
Alles zu Liebe Lenken.«

Und in der Guðrúnarqviða in fyrsta 19 werden sie »Herjans (= Wodans) Disen« genannt, im Reginsmál 24 werden »Trugdisen« (also böse Geister) erwähnt. Da die Disen auch das Wachstum und die Fruchtbarkeit unterstützen können, opfert man ihnen, wobei das Disenopfer im Hause stattfindet. Oft wird ein Disenopfer auch mit einem Opfer an die Alben (Álfarblót) verbunden, z. B. ist es auch zu Fasnacht üblich gewesen, für die Erdgeister das Wichtelbrot niederzulegen. Wie schon erwähnt, gab es zu Disting und Lichtmeß große Märkte, Disting- und Lichtmeßmärkte. Auf diesen Märkten wurde auch neues Gesinde angeworben (Dienstbotenwechsel). Am Abend noch vor Sonnenuntergang veranstaltete man ein festliches Mahl mit dem neuen Gesinde, das ursprünglich das alte Disenopfer einleitete. Dieses Mahl heißt Lichtmahl oder Lichtbratl. Den Disen wird am Tisch mitgedeckt und bestimmte Speisen geopfert (später »für die lieben Engel«), und man bittet sie um Beistand.

Am Vorabend des Festes entzündet man drei Kerzen. Eine auf dem Tisch zu Ehren der Erdgöttin (die Tischplatte symbolisiert die Erdoberfläche), eine unter dem Tisch zu Ehren der nach der Geburt gestorbenen Kinder (Unterwelt, Hel, Frau Holle) und eine auf dem Weihbrunnkessel neben der Tür, die den armen Seelen geweiht ist. Man geht zu Fasnacht auch zu den Gräbern der Ahnen, um darauf Samen zu streuen. Die Synode von Tours (567) rügt die Darbringung von Breiopfern für die Toten an diesem Tage. Von den auf den Ahnengräbern geopferten Seelenspeisen erhielt der Hornung bei den Angelsachsen den Namen Seelenmonat (Beda nennt ihn »Solmonat« = Kuchenmonat).

Gegen das Ausschwärmen von Bienen ist ein Zauberspruch erhalten, den Mythologen auf die Disen beziehen, weil die Bienen darin »Siegweiber« genannt werden. Tatsächlich gelten Bienen als Symboltiere der Disen. Überliefert ist, daß man im Hornung auch die Bienenstöcke reinigte. Der Spruch stammt aus dem 11. Jh.[66]:

>»Sitte ge, sigewif, sigaþ to eorþan.
>Næfre ge wilde to wuda fleogan.
>Beo ge swa gemindige mines godes,
>swa biþ manna gehwilc metes and eþeles.

>(Setzt euch, Siegweiber, senkt euch zur Erde,
>Nicht wollt wild zum Wald wieder fliegen!
>Seid ebenso bedacht meines Besitzes,
>Wie jeder Mensch ist des Mahles und des Heims.)«

In Skandinavien gibt es den Brauch des »dricka eldborgs skål«. Jedes Hausmitglied setzt sich nacheinander zwischen zwei große Lichter und trinkt aus einem hölzernen Becher. Danach wird die Schale rückwärts über das Haupt geworfen, steht sie verkehrt, stirbt der Trinker. Morgens versammeln sich alle im Halbkreis vor dem von der Frau entzündeten Ofen- oder Backofenfeuer. Alle beugen das Knie und essen einen Bissen Kuchen und trinken »eldborgs skål« (Opfer an die Hausgeister). Was vom Kuchen und Trank übrig ist, wird in den Ofen geworfen. Auch bei uns beten die Mädchen vor dem Ofen, um einen guten Bräutigam zu bekommen[67]:

>»Ofen, Ofen, ich bete dich an,
>Bescher mir übers Jahr einen guten Mann.
>Der mich nicht schlägt
>Der mich nicht klägt
>Der alle Abend mit mir zu Bette geht.«

Oder[68]:

>»Lieber Ofen, ich bete dich an,
>Hast du eine Frau hätt ich einen Mann!«

Das Wort »Ofen« wird zum sanskrit »agni« (Feuergottheit, Ingwaz/Ing) gestellt (Oven, Ogen, Ugnis, Ignis = Feuer), somit kann der Göttername Ing-Fros und das Wort Ofen die gleiche Wortwurzel haben, wir können hier also den Begriff »Ofen« in diesen Sprüchen durch den Götternamen oder den Begriff Feuer ersetzen. Allerdings wurde das Ofenfeuer in Norwegen (Telemarken) auch mit dem Gott Loki identifiziert. Ein Gebet an die Götter vor dem Ofen wird auch in einer Überlieferung von 1696 in Leipzig erwähnt[69]:

>»Komm, wir wollen hingehen und vor dem Ofen knien, vielleicht erhören die Götter unser Gebet«.

Kapitel 4

Ostern-Várblót

Nur in Deutschland und England hat sich der alte germanische Name »Ostern« bzw. »Easter« (ostarun, ags. eastron) erhalten, in allen anderen Ländern Europas hat der jüdische und christliche Begriff »Passah« den heidnischen Namen des Frühlingsfestes verdrängt. Bei den Nordgermanen hieß das Fest in heidnischer Zeit Várblót oder Vorblót (Frühlingsopfer) und war mit dem Várþing (Frühlingsding) verbunden. Auch der Zeitpunkt, an dem das Fest gefeiert wird, wurde christlich verändert. Danach wird das christliche Osterfest immer am ersten Sonntag nach dem ersten Vollmond im Frühling, wenn dieser selbst auf einen Sonntag fällt, am nächstfolgenden Sonntag, begangen. Frühlingsbeginn ist danach die Frühjahrstagundnachtgleiche (um den 20. 3.). Das Fest fällt damit also frühestens auf den 21. 3., spätestens auf den 18. 4. Diese alexandrinische Berechnungsweise ging durch den Mönch Dionysius Exiguus (525) in die römische Kirche ein. Bezweckt war, daß das christliche Osterfest niemals mit dem jüdischen Passahfest zusammenfallen sollte. Der ursprüngliche heidnische Zeitpunkt des Osterfestes war die Frühlingsgleiche (um den 20. 3.), gleichzeitig tagte auch das Frühjahrsding oder Várþing. Das Fest zusammen mit dem Ding dauerte ursprünglich wohl mindestens eine Woche, in christlicher Zeit dauerte das Várþing allein noch mindestens vier Tage. Als ursprünglichen Abschluß feiert die Kirche eine Woche nach Ostern den »Weißen Sonntag«. Bis zum Jahr 1094 dauerte das Osterfest vier Tage, seit dem 11. Jh. beschränkte man die Feier auf nur noch drei Tage, heute feiern die Christen noch zwei Tage. Die alten Heiden feierten dieses und andere Feste meist drei Tage lang.

Der Tag der Frühlingsgleiche, also der ursprüngliche, heidnische Ostertermin heißt heute noch der »Sommertag«, an dem viele alte Osterbräuche begangen werden, zum Beispiel Frühlingsfeuer.

Vor dem Osterfest liegen einige christliche Festtage, die Brauchtum des Heidentums übernommen haben: Der Palmsonntag, der faule Montag, der schiefe Dienstag, der krumme Mittwoch, der Gründonnerstag, der Karfreitag oder stille Freitag und der Karsonnabend.

Das Frühjahrsfest gegen den Sommer (»sumur hvar«) wird häufig in den Quellen erwähnt, z. B. in den Fjǫllsvinnzmál 40, wo es um ein Opfer um Gesundheit an die der Frowa unterstellten Heilgöttinnen geht:

>> »Jeglichen Sommer, so ihnen geopfert
>> Wird an geweihtem Orte,
>> Welche Krankheit überkommt die Menschenkinder,
>> Jeden nehmen sie aus Nöten.«

Es ist sehr wahrscheinlich, daß auch die Celten die Frühlingsgleiche gefeiert haben; neuceltische Gruppen nennen das Fest heute »Alban Eiler«.

Der »Narrentag« am 1. April geht auf die Wechselhaftigkeit des Wetters und den Mythos in der Þrymsqviða zurück. Die Kirche übernahm den Aprilscherz (in Deutschland seit 1631 bezeugt), indem ein Scherz in der Osterpredigt die Leute zum Lachen bringen sollte (Ostermär und Osterlachen).

Götter.

Schon im 1. Kapitel hatte ich den angelsächsischen Chronisten Beda Venerabilis zitiert, der von der heidnischen Göttin Eostre berichtete (siehe Seite 6). Bedas Werk ist eine der wenigen Quellen, die uns den Namen dieser Göttin und dem Monatsnamen Eosturmonath überliefert. Aber auch Eginhart belegt den althochdeutschen Monatsnamen »ostarmanoth«, so daß man annehmen kann, daß die Göttin im deutschen Raum Ostera oder Ostara, germ. *Austró, genannt wurde. Zuweilen wird behauptet, diese Göttin sei von Jacob Grimm erfunden worden.

Doch widersprechen dem die Quellen, z. B. die zahlreichen mit »Oster-« oder »Ostar-« zusammenhängenden Orts- und Personennamen wie etwa Osterode im Harz, welches der Sage nach seinen Namen von der Göttin Ostara hat, Osterholz in Westphalen usw. Auch ist ein alter Segensspruch aus Corvey an Eostar erhalten (s. u.). Die Externsteine im Teutoburger Wald werden in einer Überlieferung von 1750 »Eostrae Rupes« (Ostaras Felsen) genannt, und die Chronik des Pastors Pustkuchen von 1762 berichtet vom Kult dieser Göttin an den Externsteinen. Ähnlich berichtet auch das »Wernigerödische Intelligenz-Blatt« Nr. 19 vom 9. Mai 1797 (S. 72) in seiner Rubrik »Gemeinnützige Mittheilungen« in dem Artikel »Über Osterfeuer«:

> »Unsere Nachbarn im Lande zünden nämlich am Abend des ersten christlichen Osterfeiertags, ohne Scheu und Nachdenken, wieder seit einigen Jahren von neuem der heidnischen Göttin Ostra Ehren Opfer- und Gedächtnisfeuer vor ihren Dörfern und Anhöhen, wo dergleichen sind, an ... Unsere Stadteinwohner (zum Ruhm sei's ihnen nachgesagt) handeln hierin vernünftiger. Sie bleiben, wenn's auch weiter nichts ist, doch fest auf ihren Posten der Aufklärung stehen. Wenigstens schämen sie sich noch bis jetzt dieses Rückschrittes ins Heidenthum, dieser kleinlichen, abergläubigen Lustbarkeit. Sie verlachen den Aberglauben unserer Vorfahren, welche durch diese, in spätern Zeiten mit dem Namen Osterfeuer belegten Feuer-Opfer, von der Göttin Ostra die Vertilgung des den Gewächsen schädlichen Geschmeißes zu erlangen hofften.«

Vielleicht darf man auch den sog. »Ostastein«, eine nur noch in Nachzeichnungen erhaltene Vorivtafel, die im 16. Jh. im Schaumburgischen gefunden wurde, aber aus der Zeit um 1100 stammt, auf Ostara beziehen. Diese Tafel, die als Abb. 8 in »Götter, Mythen, Jahresfeste« abgebildet ist, trägt die Runeninschrift:

þu ga ut þatr osta
louse isin frosta

(»Du gehe hinaus, das ist Osta,
Löse die eisigen Fröste«)

Das Bild zeigt eine Gestalt mit Hörnerhelm und Füllhorn, die weiblich oder männlich sein kann, dazu ein Sonnen- und Mondsymbol. Vielleicht ist »Osta« als »Ostra« bzw. »Ostara« zu lesen, viellicht aber auch nur als »Ase-Gott«.

Der Name Ostara hängt zusammen mit altindisch »usr« oder »ushas«, lit. »auzra«, griechisch »éos«, lateinisch »aurora« = Morgenröte, und ist urverwandt mit germ. »austra« (= Osten), altnord. »austr«, altsächs., althochdt. »óstar« (= ostwärts), weil die Sonne zur Frühlingsgleiche (und nicht früher oder später) genau im Osten aufgeht. Es sind drei Begriffe, die alle diese Wortwurzel haben, und zwar das Gold (lat. aurum) oder Licht des Morgensterns (Astarte, Ishtar), Der Osten (austro) als Richtung des wiederkehrenden Lichtes und die Morgenröte (ushas). Das Fest heißt auch »ostrun«, angelsächs. »éastro« (= Ostern). Ostara ist eine Göttin des strahlenden Morgens, der Morgenröte und des aufsteigenden Lichts sowie Göttin des wiederkehrenden Frühlings. Ostara erscheint beim Eintritt des Frühlings neben Donar (Þórr), ja als dessen Schwester. Sie wird beschrieben als ein sich leicht fortbewegendes, in ein goldschimmerndes Gewand gehülltes Wesen, vielleicht aus dem Meer aufsteigend, mit gelben Schuhen. Jeden Morgen weckt sie alle lebenden Wesen aus dem Schlummer und naht sich den Häusern der Sterblichen mit schimmernden Schätzen. Zarte Keime brechen aus ihren Spuren hervor, wenn sie über die Erde dahinwandelt. Diese Vorstellungen kommen wohl aus dem um 1850 von G. Zappert hergestellten und als alt ausgegebenen »Schlummerlied«.

Daß Ostara in der Edda nicht erwähnt wird, liegt daran, daß die Nordgermanen die Göttin nicht unter diesem Namen, sondern unter dem Namen »Freyja« verehrt hatten (der wiederum bei uns als »Frowa« recht selten ist). Der Name Ostara fiel wohl mit dem Freyja-Beinamen Ástaguð (Liebesgöttin) zusammen. Die Identität von Frowa (Freyja) und Ostara ergibt sich daraus, daß für beide die Birke als heiliger Baum oder das Sonnenkäferchen (Marienkäfer) als eines der heiligen Tiere überliefert ist, und daß Osterquellen sich in der Nähe von Frowa-Heiligtümern befinden. So gibt es in Berlin das nach der Liebesgöttin Liuba (althochdt. leob = Liebe), d. i. Frowa, benannte Dorf Lübars. Östlich des Dorfes entspringt eine Osterquelle, die interessanterweise auch noch den christlichen Namen Marienquelle trägt. Dieser christliche Ersatzname beweist, daß das Wort »Oster-« nicht lediglich auf den Osten als Richtung hinweist, denn einen derartigen Namen hätte man nicht verchristen müssen. Hingegen mußte der Name einer Göttin sehr wohl ersetzt werden. In Lübben gibt es einen Liuba- Hain mit einem Ostergrund und Frauenberg in der Nähe.

Neben Frowa-Ostara haben zu Ostern die Götter Donar (Þórr), nach dem der Monat März im Norden »Þurmanad« heißt und Tius (Týr), der dem Mars und Namensgeber des Monatsnamen »März« entspricht, eine Bedeutung im überlieferten Kult. Möglicherweise wurde auch die Wachstumsgöttin Siwa (nordisch Sif), Donars Frau, verehrt.

Mythen.

Zwei mythische Richtungen lassen sich erkennen, die auf eine Grund-idee zurückgehen: Einmal der Erweckungs- und Zeugungsmythos, zum anderen die Wiederkehr der Gewitter; die Grundidee beider ist die endgültige Bekämpfung der Riesen des Winters. Bei den Er-weckungsmythen stehen der Sonnengott des Frühjahrs und die junge Erdgöttin im Vordergrund. Der Sonnengott bekämpft die Winterrie-sen und befreit die schlafende Frühlingserde aus ihrem Winterschlaf. Es findet die Liebesvereinigung beider statt, wobei bereits der junge Sonnengott des nächsten Jahres gezeugt wird, den die Erde dann 9 Monate später, zur Wintersonnenwende, gebären wird. Der kriegeri-sche Sonnengott ist Tius, dessen Name ihn als solchen noch ausweist (indogerm. *deivos = Leuchten, Himmel), im Mythos auch Svepdag (der geschweifte Tag), ein Göttername, der auch auf Wodan, Tius und Balder bezogen werden kann. Die junge, blumengeschmückte Frühlingserde ist Frowa-Ostara, in der Edda wird sie (oder die Göttin Nanna) auch Menglöd genannt. Die Morgenröte, die von Frowa gleich-falls symbolisiert wird, ist die zwischen Himmel und Erde stehende Liebe, denn seit uralten Zeiten ist die Farbe Rot auch die Farbe der Liebe. Bei den Wenden ist das Wort für die Farbe »Rot« identisch mit dem Begriff »Schön« (krasny, krasivi), die Liebesgöttin heißt daher dort auch »Krasnopanj« (= schöne Frau, rote Frau). Frowa ist Göttin des Nachthimmels und der Liebe, aber auch der Morgenröte oder der geschmückten Frühlingserde. Von Bedeutung ist hierbei auch, daß in der Runenreihe der Rune des Gottes Tius (tiwaz) die Rune der Göttin Frowa (bercanan) folgt. Den Mythos der Vereinigung von Menglöd (möglicherweise Frowa) und Svepdag finden wir im Eddalied Fjǫllsvinnzmál: Hier muß der Sonnengott mit dem Winterwächter Fjöllsvid einen Wissenswettstreit austragen, um dann schließlich zur Göttin Menglöd zu gelangen. Die Liebesvereinigung beider Gottheiten ist die »heilige Hochzeit« (Hieros Gamos) und wurde im Kultspiel von Darstellern offen vollzogen (siehe den Abschnitt »Trojaburgen«). Im heutigen Brauchtum finden wir zuweilen die Figur des Judas. Er symbolisiert den Winterriesen, sein Name entstand aus dem nicht mehr verstandenen alten »Jötun« (Jötun, Jüdde, Jude, Judas). Mancherorts wird auch zu Ostern das Winteraustreiben gefeiert (»de Jüdde uut der Kerk gedrieve«). In den Heldenmythen der Edda finden wir an Stelle des Sonnengottes den Helden Siegfried (Sigurðr), der die schlafende Brünhild (Brynhildr oder Sigrdrífa) erweckt. Die Wintergewalt wird hier durch die »Waberlohe« dargestellt, die Brünhild umgibt und die Siegfried durchdringt. Dann schwören sich beide ewige Liebe und vollziehen die heilige Hochzeit. Die färingischen Sigurðslieder behandeln auch diesen Mythos und wurden früher zu Ostern oder Maifest im Freien getanzt. Ein Vorsänger steht einzeln, die andern Tänzer bilden eine lange Schlange (ormen longe), indem sie seitlich nebeneinanderstehen, die Arme gewinkelt und gefaßt. Man geht immer zwei Schritte seitlich vor und einen seitlich zurück. Das Lied hat mehrere hundert Strophen und den Kehrreim singen immer alle gemeinsam.

Im Märchen Dornröschen lebt der Göttermythos noch fort: Der Sonnenprinz durchdringt die Winterdornen, die nun mit den Rosen der Morgenröte geschmückt sind, und erweckt die schlafende Frühlingserde Dornröschen aus dem 100jährigen Winterschlaf. Mit den 100 Jahren sind die 100 Tage des Winters gemeint (drei Mondmonate von je 29,5 Tagen und die 11,5 Tage des Julfests). Was ursprünglich eine heilige Hochzeit war, wird im Märchen zum Erweckungskuß. Das Dornröschenmärchen kann auch als Kulttanz gespielt werden. Das bekannte »Dornröschen war ein schönes Kind« geht auf ein altes Mysterienspiel (»Anna saß auf einem Stein«)[70] zurück.

Der Sonnengott des Frühlings Tius ist gleichzeitig Kriegsgott, denn er muß ja die Winterriesen bekämpfen. Darum ist Ostern die Zeit, wo der Schwerttanz getanzt wird. Und es ist der Zeitpunkt des Frühjahrsdings, auf dem die jungen Burschen in die Kriegerclans aufgenommen wurden (Initiation). Auch das Christentum begeht am Weißen Sonntag nach Ostern die Aufnahme der Neulinge in die Gemeinschaft (Kommunion, Konfirmation) und die Taufen der Neugeborenen. Und im Brauchtum hat sich noch erhalten, daß zu Ostern neue Kleider angezogen werden, wie ja auch der junge Krieger neu eingekleidet wird.

Beim Schwerttanz, den die ausgebildeten Krieger am und um das Osterfeuer tanzen, wird das Bekämpfen der Winterriesen dargestellt, außerdem wird der Bursche als Narr symbolisch getötet und als König (also eingeweihter Krieger) auf die zur Rose (Morgenröte, Dornröschen, Liebessymbol) geflochtenen Schwerter erhoben. Tius, dem der Schwerttanz gilt, ist auch Gott des Dings. Und Frowa ist auch Anführerin der Walküren, hat also durchaus einen kriegerischen Aspekt; ihre bercanan-Rune wird im Runenlied der Edda als Rune des zu weihenden Kriegers erwähnt. Schwerttanz und Heilige Hochzeit sind also die ursprünglichen, heidnischen Vorläufer der späteren Osterspiele (Mysterienspiele). Noch aus christlicher Zeit ist überliefert, daß beim Gang zum Osterfeuer jeder einen weißen Stab in der Hand hatte. Wenn das Singen des Lobgesangs begonnen hatte, haben ihrer zwei oder vier Personen mit den Stäben oder Stöcken, gegeneinander überstehend, aneinander geschlagen und ein Geklapper gemacht. Dies war eine Abart des alten Keulen- oder Schwerttanzes.

Der zweite mythische Grundgedanke ist die Wiedererlangung des Hammers Mjǫllnir, wie es im Eddalied Þrymsqviða (Hamarsheimt) erzählt ist. Donar, der Donner- und Gewittergott erwacht aus dem Winterschlaf und entdeckt, daß ihm sein Hammer, Symbol für den Blitz, vom Riesen Þrymr gestohlen wurde. Somit kann Donar nicht blitzen und es gibt keine Gewitter - kurz es ist noch Winter. In der Verkleidung als Frowa, zusammen mit Loke, also als Frühling verkleidet mit den warmen Frühlingslüften, kommt er zu den Riesen, erhält seinen Hammer und erschlägt sie - das erste Gewitter im Sommer beendet die Herrschaft der Winterriesen.

Im Eddalied Alvissmál fordert Donar seine Tochter Þruðr (die Saat) von den Wachstumskräften (hier der Zwerg Alviß) zurück, die sie während des Winters unter der Erde hielten.

Abbildung 28: Trojaburg von Wisby auf Gotland.

Trojaburgen.

Der Mythos von der Befreiung der Erde und der Vereinigung von Sonnengott und Frühjahrsgöttin wurde in heidnischer Zeit als Osterspiel von Darstellern aufgeführt. Die Darstellerin der Göttin wurde die Osterbraut genannt. Besonders wurde dieses Mysterienspiel in runden, labyrinthartigen Stein- oder Linienreihen gefeiert, die man »Trojaburgen« nennt. In ganz Europa finden sich derartige Labyrinthe, die bis in die Jungsteinzeit datiert werden können. Besonders in Südskandinavien, Deutschland, Frankreich, Rußland, Italien, Irland und Griechenland finden wir diese Kultkreise. Die Trojaburgen Deutschlands (teilweise nur noch literarisch belegt) sind: Wurmberg bei Braunlage, Loh bei Dötlingen im Oldenburgischen, das Rad in der Eilenriede bei Hannover, Anger der Gemeinde Graitschen in Thüringen, Bärenstein bei den Externsteinen im Teutoburger Wald, Schalkenburg von Quenstedt im Kreis Hettstedt bei Halle, Wallauf bei Feldrom im Teutoburger Wald, Trojaburg im sächsischen Querfurt. Der Wunderkreis auf dem Hausberg von Neustadt-Eberswalde soll von einem Schäfer gemacht worden sein. Er wurde früher von den Kindern zu Ostern ausgelaufen, d. h. derjenige Junge, der ihn am schnellsten durchlief, erhielt eine Belohnung von Ostereiern. Die Trojaburg von Steigra an der Unstrut liegt neben steinzeitlichen Grabhügeln auf dem Gemeindeanger. Noch heute müssen dort die Konfirmanden die Windungen des Labyrinths im Rasen ausstechen, die Trojaburg ist Ausgangspunkt für die Frühlingsumzüge. In der Trojaburg von Kaufbeuren in Bayern wird noch heute das Tänzelfest mit Polonaise (Schlange von Tänzern) gefeiert. In der Windelbahn zu Stolp in Pommern wird alle drei Jahre zu Pfingsten das Windelbahnfest gefeiert. Die Schuhmacher führen dabei den Windel- oder Schäfertanz auf: Voran der Maigraf mit zwei Beiständen und zwei Schäfern. Er durchläuft im schwäbischen Kiebitzschritt die Bahn, die Schäfer müssen von den beiden Enden der Bahn aus ebenso laufen, wenn sie sich begegnen, tritt einer die Bahn an den andern ab. Auch zwei Harlekine, Bruder Ärmel und Bruder Halbsiden, gibt es.

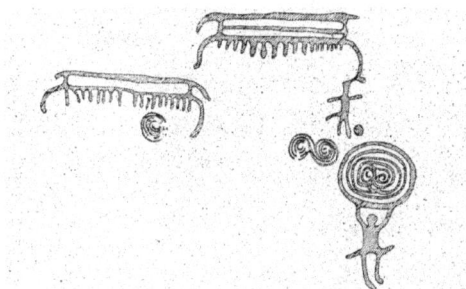

Abbildung 29: Felsbild von Ekenberg, Norrköping, Östergötland.

Auf einem bronzezeitlichen Felsbild von Ekenberg bei Norrköping in Östergötland finden wir eine von einem Menschen hochgehaltene Trojaburg (s. Abb. 29). Darüber ist Aufzug von Menschen dargestellt (s. Abb. 28 auf Seite 90). Auf einem Krug von Tagliatella in Mittelitalien (7. Jh. v. u. Zt.) finden wir unter einem Ziegenbock eine Trojaburg (mit der Inschrift »truja«), davor berittene Krieger, rechts neben der Trojaburg findet sich die Darstellung der heiligen Hochzeit. Die Bilder zeigen den Raub der Helena (s. Abb. 30 und 31).

Wegen der weiten Verbreitung der Trojaburgen finden wir auch zahlreiche Mythen, die den Trojaburgtänzen zugrunde liegen. Auf einer Wandinschrift von Pompej um eine Trojaburg steht[71]:

»Das ist das Labyrinth, hier wohnt der Minotaurus.«

Der älteste Mythos ist der von der Erschlagung des Meeresungeheuers vor den Toren Trojas durch Herkules und die Befreiung der Hesione. Herkules entspricht dem Gott Donar (so schon bei Tacitus gleichgesetzt), das Meeresungeheuer ist der Winterriese und Hesione ist die Göttin Ostara. In gleicher Weise befreit Perseus das Meerungeheuer, um Andromeda zu befreien. Jason erschlägt den durch Me-

dea eingeschläferten Drachen im Ares (Mars-Tius)-Hain und entführt
Medea und das goldene Vlies (Widderfell), was an den Schäfer und
Schäfertanz erinnert. Theseus erschlägt den Minotaurus im kretischen
Labyrinth und befreit die Ariadne.

Abbildung 30: Tagliatella-Krug.

Eine Verbindung zum Ei und damit Osterei finden wir in dem
Helena-Mythos: Tyndareus Gattin Leda ward von Jupiter in Gestalt
eines Schwans besucht und gebar hierauf zwei Eier. In dem einen
befanden sich Castor und Clytämnestra, im anderen aber Pollux und
Helena (Abweichende Fassung: Nemesis verwandelt sich in eine Gans
um den Wünschen des Jupiter zu entgehen und wird von Jupiter in
Schwanengestalt überwunden. Sie gebirt ein Ei, welches ein Hirte auf
einer Wiese fand und der Leda brachte. Daraus ging später Helena
hervor). Theseus raubt Helena, als er aber einmal im Hades ist, führen
ihre Brüder Castor und Pollux Helena wieder zurück.

Abbildung 31: Bild vom Tagliatella-Krug (Italien, 7. Jh. v. Ztw.).

Der Sohn des Priamus raubt Helena, worauf sich der trojanische Krieg entfachte. Interessant ist das Weiterleben des Trojaspiels im Brettspiel »Gänsespiel«, das Odysseus oder Palamedes bei der Belagerung Trojas erfunden haben soll. Daß Troja kein historischer Ort ist, sondern ein mythischer, und die Trojaner keine Einwohner, sondern Mysterienspieler, belegt Vergilius in der »Aeneide«[72]:

> »Wie einstmals auf Kreta - so berichtet die Sage - versah man das Labyrinth mit Gängen und Räumen und tausenden von sich schlingenden Wegen, wo man manchmal sich verlaufen konnte und nicht den Ausgang fand, und niemand die Zeichen wiederfand, denen er hatte folgen wollen. So sah es aus, als sie in unzähligen Kreisen herumschwenkten, die Söhne der Teukrer im Spiel; bald in der Flucht und bald im jagenden Anfall. Das Spiel trägt Trojas Namen und die Kämpfer nennt man Trojaner«

Was haben nun diese antiken Mythen mit dem germanischen Kult zu tun? Nun, in den Formáli und der Gylfaginning 9 einiger Handschriften der jüngeren Edda wird Ásgarðr mit Troja gleichgesetzt, zwischen »Truja« (Krug von Tagliatella) und »Þrúðheimr«, Donars Palast, besteht eine Verbindung. In einem bulgarischen Lied erschlägt St. Georg den Drachen vor den Toren Trojas und befreit die Tochter des Königs von Troja, ähnlich der Sage von Ragnar Loðbrok, der einen Drachen um Þoras Haus erschlägt und diese befreit wie Siegfried den Drachen Fafner erschlägt und Brünhild befreit. Es ist der gleiche Mythengrundzug wie die Befreiung der Gerda durch Skirner oder die der Menglöd durch Svepdag. Trojaburgen werden im Volksmund auch »Riesenhege«, »Nonnenhege« oder »Jungferntanz« genannt und sind auch Symbole des Tierkreises. Immer geht es bei ihnen um Befreiung, Initiation, Kampf mit dem Ungeheuer. Damit gehören sie ganz eindeutig in das Osterfest als Zeitpunkt der rituellen Einweihung.

Obwohl wir keine celtische Überlieferung von einer Feier des Osterfestes haben, können wir dies dennoch annehmen, da auch bei den Celten der Trojamythos bekannt war: Der König Valerin (celt. Gott Balar) hält seine Tochter im unzugänglichen Schlosse gefangen. Er wird endlich von seinem eigenen Enkel, dem Gotte Lugh, ermordet, indem ihm das böse Auge mit einem Feuerstrahl (erinnert an den Frühjahrsblitz) ausgebrannt wird, wie die französisch-celtische Sage erzählt. In den Bodenmosaiken gotischer Kirchen (z. B. St. Severin

Abbildung 32: Kreta- Münze, 5. Jh. vor u. Zt.

in Köln) finden wir derartige Trojaburgen, die hier oft »himmlisches Jerusalem« genannt werden, wie auch in Darstellungen mittelalterlicher Handschriften. Die Trojaburg kniend zu durchbeten soll dabei Wünsche erfüllen und Glück bringen.

Osterfeuer.

Nach der Anrufung der Götter wird das Osterfeuer entzündet. Die erste schriftliche Nachricht von einem Osterfeuer stammt vom Missionierungsfanatiker Bonifacius. Als der nach Deutschland kam, fand er im Osterkult der Kirche das »ignis pachalis« (Passahfeuer) vor. In einem Brief an den Papst Zacharias (741-752) fragt er an, wie er sich diesem deutschen Brauch gegenüber verhalten solle. Aus der Antwort des Papstes können wir ersehen, daß diese Feuer zu Ostern in Rom unbekannt waren. Es handelte sich also um einen ursprünglich germanischen Brauch, der von der Kirche als »Karsamstagsfeuer« übernommen wurde. Die nächste Nachricht über das Osterfeuer geht auf einen Helmarshäuser Benediktiner des 13. Jhs. namens Conrad Fontanus zurück, der aus Südhannover berichtet, auf dem Retberg habe das Volk am Ostertage

»mit der Sonnen Untergang noch bei Menschengedenken das Osterfeuer gehalten, welches die Alten Bockshorn geheißen«.

Dieser Name hat sich teilweise noch lange in Verbindung mit dem Osterfeuer gehalten. So schreibt der Wolfenbüttler Schulrektor Reiskius 1696 sehr anschaulich:

»Dahero noch heute zu Tage, sonderlich bei den Papisten, am 1. Ostertage abends ein Feuer unter freiem Himmel von zusammengetragenem Holz bei großem Zulauf alter und junger Leute angezündet, ein deutsch oder lateinisch Lied dabei gesungen und endlich mit Überspringen die Lust so lange fortgesetzt wird, bis das Feuer nach verbranntem Gehölze ausgelöscht, darauf ein jedweder nach seinem Hause sich verfüget und einen Brand mit dahin einträget aus abergläubischer Meinung, es werde hierdurch von Donnerwetter unbeschädigt und er nebst den Seinigen von schädlichen Feueranzündungen also bewahret sein«.

Das Feuer wird auch Ostermann, Ostermond oder Osterbrennen genannt. Der Name Bockshorn verdeutlicht, daß es ein dem Donar geweihtes Feuer ist, welches am Vorabend des Ostertages entzündet wird. Darum schützt es auch gegen Blitz und Feuer. Den Namen hat es vielleicht auch, weil man Bockshörner in die Flamme wirft.

Der Jugend fällt die Aufgabe zu, das Holz (man verwendet leicht brennbares, wie z. B. Scheiterhaufen oder auf Stangen gesteckte Bienenkörbe) für das Osterfeuer zu sammeln. Dazu gehen die Jugendlichen von Haus zu Haus, um das Holz zu erheischen (zusammenzubetteln, -stehlen und -kaufen). Früher gingen auch die Erwachsenen mit. Mit Rasseln, Topfdeckeln usw. wird beim Heischeumzug viel Lärm gemacht, und die Sammelnden erhalten zuweilen Eier als Belohnung. Ein Heischespruch lautet[73]

»Wir sammeln hier für's Osterfeuer;
Die alten Teertonnen sind zu teuer;
Wir haben kein Reed, kein Stroh, kein Busch,
Zum Stehlen haben wir auch keine Lust.
Wer die Freude will mitbeleben,
Muß ein Schof Stroh, Reed, Busch ausgeben.
Einer ist nichts, zwei ist was,
Drei - so gehn wir unsern Pfad.
Laßt uns nicht zu lange stehn,
Denn wir möchten noch weiter gehn.«

Als Dank, wenn Holz gegeben wurde, spricht man:

»Danke, danke für die Gaben,
Die wir hier empfangen haben!«

Oder[74]:

»Schmackoster, bunt Oster,
Drei Eier, Stück Speck,
Stück Fladen, Glas Branntwein,
Dann geh' ich gleich weg.«

Und wenn den Heischenden nichts gegeben wurde:

»O Weh, o Weh, o Weh!
Was sind hier für schlechte Leut'!
Weißen Zwirn und schwarzen Zwirn,
Die alte Hex, die gibt nicht gern!«

Übrigens wurde auch vor dem Entzünden des Feuers Lärm gemacht, indem die jungen Leute (Konfirmanden) alle zerbrochenen Geräte auf einem Platz zusammenschleppten und sie mit Knüppeln kurz und klein schlugen, während ein Knabe mit Peitschenhieben um die Beine die anderen hindern wollte (Winteraustreiben). Hernach gingen alle zum Feuer. Oft finden wir zwischen den verschiedenen Ortsteilen, die eigene Osterfeuer entzünden wollen, einen Wettstreit um das größte Feuer. Heute wird leider oft versucht, den Holzstoß der anderen vorzeitig zu entzünden. Dies ist eine neue Unsitte. Der Mittelstamm des Feuerstoßes wurde dagegen schon in alter Zeit gerne entwendet. Überhaupt hat das Feuer umso größere Kraft, je mehr Gegenstände dazu gestohlen sind. Restliche Weihnachtsbäume, wenn sie nicht schon zu Fasnacht verbrannt wurden, werden für das Osterfeuer genommen. Den Holzstoß müssen die jungen Ehemänner, die im letzten Jahre geheiratet hatten, aufbauen.

Das Osterfeuer wird mit »Stein und Stahl« entzündet, indem ein eiserner Feuerschläger gegen einen Flintstein geschlagen wird, so daß Funken auf einen Zündschwamm (nach bestimmten Regeln bearbeiteter Baumpilz) oder die Flusen vom Rohrkolben (»Pumpans Keule«, Pumpan ist Donar) fallen und so sich entzünden. Diese Entzündungsart erinnert an den Gewittergott. Auch durch ein geweihtes Licht kann es entzündet werden. Vor oder nach der Entzündung wird Plumpsack (auch Ball) gespielt. Um das Feuer tanzen jauchzend die jungen

Männer, und alle Dörfer, über die sich der Schein der Osterfeuer verbreitet, sollen nach dem Volksglauben ein Jahr lang vor Feuersbrunst verschont bleiben.

Man trägt rohes Fleisch, daß am Feuer gebraten wird, mit zum Osterfeuer und ißt es, Brot nimmt man zum Feuer um es dann als geweiht wieder ins Haus zu nehmen. Übrigens werden auch ins Osterfeuer schon Opfergaben gegeben. Z. B. wird ein altes Huhn als Rest des ursprünglichen Hahnenopfers geopfert, was noch im 14. Jh. bezeugt ist. Oder es wird eine Strohpuppe verbrannt, die den Namen »Klown« (auch Judas, Jude, Hexe, Tod) trägt. Fällt diese Puppe nach Sonnenuntergang, gibt es schlechtes, fällt sie nach Sonnenaufgang, gutes Wetter. Auch ein Pferdeschädel, ein Eichhörnchen oder (in Frankreich) Füchse wurden ins Feuer geworfen. In den Spielen »Eichhörnchenjagen« und »Hahnenschlagen« leben diese alten Opfer noch fort.

Um das Osterfeuer wird später auch das Ding abgehalten, auf dem die neuen Gemeindevorsteher aufgenommen wurden und die Jünglinge in die Gemeinschaft der Krieger. Um den Holzstoß des Feuers bildeten die verheirateten Hausväter, also die stimmfähigen Gemeindemitglieder einen engen Kreis und schützen gleichsam das Feuer. Währenddessen zogen Jünglinge und Jungfrauen in einem weiten Kreise, Frühlingslieder singend (»um die Vögel zu wecken«), dem Laufe der Sonne nach (Uhrzeigersinn) um dieselben herum und harrten der Beendigung der Wahl, heute aber des Zusammenstürzens des Feuers. Ist der Holzstoß ausgebrannt, dann läuft alles hinzu und bildet an beiden Seiten eine Gasse. Je zwei und zwei Jünglinge nehmen ein Mädchen zwischen sich und stellen sich so in einer Reihe hintereinander; dann durchlaufen sie die Gasse mehrmals und lassen die Mädchen, die sie an den Händen gefaßt haben, über das Feuer springen, indem sie selbst neben demselben hinlaufen. Auf Krieger- und Dingbräuche geht es wohl zurück, daß an einigen Orten Frauen und Mädchen von der Teilnahme am Osterfeuer ausgeschlossen waren. Der Sprung heilt und schützt vor Krankheiten, wer aber dabei fällt, stirbt noch in demselben Jahre. Auch für die Augen ist der Anblick des Feuers gut, gleichzeitig ist der Augensegen Ostern üblich. Dies erinnert an den Mythos von des Gottes Donars scharfen (funkelnden) Augen in der Þrymsqviða. Ist endlich das zusammengeschürte Feuer ausgebrannt, dann zieht die ganze Versammlung liedersingend auf oder drei Mal um das Feld, oder mit Birkenfackeln um den Ort. Mit brennenden Fackeln aus dem

Osterfeuer geht man über die Äcker und entzündet damit im Hause
das Herdfeuer neu. Mit brennenden Strohbündeln ziehen die Knaben über das Land, um es fruchtbar zu machen. Große Räder werden
mit Stroh umwickelt und brennend zu Tale gerollt, Sinnbilder für die
siegreiche Sonnenkraft. Wenn sie gut herunterkommen, ist ein gutes
Jahr zu erwarten. Den Flachs sät man in der Richtung, in welche der
Rauch des Osterfeuers zieht. Zwei Burschen müssen die ganze Nacht
hindurch die Glut des Feuers behüten. Mit der heiligen Asche des
Osterfeuers beschwärzt man sich, besonders die Burschen die Mädchen, um die Fruchtbarkeit des Feuers zu übertragen. Die Asche wird
auch dem Vieh ins Futter gemischt, um es gesund zu erhalten.

Ackerkrönung.

Die Äbtissin Marcsuith vom Kloster Schildesche bei Bielefeld berichtet
im 10. Jh. von heidnischen Opfer- und Ackerzeremonien zu Ostern[75]:

> »Am Abend vor der [Frühjahrs-] Feier versammelte man
> sich an heiliger Kultstätte, hielt das Opfermahl, wozu je-
> der beisteuerte, unter Tanz und Gesang ab und zog am
> anderen Morgen vor Sonnenaufgang um die Saatfelder in
> langer Prozession, voran der Priester, in der Mitte die Göt-
> terbilder in weißer Umhüllung und am Schlusse die zum
> Opfer bestimmten Tiere. Unter den heiligen Eichbäumen
> oder am heiligen Quell machte der Zug halt, der Priester
> segnete die Feldfrüchte und flehte, gegen Sonnenaufgang
> das Antlitz gerichtet, die Götter um Schutz und Schirm vor
> Unwetter, Hagel und Mißwuchs, um Segen für Saat und
> Vieh an. Bei der Rückkehr wurde das Götterbild an den alt-
> heiligen Ort zurückgeführt, in den Tempel oder an heiligen
> Bäumen aufgehängt oder auf Baumstämmen aufgestellt,
> das gemeinschaftliche Opfer gebracht und das Opfermahl
> gehalten. Der Gottheit wurden Tiere geschlachtet...«

Wir finden in dieser Schilderung alle wichtigen Bestandteile des
Osterfestes: 1. Der Vorabendkult am Osterfeuer mit Tanz, Gesang und
Opfer, 2. eine Feldprozession, die noch in den Fronleichnamsumzügen
fortlebt, 3. Feldsegnungen unter Hervorhebung der Eiche und des

Hagelschutzes (also mit Bezug zu Donar), 4. Halt an der Quelle um Osterwasser zu schöpfen, 5. Fortführung des Opferfestes im Heiligtum. Diese Feldumzüge leben noch in den zuweilen üblichen Osterritten fort, bei welchen die Burschen am zweiten Ostertage eine gute Stunde um die Feldmark reiten, dann aber im Galopp über die Felder, um ihnen Glück und der jungen Saat Gedeihen zu verschaffen. Am Schluß reiten sie durch ein von Stroh angemachtes Feuer. Die Kinder reiten auf Steckenpferden um die Kirche.

Im Volksbrauchtum hat sich noch die »Ackerkrönung« erhalten, die meist am ersten oder zweiten Ostertage durchgeführt wird. Lebenszweige werden in das Feld gesteckt (der Acker wird »gepalmt«) es werden »Hagelkreuze« daraus gefertigt (seltener auch in Kreuzform), die in die vier Ecken und die Mitte des Ackers gesetzt werden. Dazu ist der Spruch überliefert[76]:

»Ich krön dich am heiligen Ostertag,
Damit Donar dich vor Blitz und Hagelschäden
Gnädig bewahren wolle.«

Werden die Lebenszweige bei regnerischem Wetter eingesteckt, so gedeiht das Getreide nicht.

Eine uraltes Osterlied aus einer Aufzeichnung des Klosters Corvey erwähnt Nicolaus Hocker[77]. Dieses Stück ist dem angelsächsischen Erce-Segen eines Feldzaubers sehr ähnlich und ist ein Opferspruch:

»Eostar, Eostar, erdhan modor,
genne these acera veaxendra
and wirdhendra
eacniendra einiendra fridha him!
that his yrdh si gefridhod
and heo si geborgan
as his halige,
the on heofdenum sind.«

Übersetzung:

»Ostara, Ostara, Erdenmutter,
gönne diesem Acker zu Wachsen
und Werden,
Blühen, Frucht bringen. Friede ihm!
Daß die Erde gefriedet sei

und daß sie geborgen sei
wie die Heiligen,
die im Himmel sind«.

Der Flurumgang ist auch mythische Vorlage des Schlagballspieles, wo der Ball als Sonnensymbol abgeschlagen wird, und die Spieler um das Feld laufen müssen, bevor der Ball zurückgeworfen wird.

Ostereier

Das Ei ist ein uraltes Symbol der Fruchtbarkeit, des entstehenden Lebens und als weißes Ei auch Symbol der schneebedeckten Erde. Verwandte Mythen indogermanischer Völker weisen darauf hin, daß auch bei unseren Vorfahren die Sage bekannt war, wonach aus dem Weltei die göttliche Sonne geboren wurde. Nach einem griechischen Mythos zerspringt das Ei in zwei Hälften, die unseren Urwelten Nibelheim und Muspillheim entsprechen, aus deren Wirken Himmel und Erde entstehen, aus dem Kern des Eis (dem Dotter) geht die Ursonne und die Götter hervor. Der erste Gott der ägyptischen Mythologie kam aus dem Ei des großen Schnatterers (der Gans) hervor.

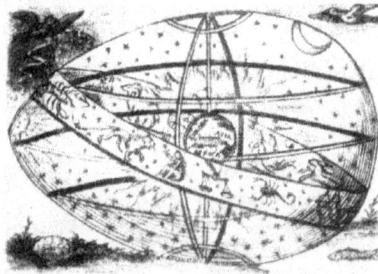

Abbildung 33: Das Weltei mit dem Tierkreis (Aus Georg Stengels Ova Paschalia, 1672).

Das Osterei hat viele ältere Vorläufer. So wurden gefärbte Hühnereier bereits in Funden von Griechenland, die aus der Zeit zwischen 500 und 200 v. u. Zt. stammten, nachgewiesen. In einem römisch-germanischen Gräberfeld bei Worms aus dem 4. Jh. entdeckte man

100

in dem Grab eines Mädchens zwei mit Streifen und Tupfen bemalte Gänseeier als Grabbeigaben, in Schlesien (Oppeln) und Polen fand man bemalte Eier aus der altwendischen Zeitepoche, außerdem konnte man Eier in Awarengräbern von Wien-Simmering (7. bis 9. Jh.) finden.

Bemalte Eier in Gräbern sind als Fruchtbarkeitssymbole zu deuten und sollen eine Wiederverkörperung des Toten anzeigen; sie weisen auf die Jahreszeit des Osterfestes, in der auch die Natur wiedererssteht. Selbst in der christlichen Kunst finden sich Eier besonders auf Grabsteinen und Sarkophagen und erinnern an die Auferstehung. Rote Eier fand man auch in christlichen Gräbern des 10. Jhs.

Die kirchliche Weihe von Ostereiern in der Frühe des Karsamstags, die benedictio ovorum et esculentarum, wurde im 9./10. Jh. (nach A. Franz im 12. Jh.) in die römischen Ritualien aufgenommen, weil das Ei als Ursymbol und sichtbarster Träger des Lebens und der Lebenserneuerung schon in heidnischer Zeit Zauberheilmittel, Opfer und Grabbeigabe gewesen war. Im frühen 13. Jh. werden gefärbte Eier im Gedicht des Minnesängers Freidank erwähnt[78]:

> »Swá wåp mit varwe ist bezogen,
> dá wirt ein man lihte betrogen.
> Ein Kint naem ein gemálet ei
> für ander driý oder zwei.«

1553 werden dann bereits rote Eier (ova rubra), die nun den Opfertod Christi und seine Auferstehung bedeuten sollen, bei der österlichen Eierweihe von Thomas Naogeorgius (Kirchmair) in seinem »Regnum Papisticum« erwähnt. Vom Beschreiben, Bemalen und Ätzen von Ostereiern berichtet Erycius Puteanus in seiner Schrift Ovi Encomium von 1617. In einer Aufzeichnung eines Straßburger Handwerksmeisters von 1615 heißt es[79]:

> »Zu ostern werden die Oster eyer grüen, gelb, roth, schwarz und blau und andere art geferbt«.

Wie das Weltei ist das Osterei geheimnisvollen Ursprungs, weswegen man es versteckt und meint, eine Gottheit - vertreten durch den Hasen (aber auch Storch, Osterhahn, Osterhenne, Kuckuck, Kranich, Auerhahn oder Fuchs) - bringe es. Das Verstecken (auch Vergraben) und Suchen der Eier nennt man »den Osterhas jagen«. Das Eiersuchen ist aber auch als Orakel zu werten, denn ein zuerstgefundenes blaues

Ei (der Hellia geweiht) bringt Unglück, ein rotes (dem Donar geweiht) drei Tage Glück, ein gelbes (der Ostara geweiht) bringt gleichfalls Glück[80]. So kann man allen Göttern Eier weihen und jeweils den Beistand derjenigen Gottheit feststellen, deren Ei man zuerst findet. Abt Jakob von Schuttern schrieb in seinem Tagebuch zum 16. 4. 1691[81]:

»Den hiesigen Kindern verstecke ich Ostereier im Garten«.

Aus dem 17. Jh. stammt der Rat[82]:

»Auf Ostern iß hart gesotene Eyer, dann bist du das gantze Jahr gesundt«.

Die Eier färbt man, indem man sie in verschiedenen Säften kocht. In Spinatsaft gekocht ergibt grüne Eier, in Zwiebelsaft oder Zwiebelschalen gelbe, in Malvensaft blaue und im Saft der Roten Rübe rote Eier. Muster werden hinterher eingekratzt oder vorher mit flüssigem Wachs aufgetragen, das dann später mit einem Lappen entfernt wird, so daß die darunterliegenden Teile weiß bleiben. In christlicher Zeit wurden die roten Eier als Blutssymbole des Jesus umgedeutet, ursprünglich gelten sie der Morgenröte und dem Donnergott. In Steinzeitgräbern fand man rote Erde (Rötel) als Zeichen des Lebens (Blutfarbe) und der Wiedergeburt und Auferstehung. Außerdem hat man in vorgeschichtlichen Gräbern auch Straußeneier gefunden.

Eier werden auch von den jungen Mädchen an ihre Liebhaber als Minnegaben geschenkt oder ans Fenster gelegt. Liebende beschenken sich gegenseitig mit Eiern. Die Eier werden mit Sinnsprüchen (früher wohl Runen) verziert, wie 81 z. B.[83]:

»Das Ei ist rot, ich liebe dich
Bis in den Tod.«

»Wenn auch das Ei zerbricht,
Doch unsre Liebe nicht.«

Ein Ostereierspruch aus Tirol lautet[84]:

»Endlos wie dieses Ei
Unsere Liebe sei!
Magst mich, ists recht,
Magst mich nicht, ists auch recht.«

Ein Glasei aus Solbach im Unterelsaß hatte die Verse[85]:

>>Auß lauter lieb/
auß lauter Trey/
Schenckh ich dir/
Das Osterey. 1765<<

Ein alter Reim aus Wien lautet[86]:

>>Dieses Ei hier will ich ihnen verehren,
Und dann von ihnen ein Jawort hören.<<

Aus dem Mühlviertelm stammt dieser Reim[87]:

>>Lieben und nicht seh'n
ist härter als auf Dornen geh'n.<<

Die Kinder erhalten von ihren Paten mit einem Storch bemalte Ostereier; diese müssen aufbewahrt werden, denn zerbricht eines, erreicht das Kind kein hohes Alter. Die Ostereier werden beim Osterfeuer geweiht.

Am Morgen des Vortages bringt die Bäuerin dem Mann ein gekochtes Gänseei über das Bett und bereitet ihm am Abend einen Eierkuchen. Ißt man am Ostermorgen nüchtern Eier, dann bekommt man kein Fieber. Zwei oder mehrere sollen zusammen ein gefärbtes Ei essen, verirrt sich dann später einer, so braucht er nur an das gemeinsam verzehrte Ei zu denken, um den Weg wieder zu finden. Allgemein aber verzehrt man Ostereier (hartgekocht) zum Glück und Gedeihen frühmorgens oder abends am Ostertage. Die Männer schützt der Genuß vor Leistenbruch und steigert die Potenz, sonst machen die Eier fest gegen Beil und Messer und sichern gegen Schlangen, außerdem bewahren sie vor Kreuzschmerzen. Das Werfen der Eier über Bäume und Häuser bringt Segen. Man wirft die Schalen der verzehrten Eier nicht weg, sondern ißt ein Teil davon und legt sie auf die Fensterbrüstung, streut sie ums Haus (gegen Ameisen, Gewürm, Insekten und Ungeziefer) oder wirft sie auf die Felder (dann schlägt das Wetter nicht ein) und ins Osterfeuer, oft zusammen mit Veilchen und Maiglöckchen, die der Ostara geweihten Pflanzen. Oder man vergräbt die Schalen und die Reste des Opferfleisches, auch die Knochen, im Garten unter den Bäumen. Auch ganze Eier bewahrt man im Hause, unter der Schwelle, am Herd oder unter dem Dach (Blitzschutz), oder man vergräbt sie als Schutz gegen Hagel und Feuer.

Der Ostervogel ist ein farbiges mit Papierflügeln geschmücktes aus-geblasenes großes Hühner- oder Gänseei, das an der Decke aufgehängt wird. Ostereier (ausgeblasene und bemalte) werden auch an Zweige gehängt oder an Gestelle am Deckenunterzug, mit einer aus Holz geschnitzten Taube.

Osterspiele.

Ein beliebtes Osterspiel ist der Brautball[88]. Die jungen Leute ziehen zum Hof eines im vergangenen Jahr verheirateten Ehepaares und singen[89]:

> »Hier sind wir Jungfern, alle,
> Wir singen von Brautballe.
> Will uns die Braut den Ball nicht geben,
> so wollen wir ihr den Mann auch nehmen.
> Eier Mann, Eier ja.
> N. N. mit seine Braut
> Schmeißt uns den Brautball raus.
> So groß als eine Zwiebollen
> den soll ji wohl behollen.«

Dann wirft die Ehefrau einen Ball über das Dach des Torweges, während ihr Gemahl den Leuten ein Geldstück gibt. Darauf singen diese[90]:

> »Sie haben uns eine Verehrung gegeben,
> so mögen sie in Frieden leben!
> Das Glück währe Jahre aus und aus,
> das Unglück fahr zum Giebel heraus!«

Der Ball ist hier ein altes Sinnbild für die Sonne; die junge Ehefrau vertritt die Sonnengöttin. Der Ball dient den Leuten so lange zum Spiel, bis er völlig zerschlagen ist. Das vom Mann erhaltene Geld, Ersatz für die einst üblichen Opfergaben, wird vertrunken.

Ein alter Brauch ist auch der »Königslauf«: Zuerst wird Haigras (Brachweide) ausgestochen. Der stärkste Junge pflanzt dann eine Tan-ne auf einen Hügel und besteckt diese mit Knochen und die Spitze mit einem Pferdeschädel; die Tanne heißt jetzt »Knochengalgen« und ist das Ziel des Königslaufes. Wer es zuerst erreicht, wird »König«, der Letzte aber heißt »der lahme Zimmermann«. Dessen Bein wird nun geschient und mit Bast umwickelt; er bekommt einen Stab in die Hand und wird von den anderen herumgeführt. Sie ziehen von Haus zu Haus und erheischen sich von den Dorfbewohnern Eier, woraus sie anschließend einen Kuchen backen. Der Heischespruch lautet:

> »Wir haben Haigras ausgestochen,
> Zimmermann hat sich Hals und Bein gebrochen;
> wollen sehn, daß ihr uns
> einen halben Schock Eier wollt geben.«

(1/2 Schock = 30 Stück). Auch noch zu Ostern spielt man den Streit zwischen Sommer und Winter, der dann am Ende besiegt und tüchtig verprügelt wird. Andere Osterspiele sind das Baumklettern, das Sacklaufen, das Hahnenschlagen und das Stangenreiten.

Auch an Orakeln fehlt es nicht: Ledige gehen vor Sonnenaufgang zu einem Bach, wenden sich nach Osten und heben mit den Zähnen ein Steinchen aus dem Bach, welches sie dann versuchen rückwärts über den Kopf zu werfen. So soll erforscht werden, ob man noch in diesem Jahre heiratet.

Eierspiele.

Mit den Eiern werden verschiedene Wettkämpfe ausgetragen. Beim Eierhutzen oder Eierkippen (Andotzen oder Eierpicken) pickt (stößt) man die Eier mit der Spitze aneinander, wobei das zerbrochene Ei dem Gewinner zufällt. Oft darf der Herausforderer entscheiden, ob mit den spitzen (»Teufele«) oder den stumpfen Enden (»Engele«) geschlagen werden muß, oder man läßt beim Eierrollen Eier auf »Los« den Berg oder eine speziell gefertigte Bahn, die Wahlei(en), hinabrollen. Das Ei, welches unten zuerst heil ankommt (oder am weitesten rollt), gewinnt die anderen, oder man läßt sie so lange hinabrollen, bis alle außer dem Gewinner zerbrochen sind. Man läßt auch die Eier den Berg hinabrollen und läuft ihnen nach. Wer es zuerst erreicht und fängt, dem gehört es. Mit dem Spruch:

»Hui, mein Ei, schaff mir zwei!«

rollt man sein Ei gegen eines, das auf der Wiese liegt. Wer es trifft, dem gehört es. Beim Eierkullern oder Eierschieben wird mit zwei Besenstielen und einer Kiste eine schräge Abrollschiene gebildet, von der die Eier auf den Boden gerollt werden. Wessen Ei beim Aufkommen das liegende Ei eines anderen »speckt«, also berührt, bekommt das Ei und darf einen weiteren Versuch starten. Sonst bleibt das Ei liegen. Manchmal wird auch das Ei beim Abrollen gelenkt.

Beim Eierwerfen wird in 10 bis 15 Mtr. von einer Abwurflinie ein Kreis von 1 Mtr. Durchmesser im Sand oder auf dem Rasen markiert. Der Reihe nach wirft jeder ein Ei in den Zielkreis, wer ihn trifft erhält alle außerhalb des Kreises gelandeten Eier und darf sein eigenes wieder zurückholen.

Abbildung 34: Eierlaufen in alter Zeit (Aus Georg Stengels Ova Paschalia, 1672).

Ein spannender Wettkampf ist das Eierlesen (Eierwettlauf) (s. Abb. 34). Im Abstand von 50 - 100 cm werden etwa 100 bis 200 hartgekochte gefärbte Eier auf eine Längsstrecke oder auch in Spiralform gelegt, die ein Junge einzeln auflesen und einzeln in die Schürze eines Mädchens, in einen bereitstehenden Korb oder eine Getreideschwinge legen muß, er darf aber von hundert Eiern höchstens zwei zerbrechen. Währenddessen hat sein Gegenspieler eine vorher festgesetzte Wegstrecke bis zu einem Stab mit einer Fahne zu durchlaufen und vom Ziele den Fahnenstab als Pfand mitzubringen. Sieger ist, wer seine Aufgabe zuerst gelöst hat. Die Verlierer müssen nun die Eier bezahlen, einen Kuchen daraus backen und ein Fäßchen Bier oder Wein für den Umtrunk spendieren. Die Eier werden dann von der ganzen Dorfjugend gemeinsam verspeist.

Der Eierlauf ist ein Wettlauf der Mädchen, die auf einem flachen Holzlöffel ein Ei zum Ziel tragen müssen und dabei verschiedene Hindernisse zu überwinden haben.

Der Osterhase.

Eines der bekanntesten und beliebtesten Symbole des Osterfestes ist der Hase. Von ihm heißt es, daß er die Ostereier bringe, daher wird er »Osterhase« genannt. Als Eierbringer wird dabei je nach Gegend entweder ein roter Hase oder ein grüner Hase angesehen. Er beginnt damit schon kurz vor der Frühlingsgleiche, weswegen ihm die Kinder Nester für die Eiablage bereiten. Diese »Hasengärtchen« werden aus dem ersten Frühlingsgrün, aus verschiedenen Osterblumen und Moos angefertigt. Die Leute sammeln die grünen Blätter der Herbstzeitlose, die sogenannten »Schludde«, um dem Hasen davon eine Suppe zu kochen. Das Verbergen und Suchen der Eier, den österlichen Heischegang, nennt man »den Osterhasen jagen«; das Osterläuten wird dagegen »dem Hasen läuten« genannt. Gebildgebäck in Hasenform (auch mit Nest) oder in Form der Hasenohren (mittelalterliches Schmalzgebäck) ersetzt vielleicht ein ursprüngliches Hasenopfer. In manchen Gegenden werden den Knaben derartige gebackene Hasen, (auch Hirsche und Hähne), den Mädchen Hennen gegeben. Im Oberharz stellten die Kinder dem Osterhasen ihre Schuhe vor die Tür, um Eier zu ergattern.

Das lateinische lepus für Hase bedeutet »der Anmutige«. Im März gebärden sich die Hasen wie verrückt, es ist die sogenannte »Rammelzeit«, die erste Paarungszeit im neuen Jahr. In diese Zeit fällt das Osterfest, wo natürlich der Hase als Fruchtbarkeitsbringer eine große Rolle spielt. Der Name »Hase« (althochdt. haso) stammt von indogerm. *kasen, *kaso mit der Bedeutung »grau«.

Der Hase wurde schon von Tertullian im 2. Jh. mit der Kirche, die ihn als österliches Auferstehungssymbol deutete, verglichen. Augustinus griff dies im 4. Jh. auf. Auch Luther vergleicht die Kirche mit einem Hasen, der im Fels Schutz sucht. Im Jahre 755 legte Papst Zacharias dem Bonifacius nahe, den Deutschen das Essen von Hasenfleisch zu verbieten, ein Hinweis auf die heidnische Bedeutung des Tieres. Bei den Celten durfte man nämlich nur einmal im Jahre, zu Ostern, den Hasen essen. In der kunstvoll geschriebenen Pergamenthandschrift des alten Speyerer Dommeßbuches von 1343 sehen wir in den Arabesken des Osterbildes eine Henne, ein Lamm und einen sich hochreckenden Hasen gemalt, wohl eine Darstellung der kirchlichen Ostergaben. Um 1500 wanderten Geschenke an Eiern, Lämmern und Hasen nach Speyer. In einem Kochbuch von 1581 wird der Hase als Bestandteil der Osterpastete genannt.

Der Hase als Bringer der Eier erscheint zuerst literarisch in der Schrift XX Satyrae Medicae des Heidelberger Medizinprofessors Georg Franck, die 1682 verfaßt wurde[91]:

»De ovis paschalibus. Von Oster-Eyern. In Südwestdeutschland, in unser heimatlichen Pfalz, im Elsaß und angrenzenden Gegenden heißen solche Eier die Haseneier. Man macht dabei einfältigeren Leuten und kleinen Kindern weis, diese Eier brüte der Osterhase aus, und verstecke sie im Garten ins Gras, ins Gebüsch usw.; man will sie von den Buben um so eifriger suchen lassen, zum erheiternden Gelächter der Älteren«.

Daß das Eiersuchen hier bereits zum Kinderspiel geworden ist, ist ein Hinweis, daß es sich um einen recht alten Brauch handelt. Nach einem amtlichen Protokoll vom 28. 7. 1758 aus dem fränkischen Solnhofen soll ein vom Förster gefangener Hase Eier gelegt haben, die noch heute im Naturalienkabinett Ansbach vorhanden sein sollen. Das älteste Lied, in welchem der Osterhase erwähnt wird, ist ein Schweizer Kinderlied von 1789.

Hase und Mond.

Der Hase ist also ein uraltes Symbol dieser Jahreszeit und des Osterfestes. Er ist das heilige Tier der Frühlingsgöttin Ostara (Frowa), sowie der celtischen Mond- und Muttergöttinnen. Der Hase ist der römischen Mond- und Jagdgöttin Diana (griech. Artemis) geweiht, die

Griechen opferten den Hasen der Liebesgöttin Aphrodite (röm. Venus). Sowohl Aphrodite-Venus, als auch Artemis-Diana entsprechen der germanischen Göttin Frowa, die auch Mondgöttin ist. Vielleicht celtischer Einfluß liegt vor, wenn der Hase als Begleiter der Göttin Nehalennia auf Votivsteinen erscheint, während die Hasen in Frau Harkes Heer wohl aus einer späteren Vermischung von Frick und Frowa entstanden. Die Beziehung Mond-Hase ist eine alte Vorstellung, die schon aus der indogermanischen Zeit stammt.

Für die Celten erwähnt Cæsar Hase, Hahn und Gans als die heiligen Tiere der Briten. Die Königin des Stammes der Iceni (im heutigen Norfolk) und Druidin der Göttin Andraste (»die Unbesiegbare«), Boadicea, bat die Göttin vor der Schlacht gegen römische Colonisten um ein Zeichen, indem sie einen Hasen freiließ und aus dessen Lauf auf einen für sie günstigen Ausgang folgerte. Den Dank an die Göttin Andraste schloß sie laut Dio Cassius (2./3. Jh. u. Zt.) mit einem Gebet um Sieg, Errettung und Frieden für ihr Volk. Nach dem Sieg opferte Boadicea der Göttin Römerinnen. Hasenknochen und Fellreste kommen bei den Celten gelegentlich in Schreinen und Schächten vor, bronzene Votivfigürchen wurden gefunden, außerdem wurde der Hase auch mit den Hexen identifiziert, in Irland sahen die Schnitter im Hasen die winterliche Muttergöttin Caillech, außerdem finden wir hier die auch in Deutschland verbreitete Sage, wonach sich eine Hexe oder Fee in einen Hasen verwandelt. Im 1647 veröffentlichten Buch The Discovery of Witches werden Hexentiere (Hilfsgeister) abgebildet, darunter auch ein Hase mit dem Namen »Sucke & Sugar«[92].

Abbildung 35: Die Mondflecken als Hase mit Ei im Nest.

Die Zuordnung des Hasen zum Monde ist nicht zufällig, sondern rührt daher, daß die Mondflekken zu Ostern als Hase mit Ei in einem Nest gesehen werden können (s. Abb. 35). Zwar erscheinen diese Mondflecken bei jedem Vollmond im Jahr, aber nur zu Ostern hat der Vollmond eine Stellung, wo dieser Mondhase tatsächlich sitzt, während die Mondscheibe in ihrer senkrechten Stellung bei den Vollmonden der anderen Jahreszeiten leicht gedreht ist, so daß die Mondflecken eben nicht als Hase gedeutet werden können. In diesen Zeiten sieht man die Mondflecken als zwei Kinder mit Wassereimer oder Mann mit Holzbündel usw. Dieses von der Natur selbst gebotene himmlische Bild zu Ostern steht also mit der Göttin, die hier verehrt wird, Ostara, in Verbindung. Der Hase mußte also Ostaras heiliges Tier sein, zumal Ostara ja auch (als Frowa) Mondgöttin ist. Im Indischen sind Hase und Mond das gleiche Wort (sasin), und das Sanskritwort caca = Hase bezeichnet die Mondflecken. Der Osterhase ist somit das Sinnbild der Fruchtbarkeit, der Liebe und Erotik.

Drei Hasen.

Bei den Hinduisten kennt man eine Sage von den drei Hasen. Danach gab es einst drei Hasen, die jeden Tag zu den Göttern beteten, um dereinst in den Himmel kommen zu dürfen. Der erste Hase hatte ein braunes Fell, der zweite war weißgefleckt, der dritte war ganz weiß. Die Gebete wurden erhört und der Mondgott kam zum braunen Hasen. Dieser war gerade dabei, seine Mahlzeit zu bereiten und er lud den Gott ein, das Mahl mit ihm zu teilen. Der Mondgott ging weiter zum zweiten Hasen, der vor lauter Beten noch gar keine Mahlzeit bereitet hatte. Er ging und suchte etwas zusammen, und gab alles dem Mondgott. Schließlich ging der Mondgott auch zum dritten Hasen, einem weißen Schneehasen, der gerade in ein tiefes Gebet versunken war. Dieser wollte nun auch dem Mondgott Essen geben, aber er hatte nichts in seiner Vorratskammer, weil er ja nur immerzu betete. Da entzündete er ein Feuer und bat den Mondgott, es sich dort gemütlich zu machen, und er sagte, er habe leider nichts im Hause, was er dem Mondgott anbieten könnte. Dieser ward darob ärgerlich und wollte wieder gehen. Der Hase fragte ihn, ob er jedes Fleisch essen würde. Das bejahte der Mondgott. Da sagte der Hase: »Da ich nichts anderes habe, als mich selbst, werde ich nun selbst ins Feuer springen, dann habt ihr ein Mahl, euren Hunger zu stillen«.»Nein, tu das nicht!« rief der Mondgott, aber es war bereits zu spät, der Hase war schon in die Flammen gesprungen. Der Mondgott ging zurück in den Himmel, und hatte den Hasen bei sich. Er setzte ihn in den Mond, so daß er allezeit über die Erde glänzt und alle Menschen ihn sehen und sich an seiner Frömmigkeit und Selbstaufopferung ein Beispiel nehmen können. Auch soll dieser Hase an die Auferstehung nach dem Tode gemahnen. Am allerbesten aber sieht man ihn, wenn im Frühling der Vollmond am Himmel steht.

Diese Sage wird auch nur von einem einzigen Hasen erzählt. Dieser Hase lebte mit drei Freunden, einem Affen, einem Schakal und einer Otter im Walde. Sie wählten den Hasen zu ihrem Anführer, weil er der klügste von ihnen war. Er lehrte seine Freunde die Notwendigkeit der Nächstenliebe, der Zufriedenheit und der Selbstaufopferung. Eines Tages stieg Shakra (Indra), der die Nächstenliebe des Hasen auf die Probe stellen wollte, vom Himmel herab. Als Bettler verkleidet bat er den Hasen um Nahrung. Der Hase konnte ihm nichts anbieten - lediglich das Gras, das er selbst fraß, was für Menschen jedoch ungeeignet ist. Also zündete der Hase ein Feuer an, schüttelte sich mehrmals, damit alle Läuse und Fliegen aus seinem Fell entweichen konnten, und stürzte sich schließlich in das Feuer mit der Absicht, sich selbst zu braten, da er das einzige, für seinen Gast geeignete Fleisch war. Doch das Feuer erstarrte, weil Agni es nicht brennen lassen wollte. Indra war von dieser außergewöhnlichen Gastfreundschaft derart beeindruckt, daß er seine göttliche Gestalt wieder annahm, um seinen Gastgeber zu ehren. Dann hob er einen Berg auf, quetschte ihn mit seiner riesengroßen Hand wie eine Frucht aus und malte mit dem Saft die Gestalt des Hasen auf das Antlitz des Mondes, und das Bild des Hasen schmückt noch immer den Mond, sagen die Inder. Und zwar glauben sie einen sitzenden Hasen dort zu sehen, und nehmen an, daß die Mondgöttin ein Hase sei. Das erinnert doch sehr an Ostara und Ihren Hasen, denn Ostara entspricht zweifellos der Göttin Frowa, die schon J. Grimm auch als Mondgöttin angesehen hatte. Eine andere indische Mythe erzählt von einem Hasen, der sich vor der Verfolgung durch einen Hund in den Mond flüchtet.

Es gibt nun weitere Sagen, daß der Hase im Monde dreibeinig sei. Dreibeinige Tiere sind Hexen- und Zaubertiere, und die drei Beine des

Mondhasen sollen wohl die drei Phasen des Mondes versinnbildlichen. In Frankreich glaubte man, daß es drei Hasen (oder Menschen) im Monde gibt. Dies ist wiederum ein Hinweis auf die drei Mondphasen, aber auch eine Deutung der Mondflecken als drei Hasen ist möglich.

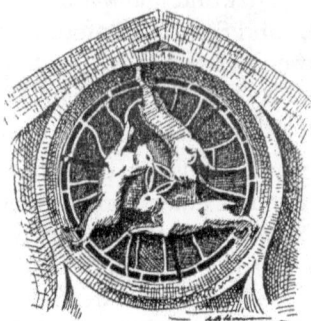

Abbildung 36: Mittelalterliche Drei-Hasen-Darstellung.

Schon in einem Fenster des gotischen Domes von Paderborn finden wir drei Hasen in einem Kreise dargestellt, und zwar in der Form, daß diese drei Hasen doch nur drei Ohren haben (s. Abb. 36). Die Kirche deutet dieses Bild als Symbol der göttlichen Dreieinigkeit, wir wissen aber, daß es die uralte, indogermanische Mythe von den drei Mondhasen und den drei Mondphasen darstellt. Das Drei-Hasen-Bild als Symbol für den Mondlauf findet sich auch im Stammbuch des Stiftmeisters Hartwig von Dasel aus Lüneburg 1585.

Opfergaben.

In Westphalen (wo der Ostara-Kult an den Externsteinen noch im 18. Jh. bezeugt ist) wurden der Göttin Schweinsopfer gebracht, noch heute weiht man zu Ostern Schweineschinken. In Süddeutschland und der Schweiz finden wir das uralte Stieropfer (ursprünglich an die Göttin Frowa) im Osterochsen, den die Metzger durch die Straßen führen, später schlachten, und von dem sich jede Familie ein Teil zum Fest nimmt. Auch die Taube ist ein heiliges Tier der Frowa, das geopfert wurde; heute findet man noch zu Ostern die Holztauben. In einem der archäologisch nachgewiesenen Heiligtümern Oberdorlas (Thüringen) fand man kleine, zwischen zwei Pfählen aufgehängte Schiffe zur Aufnahme von Opfergaben; noch in unserer Zeit wurden in manchen Kirchen solche kleinen Schiffe ausgelegt, die zu Ostern mit Korn (später auch Mais) überschüttet wurden. Oberdorla war ein Heiligtum für Frühjahrsfeste (Knospen an Brennholzresten), man fand u. a. geopferte Ziegen (Donar), Hirsche (Fro), Eber (Fro, Frowa), Stiere (Frowa), Rinder, Wildvögel und Speisen. Noch lange in christlicher Zeit fanden hier Hundeopfer (Tius) statt. Die heute üblichen gebackenen Lämmer ersetzen bei den Christen die Widder des Donar oder die Ziegen. Der Osterbock wurde dem Priester gegeben für die erste Taufe nach Ostern. In Jachenau (Oberbayern) wurde noch bis 1854 der Reihe nach von einem der 36 Hofbesitzer ein Widder in Vierteln gebraten und in einem Korb wieder zusammengerichtet, am Kopf mit Buchs und Bändern geziert und an den Hörnern vergoldet und in der Kirche geweiht. Darauf wurde er im Wirtshause zerteilt, und der Hirte eines jeden Hofes nahm seinen Teil, der Widder wurde von den Gemeindemitgliedern gemeinsam gegessen.

Auch Lab (Käse, Käsemolke, Dickmilch) wird zu Ostern geweiht und gegessen, sowie Knoblauch Salz, Hafer und Meerrettich. Allgemein gelten Maiblumen und Ostereier als Opfergaben der Ostara. Übrigens werden die Spitzen der jungen Saat, Blumen oder Gräser von Feld oder Wiese geholt und in der Mitte des Tisches im Kreise herumgelegt. Innerhalb dieses Kreises setzt man die Speisen auf, und somit hat man eine Abtrennung des Götterteiles (Mitte) und des zum Verzehr genommenen Teils (Außen).

Osterbrot und Osterkuchen.

Bei den Opfergaben in gebackener Form finden wir die Osterpalme, einen gebackenen, mit Buchsbaum geschmückten Kranz mit einem Kreuz darin, das an einen verzierten Stab gebunden ist. Über diesem Stock befindet sich ein großer Hahn, in den vier Viertelflächen sind kleine Hähnchen gebacken, ebenso auf dem Kreuz. Auch Gebildgebäck in Form zweier übereinandergelegter Kreuze (Judaskuchen), in

Ohrenform (Judasohren, ursprünglich Glied mit Hoden) oder in Form eines Strickes (Judasse) finden sich.

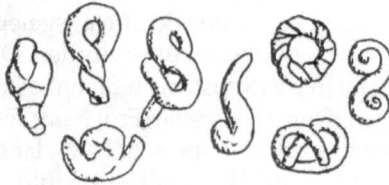

Abbildung 37: Ostergebäcke aus dem Isargebirge.

In Frankreich tragen Frauen und Kinder an der Spitze von grünen Zweigen gliedartige Gebildbrote (genannt »pines« = Zeugungsglied) die nach der Weihe als Talismane aufbewahrt werden. Das Brot (aus Roggenmehl) spielt in verschiedenen Formen eine wichtige Rolle. Wir finden das Jungfernbrot und die Wecken (Form der weibl. Scheide), sowie die manchmal süßen, gelben Osterfladen (aus Mehl, Eiern, Wasser, Käse, Gewürzen), die schon 962 erwähnt wurden. Das Osterbrot wird zusammen mit einem Ei und dem Fleisch des Opfertieres meist bei Sonnenaufgang gegessen, wobei es zuvor auf den Berg (Heiligtum) getragen und geweiht wird. Was man sich beim Essen des Brotes wünscht, geht in Erfüllung (Opfermahl und Opferbitte). Etwas vom Osterbrot unter die Türschwelle gegeben, schützt das Haus oder den Stall gegen Hexen, bösen Zauber und Dämonen. Zuweilen finden wir das Osterbrot als geflochtenes, zylinderförmiges Weißbrot, auf das Kringel gebacken sind, oder es wird rot eingefärbt. In der Regel sind Osterbrote flache runde Fladen oder in viergeteilter Schildform, zuweilen auch in Gliedform mit Hoden. Das Osterbrot wird manchmal mit einem Vogelkopf verziert. Man findet neben den tierförmigen Broten auch den Osterwolf (die Form eines Wolfes ähnlich den Pollenwecken) und die Ostermänner (manchmal mit Ei als Geschlechtsteil) oder ringförmige Windbeutel (Scheidenform). Brot und ein Häuflein Salz legt man als Opfergabe ins Freie, oder man legt einen Brotbissen mit Honig vor Sonnenaufgang in die junge Saat. Butterbrote (oder -brötchen) mit Kreuzen (ursprünglich Hammerzeichen) ißt man und gibt dem Hunde davon. Den mit Honig bestrichenen Brotkuchen essen alle Hausbewohner, möglichst auf nüchternen Magen, und auch das Vieh bekommt davon, denn er hilft gegen den Biß von Wespen, Bienen, Schlangen usw. Bei den Wenden sollen Kümmelplätzchen gegen Flohbisse schützen. Die ganze Familie ißt abends Milch und Semmeln (Scheidenform), um im Sommer vor Mückenstichen geschützt zu sein. Ein Nürnberger Kochbuch von 1712 erwähnt eine Oster- oder Sauerrahmmilchsuppe, Hans Sachs nennt eine gelbe Ostersuppe (Eiersuppe).

Der Osterkuchen ist ein rundes Gebäck bis zur Größe eines Pflugrades. Wir finden auch Pfannkuchen, Ostereierkuchen oder gewöhnliche Eierkuchen. In Mähren sind Osterkuchen auch fleischgefüllt. Aus dem schlechten Aufgehen des Teiges des Osterkuchens, aus Rissen oder Vertiefungen im Kuchen erkennt man Unglück, Hungersnot, Seuchen und Tod, der gut aufgehende Teig und die glatte Oberfläche des Kuchens bedeutet Glück. Auch Pfefferkuchen, Breceln und Kringel finden sich häufig, Breceln (von den Burschen nachts der Liebsten ins Fenster geworfen) und Kringel wehren das Fieber und Krankheiten ab. Weitere Gebäcke: Gebackene Tulpen, Maultaschen (Scheidenform), Mutschli (Scheidensymbol), Schwaansche Kuchen, Crede mihi, Galbrotel (rundes mit Safran bestrichenes Brot) u. a. Beim Trinken besonders um Schönheit und Stärke ist es mancherots noch üblich, sich mit »Schifferln« (rautenförmigen Lebkuchen, in Form der weibl. Scheide) zu bewerfen.

Osterwasser.

Das Lebenssinnbild des heiligen Wassers spielt zu Ostern eine wichtige Rolle. Frowa-Ostara ist ja Tochter des Meeresgottes Nerd und Ostern ist auch oft noch die Zeit, wo alle Bäche voll des Tauwassers sind. Und Donar ist bekanntlich Gott des Gewitters und des Regens, besonders auch des Frühlingsregens, der erst Wachstum und Fruchtbarkeit bringt. Zahlreiche Osterquellen und Brunnen und Frühlingsquellen deuten auf den Brauch des Osterwasserschöpfens. Junge Mädchen holen das Osterwasser am Ostermorgen vor Sonnenaufgang, auch schon um oder vor Mitternacht, seltener an den Vortagen oder am 2. Ostertag aus einer Quelle oder einem fließenden Gewässer, seltener aus einem See oder Teich.

Abbildung 38: Mädchen beim Osterwasserschöpfen (Holzschnitt).

Dabei ist wesentlich, daß die Handlung des Osterwasserholens, ähnlich wie die des Badens am Ostermorgen, des Waschens mit dem heiligen Osterwasser oder auch des Barfußgehens im österlichen Morgentau stumm und in feierlicher Stille vor sich gehen muß. Man soll sich beim Gang auch nicht umsehen. Zuweilen versuchen die Burschen, die Mädchen beim Wasserholen zu stören, um sie zum Sprechen oder Lachen zu bringen; sind sie dabei erfolgreich, wird es »Plapperwasser«, welches seine Kraft verliert; jedes gesprochene Wort bringt darüberhinaus Unglück. Das Stören durch die Burschen ist eine Unsitte und nicht ursprünglich, weil auch das Lärmen der Burschen gute Quellgeister vertreibt. Das Osterwasserschöpfen ist ein altes Quellopfer und um die Quellgeister nicht zu vertreiben, muß Stille herrschen. Man richtet sich gegen Morgen, und legt zuerst der Ostara Frühlingsblumensträuße oder Kränze aus Tausendschön, Küchenschelle und gelben Lilien oder Kräuter und Mechthildenkränze (aus Gertrautenkräutern und gelben Frauenpantoffeln) nieder (in oder an das Wasser), früher wohl unter dem Murmeln einer alten Besprechung, dann wird das Wasser in der Richtung gegen die Fließrichtung in einen Krug geschöpft. Gut ist dabei, wenn der Wind von Osten weht oder es unter einer Brücke geschöpft wird, wo alles (Hochzeiten, Leichenzüge) darüber geht. Man wirft auch einen mit Honig bestrichenen Brotbissen in das Wasser als Opfergabe. Das Osterwasser muß vor Sonnenaufgang nach Hause gebracht werden, sonst verliert es seine Kraft. Es wird zu Hause das ganze Jahr über aufbewahrt und z. B. für Heilmittel, Wasserweihen usw. verwendet. Es ist nicht nur ein Mittel zur Erhaltung der Schönheit, sondern auch heilend bei Wunden, Augenleiden, Kopfschmerz, Sonnenstich, Fieber, Flechten, Krätze, Ausschlag, Gebrechen, Warzen, Sommersprossen, Zähne, Pest, langwierige Krankheiten und Viehkrankheiten. Es schützt vor Ungeziefer und Würmern und wird auch zur Bereitung der Festspeisen (Brotteig, Kochwasser) genommen. In den Alpenländern werden am Morgen des Ostertages die Pferde zur Schwemme geritten. Alles in Haus (z. B. das Hausdach Hausgeräte usw.) und Hof (Obstbäume, Vieh, Bienenstöcke) muß mit Osterwasser bespritzt werden, damit es das Jahr über gesund und frisch bleibt. Die Burschen bespritzen die Mädchen, besonders die Langschläfer, und erhalten dafür am Ostertage ein Osterei. In manchen Dörfern lauern die Burschen den Mädchen regelrecht auf und übergießen sie mit Eimern von Wasser (Osterguß); das ist ein ursprünglicher Glückszauber. Wer die Hausschwelle mit Osterwasser besprengt, wird auch mit einem Laib Brot und Eiern belohnt. Mädchen baden auch vor Sonnenaufgang im Wiesentau, sofern das Wetter warm genug ist, oder sammeln ihn mit einem über Nacht ausgebreitetem Tuch auf, um sich darin zu waschen. Er schützt gegen Krankheiten und macht frisch und rein. Dieser Brauch kann vom Maifest herübergekommen sein. Die Kirche übernahm den Brauch des Osterwassers, indem sie zu Ostern ihr Weihwasser, »Ostertauf« (Leitungswasser) mit Eintauchen der Osterkerze weiht.

Lebenszweige.

Schon Wochen vor Ostern werden Zweige ins Wasser gestellt, die dann zu Ostern grünen. Es sind die der Frowa geweihten Weidenkätzchen, aber auch Wacholder, Buchsbaum, Hasel, Eibe, Fichte, Tannenzweige oder Obstbaumbüschel. In Thüringen werden sogar Osterbäume errichtet. Oft werden verschiedene Zweige an einer Stange zusammengebunden. Die Zweige werden mit Bändern, Breceln aus Brotteig (Frowas Rune bercanan) und Eiern geschmückt. Auch ein Säckchen mit Getreide wird manchmal daran befestigt. Einige Zweige weiht man, indem man sie ins Osterfeuer gibt. Besonders Tannenzweige werden im Stall aufgehängt oder auf den Düngerhaufen gesteckt. Ißt man drei Weidenkätzchen des Zweiges unzerkaut auf nüchternen Magen ist man vor Halsweh, Fieber, Rheumatismus, Harnwinde, Ohrenkrankheiten, Schlaganfall und dem »Schnakkel« (singultus), aber auch dem Ertrinken sicher. Bei Gewitter gibt man Zweige ins Feuer gegen Blitzschlag. Die Zweigbüschel helfen auch gegen Sommersprossen und Warzen. Mit den geweihten Wacholderzweigen werden die Ställe ausgeräuchert, außerdem dienen diese Zweige für die Ackerkrönung, oder es werden die Zweige an die Betten der Mädchen gesteckt. Mit den Lebens- und Fruchtbarkeitszweigen, und zwar mit Birkenreisern (einer, drei, sechs oder neun zusammengebunden), deren Knospen aufgebrochen sind, werden die Langschläfer (die »Osterkälber«) aus den Betten gepeitscht, damit sie immer zur rechten Zeit erwachen (»Osterstiepen«, von »stäupen«, auch: »pietschen, futteln, fuen, schmackostern«), die Jugend schlägt sich gegenseitig mit den Ruten (auch gegen Kreuzkrankheiten), und besonders die Mädchen werden von den Burschen damit geschlagen. Man erwartet davon Fruchtbarkeit, denn der Lebenszweig ist ein Phallussymbol, Segen, Kraft und Gesundheit. Beim Peitschen der Langschläfer spricht man[93]:

»Stiep, stiep, Osterei,
gibst du mir kein Oster-Ei,
stiep ist dir das Hemd entzwei.«

»Schmackoster, bunt Oster,
Drei Eier, Stück Speck,
Stück Fladen, Glas Branntwein,
Dann geh ich gleich weg.«

Für diesen Schlag bedanken sich die Mädchen und die Burschen erhalten ein Osterei geschenkt, sonst schlagen sie weiter. An diese Osterpeitschen sind zuweilen Kuchen, Wickelkindchen oder schnäbelnde Tauben gebunden. Am ersten Ostertag werfen die Burschen die Mädchen hoch in die Luft um sie dann wieder aufzufangen, auch die Männer heben ihre Frauen empor, während am zweiten Ostertag die Frauen ihre Männer hochheben (Luftreinigung).

Man sammelt auch Frühjahrskräuter, bindet sie zusammen und weiht sie, Diese Kräuterbüschel nennt man Schmackostern oder Schmeckerle-Sträußchen (Ostern schmecken). Sie enthalten Würzkräuter wie z. B. Pfefferminze. Man bewahrt sie unter dem Dach auf um bei Gewitter Zweige davon ins Feuer zu geben oder für Heilung. Donar wird auch bei verschiedenen Krankheiten angerufen, z. B. Augenkrankheiten. Von 1532 stammt ein Lied, welches Jupiter (= Donar) anruft, den kranken Schatz zu heilen. Mit Anlehnung an die Kräuterweihen (meist siebenerlei oder neunerlei) finden wir Gebäcke wie Krautkuchen oder Spinatkrapfen usw. Auch Frowa ist eine heilende Göttin, sie wird schon im Eddalied Oddrúnargrátr neben Frick als Heilgöttin angerufen. Ihr unterstehen auch die neun Heilgöttinnen auf dem Lyfjaberg (Heilberg) denen zu Ostern um Heilung geopfert wird. Man zieht auch zu den alten Bäumen, z. B. zu einer alten Eiche und umtanzt sie. In der Osterzeit wird auch ein Salat aus neunerlei (oder siebenerlei) Kräutern gegessen, um dem Körper neue Lebenskräfte (Vitamine) zuzuführen, die im Winter entbehrt wurden. Mit einem neuen Reisigbesen fegt man alle Winkel des Hauses aus. Das nennt man »den Judas (ursprüngl. Jötun) ausfegen«. Man schneidet Hagedornruten (gegen böse Geister), Hasel- (als Wünschelrute), Eschen- oder Elsbeerstecken, weil sie eine besondere Kraft haben, Weidenruten und Ellernreiser. Ellernkränze hängt man als Feuer- und Gewitterschutz in die Häuser Die Kirche übernahm diese Bräuche am Gründonnerstag, die Lebensrutenbräuche aber am Palmsonntag.

Ostermorgen.

Man begrüßt den Ostermorgen mit einem lauten Knall, um die Winterriesen endgültig auszutreiben. Am Morgen des Ostertages ißt man einen Apfel (der im Heiligtum geweiht wurde) auf nüchternen Magen. Er symbolisiert die Jugend und Fruchtbarkeit und hilft gegen Krankheiten, man bekommt dann das ganze Jahr über kein Magenweh.

Die Leute versammeln sich auf einem Berge, um die aufgehende Sonne zu sehen. Nach altem Glauben macht die Sonne beim Aufgang zu Ostern drei Freudensprünge oder tanzt. Sie wird dabei durch ein seidenes Tuch oder ein Brett oder Papier mit einem Loch beobachtet. Möglicherweise entsteht so tatsächlich der Eindruck, die Sonne machte

Abbildung 39: Spaziergang am Ostermorgen.

Sprünge. Vielleicht aber hängt dieser Glaube auch mit einer Luftspie-
gelung zusammen, die man Sonnen-Halo nennt. Er wird durch Schnee-
und Eiscrystalle in den oberen Lichtregionen hervorgerufen und kann
selten auch in Hamburg und München beobachtet werden. Man findet vereinzelt auch noch die Vorstellung, daß am Ostermorgen in der
Sonne eine Jungfrau sitze und Blumen auf die Erde niederstreue zum
himmlischen Ostergruß.

Kapitel 5

Maifest-Sigrblót

Das Maifest hat seinen Namen von germ. »maje« = Blätterschmuck, eine Verbindung mit »maien« = lieben ist vermutet worden. Es wird auch Körfest oder Kürfest genannt (Fest, auf dem die Paare gekürt werden), heißt bei den Nordgermanen Blóta í móti sumri (Opfer zu Sommeranfang) oder Sigrblót (Sieg-Opfer), bei den Celten heißt das Fest Beltene, bei den Balkanvölkern hat sich der Name des römischen Rosenfestes, Rosalia, für das Maifest eingebürgert. Wegen der zahlreichen Geistererscheinungen in dieser Zeit nennt man dort nach dem Fest auch die bösen Geister »Rusalky«. Der 2. Mai wird »Pholtag« (in rheinischen Gegenden Pfultag oder Pulletag) genannt und deutet damit auf den Kult des Gottes Phol (Balder) im Maifest hin.

Den genauen Termin des Festes melden die Quellen uns leider nicht mehr, aber es ist möglich, ihn anhand der späteren Überlieferungen zu rekonstruieren. Die Kirche führte als Ersatz des Maifestes ihr »Pfingstfest« ein; »Pfingsten« bezeichnet den fünfzigsten Tag nach dem christlichen Ostertermin. Pfingsten ist also somit ein bewegliches Fest mit rein christlichem Termin.

Ein weiterer christlicher Ersatz ist die »Walpurgisnacht«, die Nacht vor dem 1. Sonnmond (Mai). Ursprünglich aber waren auch die 8 Nächte vor der eigentlichen Walpurgisnacht Walpurgisnächte; mithin finden wir auch hier eine Zeitspanne, in die das Maifest fallen konnte. Die celtische Entsprechung dieses Festes, Beltene, wird nach dem Coligny-Kalender am 1. Sonnmond (Mai) gefeiert. Wissenschaftler vermuten, daß auch das germanische Maifest am 1. Sonnmond begonnen und dann bis zum 12. Sonnmond gefeiert wurde. Auf eine Dauer von einer Woche deutet das Verbot hin, in der Maifestwoche keine

121

Feldarbeiten verrichten zu dürfen. Etwa ab dem Jahre 1000 wurde es dann auf drei Tage verkürzt. Aber wir müssen wiederum berücksichtigen, daß die Germanen, ebenso wie romunabhängige Celten den Monat meist mit einem Vollmond begannen, und der 2. Vollmond nach dem Ende des (dreitägigen) Osterfestes (das zur Frühlingsgleiche um den 20. 3. begonnen wird) ist der Termin des Maifestes. Das Fest kann (wenn der Vollmond am 23. 3. ist) frühestens auf den 21. bzw. 22. 4., spätestens (wenn der Vollmond am 22. 3. ist und somit im Osterfest liegt) auf den 19. bzw. 20. 5. fallen. Meist aber liegt es dazwischen. In dieser Zeitspanne (21. 4. bis 20. 5.) liegen nun aber auch die christlichen Ersatztage, die neun Walpurgisnächte (21. 4. bis 30. 4.), der Georgstag (23. 4.), Markustag (25. 4.) auf den seit dem 9. Jh. die germanischen Feldprozessionen gelegt wurden, der Maitag oder Phillip-Jakobi (Phillippus = Pferdefreund) (1. 5.), die drei Eisheiligen (11. 5. Mamertus, 12. 5. Pankratius, 13. 5. Servatius), der Bonifatiustag (14. 5.) und Sophientag (15. 5.). Der »Alte Maitag« ist der 12. (oder 13.) Sonnmond und entspricht dem 1. Sonnmond im julianischen Kalender. Der heute übliche »Muttertag« ist in Anlehnung an schwedische Feiertage neu eingeführt worden.

St. Georg (»Bauer«) ist ein Ersatz für Fro, Wodan oder Donar und den litauischen Frühlingsgott Pergrubius. »Grüner Georg« ist eine Bezeichnung für den Wasservogel (s. u.). Georg ist Patron der Ritter, Landsknechte, Waffenschmiede und Räuber, der Hirten und Herden, der Pferde (die an seinem Tag geweiht werden), sowie der Wölfe, er hilft gegen Furcht, schafft unfruchtbaren Frauen Kindersegen und bewirkt glückliche Geburt. Er bekämpft den Drachen und befreit eine Jungfrau. Die Georgsnacht am 4. Sonnmond rührt vom alten julianischen Kalender her.

Götter, Mythen.

Während im Osterfest die Verlobung des Sonnengottes mit der Frühlingserdgöttin gefeiert wird, wird im Sigrblót, das von Wodan selbst eingeführt wurde, die Hochzeit des Sonnengottes mit der nunmehr von neuem Grünen und Blühen geschmückten Erdgöttin begangen, und auch die Menschen erwählen sich ihre Liebespartner.

Leider hat sich viel Brauchtum von Ostern und dem Maifest vermischt, so daß sie nicht immer deutlich zu trennen sind. So sind die Maiwallfahrten und Kulte in den Wallburgen ähnlich den österlichen Trojaburgspielen, ja zuweilen finden die Trojaburgspiele erst zum Maifest statt. Auch das Erküren der Paare findet sich in beiden Festen. Der mythologische Unterschied ist nur gering; in den Heldenliedern der Edda aber scheint er noch deutlich durch. Zu Fasnacht findet der Kampf des jungen Sonnengottes mit dem Winterdrachen statt, es ist der Heldenkampf Siegfrieds (Sigurðs) mit dem Drachen Fafner. Zu Ostern dann findet die Erweckung der schlafenden Frühlingserde Brünhild-Sigrdrífa durch den Sonnenhelden Siegfried statt, sowie die kultische Zeugung des Nachkommens (der dann neun Monate später zu Mittwinter geboren werden wird). Aber der Sonnenheld zieht noch fort, weil die Sonnenkraft noch nicht voll herrscht. Im Maifest endlich heiratet der Sonnenheld die Erdgöttin. Es ist aber nicht mehr die kriegerische, erweckte und ungeschmückte Frühjahrserde, es ist die geschmückte, erblühte Sommererde. Darum ist es im Mythos nicht Brünhild-Sigrdrífa, die Siegfried heiratet, sondern Kriemhild (Guðrún). Zu Ostern findet eine Verlobung statt, zum Maifest aber eine Hochzeit. Auf diesen Mythos bezieht sich der Brauch, daß am ersten Maisonntag die von den jungen Mädchen besetzten Minneburgen von der männlichen Jugend erstürmt wurden.

In den Festmythen zum Maifest ist auch immer ein Bezug zum für das Wachstum so wichtigen Regen zu finden, und auch im Brauchtum geht es um das Wasser und die Fruchtbarkeit. Im Eddaabschnitt Suttungs mær (Hávamál 104-110) verführt Wodan Gunnlada (Gunnlǫð) und erhält von ihr den Weisheits- und Dichtermet Wutreger (Óðrœrir). Wodan ist hier Sonnen- und Himmelsgott, der den wachstumsnotwendigen Regen aus der Gewalt der Erde (Gunnlada) holt und ihn zu den Göttern bringt bzw. etwas davon regnen läßt. Man findet diesen Mythos, der auch ein Initiationsmythos ist, auch in den Skáldskaparmál 1 (Bragerœður 4) der jüngeren Edda.

Das Maifest ist darüberhinaus der eigentliche Sommeranfang, die Siegeszeit der Sonne, wenn man von den vier Jahreszeiten ausgeht. In diesem Sinne wurde das Fest auch von den Celten gefeiert.

Wir finden in den Mythen auch noch Anklänge an den sommerlichen Streit zwischen Sonnengott und Gewittergott, einen Hinweis auf das wechselhafte Wetter in dieser Jahreszeit. In den Hárbarðzljóð streiten Donar (Þórr) und Wodan (Óðinn) an einem Fluß. Wodan als Fährmann weigert sich, Donar überzusetzen. Wodan ist hier Sonnengott, Donar Gewittergott, der Fluß symbolisiert aber auch den Totenfluß. In den Grímnismál schließlich wird erzählt, wie der Sommergott Wodan beim Gewitterriesen Gerrut (Geirrøðr, »Rot- Ger«, der Blitz) zwischen zwei Kesseln (Wolken) gefangen wird. Nur sein Sohn Agnar reicht ihm einen Labetrunk - den Regen. Zuletzt aber bricht die Sonnenmacht durch die Wolken und das Gewitter erstirbt mit seinem letzten Blitz. Aber Gerrut ist auch Winterriese und sein Ende ist wiederum der Sieg des Sommers zum Sigrblót. An das letzte Aufbäumen und Bezwingen des Winters erinnert noch der Georgstag (23. 4.), wo der Winterdrache endgültig besiegt wird. Im Brauchtum begegnen uns außerdem Schimpfkriege, die mit dem Sieg des Sommers über den Winter enden.

Abbildung 40: Maitag in England (Morrisdance).

Den Kampf Sommer-Winter verdeutlichen die früher noch ausgeübten Schwerttänze zum Maifest. In England wurde in der Zeit vom 1. Sonnmond bis zu Pfingsten von jungen Leuten oder Fahrenden ein Schwerttanz aufgeführt, der Morrisdance (Mohrentanz) heißt. Darin finden sich feststehende Kostümfiguren wie Robin Hood (der Name »Robin« bedeutet »Rubinrot« und meint die Sonne und auch die Singvögel, »Hood« bedeutet »der Gehütete« und meint wohl einen Wald- und Fruchtbarkeitsgott; Robin Hood wurde auch als Wodan gedeutet), die Maid Marian (Marie-Anne bezieht sich auf die Liebesgöttin Maria-Mardöll und die celt. Erdgöttin Anne-Ana/Dana. Allgemein ist Marian die Mai- oder Sommerkönigin), Drache und Drachentöter

(Snap-Dragon), der letztere auf einem Steckenpferd (Hobby-horse) reitend, und eine Schar von Kämpfern, die mit geschwärzten Gesichtern auftreten (Winter). Der Sinn dieser weit zurückverfolgbaren und in manchen Gegenden noch bis vor kurzem stattfindenden Aufführung ist die Erkämpfung des Frühlings oder der Frühlingssonne von den als Drachen, altes Weib (Bessie) usw. dargestellten Wintermächten. Die Götter des Festes sind daher die Sonnengötter und Erdgöttinnen, also Wodan (Óðinn) und Frick (Frigg), Ing- Fro (Yngvi-Freyr) und Gerda (Gerðr), die Erde, aber auch die Liebesgöttin Frowa (Freyja) und Balder (Baldr).

Beltene.

Bei den Celten hieß das Maifest Beltene (Beltine, Beltaine), »tene« oder »tine« ist das »Feuer«, die Silbe »Bel« bedeutet »hell, glänzend« und meint den Gott Bel oder Belenus (Belinus). Der Gott wurde unter dem Namen Bel bzw. Belenus in Britanien verehrt, bei den Iren heißt er Bile. Er hat einen Bezug zur Sonne, zum Wasser und zur Heilkunde, sein Name bedeutet der »Scheinende, Helle, Glänzende«. Nach einigen Quellen soll er von Spanien aus nach Irland gekommen sein, wobei Spanien hier das Totenreich meint. Oftmals wird Danu (Dana, Ana) seine Gefährtin genannt. Bel galt wohl als mächtiger Herr des Lebens und des Todes, der Name Belenus wurde unter der römischen Besatzung zum Beiname des gallischen Apollos. Gefeiert wurde das Fest in der Nacht zum 1. Sonnmond und am Tage des 1. Sonnmond. Das Beltene-Fest teilt zusammen mit Samhuin das celtische Jahr in zwei Hälften; darum gehört die Nacht vor dem Beltene-Fest der Anderswelt, den Geistern und Hexen. Das Mabinogion berichtet von unheimlichen Dingen, die in der Vornacht passieren können. So verschwindet Rhiannons neugeborener Sohn, und von Teyrnon Twrvliants Fohlen, die jedes Jahr an Beltene zur Welt kommen, fehlt jede Spur. So wachte Teyrnon bei der Stute und sah eine riesige Klaue die durchs Fenster nach dem Fohlen griff. Er hackte dem Ungeheuer den Arm ab und fand draußen das gleichfalls geraubte Kind Rhiannons, Pryderi. Die Menschen schützten sich gegen den bösen Spuk durch dem Bel geweihte Hügelfeuer und Ebereschenzweige. Zweige davon wurden über Haustüren und Scheunen befestigt, der Rauch des Holzfeuers bannte den Einfluß der Dämonen, und einen Menschen mit einem festen Ebereschenstock in der Hand wagten sie auch in der finstersten Nacht nicht anzugreifen. Wegen der Bedeutung von Beltene als Scheide von Nacht und Tag fand in Irland das traditionelle Ausbessern der Zäune hier statt. Der älteste Beleg für Beltene stammt aus Irland aus der Zeit um 900. Dort heißt es, daß zwei Feuer angezündet wurden, durch die das Vieh getrieben wurde und auch die Menschen hindurchschritten. Diese Feuer dienten der Gesundheit und Fruchtbarkeit von Mensch und Tier. Zuvor aber wurden alle Feuer in den Häusern gelöscht und mit neuem Feuer, welches die Druiden in dieser Nacht entzündeten, entfacht; der auch in Deutschland geübte Brauch der »Notfeuer«. Die Druiden trieben zu Beltene unter Beschwörungen das Vieh zwischen den zwei Feuern hindurch, um es gegen Krankheiten und andere Übel das Jahr zu schützen. Noch bis in unsere Zeit hinein hat sich bei irischen Bauern dieser Brauch erhalten. Im neunzehnten Jahrhundert lief ein Beltene-Fest folgendermaßen ab: Die Leute trafen sich in der Heide und schnitten einen großen Kreis in den Boden, worin sich alle versammelten. Dort wurde nun ein großes Feuer angezündet. Die Menschen hatten Eier und Milch mitgebracht, woraus sie Eierrahm bereiteten und diesen gemeinsam verspeisten. Dann buken sie aus Hafermehl einen großen Fladen in heißer Asche auf einem Stein und teilten dann den Fladen in soviele Stücke, als Leute anwesend waren. Ein Stück wurde mit Holzkohle geschwärzt. Nun tat man alle Fladenstücke in einen Hut, und jeder zog, ohne zu schauen, ein Stück heraus. Wer das schwarze Stück gezogen hatte, der mußte den Sonnengott Beal (Bel) verkörpern. Er sprang dreimal über das Feuer und führte noch allerlei andere Riten durch. Als Beginn des Sommers und der nahrungsreichen Zeit war das Fest Auftakt zur Sömmerung für die Herden, d. h. das Vieh wurde aus seiner Winterbleibe herausgelassen, um sich am frischen Grün des Sommers zu weiden. Auch Dienst- und Heiratsverträge und der gesetzlich festgelegte Scheidungstermin fielen auf Beltene.

Der mythische Hintergrund des Festes war die erste Eroberung Irlands (Erinn, Eire) durch die Söhne Pathalons am 1. Sonnmond, die das erste Feuer auf der Insel entfachten. An einem 1. Sonnmond landeten auch die Tuatha Dé Danann und der Gott Bile (Bel), Stammvater der Iren und Vater des Mil in Irland. Bile wollte den Tod der Göttin Ith rächen. Als Überwinder der Tuatha Dé Danann wurde Bile fortan als Gott der Unterwelt verehrt. Der Name des Gottes, Bile, ist auch identisch mit dem gesamtceltischen Wort bile, das den heiligen Baum bedeutet. Bile erreicht Irland zu Beginn der fruchtbaren Jahreszeit. Der Name Irlands, Eire, erinnert auch an die germanische Walküre der Heilkunst, Eira (Eir), der laut Fjǫllsvinnzmál jeden Sommer (wahrscheinlich Ostern) um Gesundheit geopfert wurde. Maibäume werden bis heute in vielen celtischen Gegenden noch aufgestellt.

In Uisnech (Irland) nahmen die Beltene-Feuer ihren Ausgang. Hier wurden dem Gott Bel Kälber geopfert. Uisnech war auch (bis tief ins Mittelalter) der Ort der großen Volksversammlung, bei der u. a. Streit geschlichtet wurde. Dies erinnert an die zahlreichen deutschen Rechtsbräuche und die Abhaltung des altdeutschen Landtages zum Maifest.

Der Vorabend (Walpurgisnacht).

Der Vorabend des Maifestes (30. 4. im christlichen Kalender) ist die Nacht der heiligen Wallburga, die Walpurgisnacht, der 1. Mai ist der Walpurgistag oder »Walperntag«. Zuweilen gilt auch der 2. Mai als Walpurgistag, außerdem ist der 1. Mai der Tag des Jakobus (bzw. Phillip-Jakobi) und der 2. Mai der des Phillippus (»Pferdefreund«).

Die hl. Wallburga oder Walpurga wurde von älteren belgischen Geschichtsschreibern auch als Göttin bezeichnet, wahrscheinlich eine Verwechselung mit der Seherin Waluburg. Wallburga ist Pestpatronin und hilft gegen Unterleibsleiden und bei Augenkrankheiten. Ihre Legende stammt aus dem 9. Jh. Sie wird mit dem Fläschchen (Balsam) und drei Ähren dargestellt, weil sie Schützerin der Feldfrucht ist. Ihr ist auch das Walpurgiskraut (Botrychium) heilig. Nach dem Volksglauben wird Wallburga im Sonnmondanfang als ein weißes Weib mit feurigen Schuhen, langwallenden Haaren und goldener Krone von bösen Geistern in Wiesen und Tälern unaufhörlich verfolgt. Wer ihr in ihrer Bedrängnis Schutz gewährt (indem er ein Fenster öffnet), dem spendet sie Gold als Lohn. Die Wallburga deckt sich somit im ganzen mit den Holzfräulein, den Seligen und ähnlichen Wesen, in ihr lebt auch besonders die Göttin Frick. Weitere Attribute der Wallburga sind die Spindel und ein dreieckiger Spiegel. Der Name Walpurgis- oder Wallburgisnacht bedeutet aber »Wall-Burgs-

Nacht«, weil die Menschen am Vorabend oder Vortage des Maifestes zu den heiligen, oft mit einem Wall umgebenen Stätten (wie z. B. das bayerische »Wallberla«) pilgern, den sog. Kult- oder Wallburgen. Die Fahrt dorthin, die noch in der Ausfahrt am 1. Sonnmond weiterlebt, nennt man »Wall-Fahrt« (Fahrt zur Wallburg). Besondere Bedeutung hat im Volksglauben die letzte der neun »Walpurgis-« oder »Wallburgisnächte«, der ursprüngliche Vorabend des Maifestes. Diese Nacht steht in engem Zusammenhang mit den Hexen und Dämonen des nun endgültig besiegten Winters. Auch Frau Percht (Frick) erscheint zur Walpurgisnacht. Es regen sich die Geister und allerlei Zauber wirkt sich zur Walpurgisnacht aus. Sie beginnt mit vielerlei Lärmen und Schabernack, um den Winter zu vertreiben. Dabei begegnen wir dem »Peitschen« (namentlich vor den Häusern kinderloser Ehepaare) und »Schießen«, welches »Hexenklatschen« genannt wird. Alle Besen als Sinnbilder des Unfruchtbaren müssen fortgestellt werden, da sonst die Hexen (gemeint sind hier immer schädigende Wintergeister, keine irdischen weisen Frauen) darauf reiten würden. Dem Bauern wird Schabernack wie Geräte verschleifen, Türen ausheben oder gar die »Geiß« oder den Wagen auf das Dach stellen, zugefügt. Das mutwillige Verstellen von Gegenständen ist ursprünglich ein Abwehrzauber. Die Vornacht des Festes heißt daher auch »Unruhenacht«, »Bosheitsnacht« oder »Beosetnacht«. In einem Zuge ziehen die Mädchen und Frauen auf die Blocksberge, die in Schweden auch Blåkulla (»Blauberge« eigentlich: »Blótsberge« d. i. »Opferberge«) genannt werden, ursprüngliche heidnische Kultstätten, oder zu den Wall-Burgen. Dort wird unter Lärmen und Peitschenknallen das Maifeuer entzündet, welches auch »Hexenbrennen«, »Reifbrennen« oder »Reifheizen« genannt wird. In Dänemark heißt es auch »Wichtfeuer« und vertreibt böse Wichte. Man achtet darauf, daß viel Rauch über die Felder zieht um die Hexen (böse Geister) von Saat und Vieh fernzuhalten. Gehen Flamme und Rauch in Richtung Norden, wird es einen kalten Frühling, nach Süden aber einen warmen geben. Manchmal wird auch ein Notfeuer entzündet, nachdem alles andere Feuer gelöscht wurde. Am Feuer wird die Liebesgöttin Frowa angerufen, der viele Blocksberge geweiht sind. Mit der Liebe steht ja das ganze Fest in engem Zusammenhang. Der Frowa wird um einen angemessenen Partner geopfert. In manchen Gegenden werden die Mai-Lehen am Maifeuer ausgerufen.

Die von den Kirchen verbreiteten Vorstellungen von auf Besen auf den Blocksberg fliegenden und dort mit dem Teufel tanzenden und buhlenden Hexen sind lediglich verzerrte Bilder des wahren Geschehens dieses heidnischen Festes. Im christlichen Spätmittelalter wurden bestimmte Bräuche nicht mehr von Priestern geleitet, sondern wurden vom Landvolk ohne Anleitung aber in Erinnerung früherer Feste begangen. Gleichzeitig waren heidnische Kulte bei strenger Strafe verboten und die Menschen zu Leibeigenen gemacht worden. Die bekannten Hexen- oder Flugsalben waren aus dem Heidentum gekommene und nun mißbrauchte Rausch- und Ekstasedrogen, der Flug auf einem Besenstiel war der alte Ritt des Schamanen auf dem Zauberstab, der einen geschnitzten Kopf des Krafttieres hatte (später wurde daraus u. a. auch das Steckenpferd), der »Hexensabbat« um das Feuer war die heidnische Maifeier um das Maifeuer. Das Umtanzen eines Bocks (Teufel) war nichts anderes als ein rituelles Tieropfer (z. B. einer Ziege) und die Teufelsbuhlschaft meinte in der Sprache der Kleriker lediglich die heilige Hochzeit und die Maipaarbildung (Mai-Lehen). Neben der Walpurgisnacht gelten auch andere Nächte (z. B. Michaelisnacht und Andreasnacht) als Hexennächte, und neben den Blocksbergen finden wir auch tiefe Schluchten als Versammlungsorte der Hexen.

Der Maibaum.

Ein wichtiges Symbol für den Lebens- und Weltbaum ist der Maibaum. Wir finden ihn in ganz Europa, aber auch bei den Cirkassiern, in Mexiko, Indien und in Afrika. Die Gemeinde, die einen Maibaum einholen will, muß vollkommen einig sein. Der Baum wird von einem oder mehreren mit Bändern geschmückten Burschen, oft auch von Frauen und Mädchen (die in manchen Gegenden das ausschließliche Recht dazu haben) am Vorabend des Festes oder auch am Vormittage des ersten Festtages feierlich aus dem Walde, einem Moore oder vom Wasser geholt. Das Fällen geschieht unter Hersagung alter Sprüche und unter besonderen Bräuchen. Das Einholen findet um Mitternacht, also vor Sonnenaufgang statt. Meist werden zuerst die kleineren Birken geschlagen, dann der Maibaum für das ganze Dorf. Der Baum muß von den Burschen getragen werden. In England wurde er im 16. Jh. von 20 oder 40 Ochsen unter Begleitung von 200-300 Menschen ins

Dorf gezogen. In einem Text von 1585 aus England heißt es, daß die Ausgelassenheit bei der Einholung des Maibaumes unter zahlreichem Geleit so groß sei, daß von den zum Walde mitgegangenen Mädchen der dritte Teil die Ehre verliere. In einer Prozession wird er feierlich von Haus zu Haus getragen, um dann endlich auf dem Dorfplatz oder vor dem Haus des jüngsten Ehepaares des Dorfes aufgestellt zu werden.

Abbildung 41: Maibaumaufstellen.

Zum Aufrichten des Baumes bedient man sich langer Stangen, an deren Ende eine Schlaufe aus Schnur gebunden ist. Durch Drehen der Stangen wird der Stamm des Maibaumes in der Schlaufe eingeklemmt und kann so, mithilfe von Leitern und weiteren Stangen, die Y-förmig enden, aufgerichtet werden. Dann werden die Stangen gelockert und abgenommen. Die Spitze des Maibaumes ziert ein Hahn, darunter finden wir nacheinander drei Kränze waagerecht aufgehängt, und zwar so, daß der jeweils nächstuntere etwas größer ist, als der darüber. Damit erinnern die drei Kränze an die drei Stufen des Weltenberges und die drei Überhimmel. Heute hängt man oft auch nur noch einen einzigen Kranz auf, zuweilen auch gar keinen mehr. Das Bild eines

Maibaumes mit nur einem einzigen Kranz konnte sicher die nicht ganz zutreffende Deutung des Baumes als Phallussymbol entstehen lassen. Die Fruchtbarkeit des heiligen Weltbaumes ist aber ein anderes Bild.

Es handelt sich beim Maibaum meist um eine Tanne oder Fichte, auch eine Birke, der die Äste (bis auf ein paar in der Krone) entfernt werden. Manchmal wird auch ein entasteter Tannenstamm genommen, an den oben eine Birke befestigt wird. Der Baum wird auch entrindet, damit sich keine bösen Geister unter der Rinde festsetzen können. Außerdem wird seine Krone (deren Äste erhalten bleiben), die eigentliche Trägerin der Segenskraft, mit Blumen, Kränzen, silbernen Kettchen, aufgereihten Eierschalen und Eßwaren festlich geschmückt. Meist erhält der Baum oberhalb des grünen Wipfels eine Flagge, auch mehrere Flaggen unterhalb; ihnen wohnt Heilkraft inne. Neben dem Baum wird eine Laubhütte für den Frühlingsgeist errichtet, die - wie der Baum selbst - mit Kerzen erleuchtet und mit Wasser übergossen wird. Zuweilen kommt es auch zu Bräuchen, bei denen ein benachbartes Dorf unter gewissen Regeln versucht, den Baum zu entwenden. Dies darf nur vor Sonnenaufgang und vor dem Fest geschehen, und die Stricke, die den Baum halten, dürfen nicht zerschnitten werden. Darum wird der Maibaum meist bewacht.

Abbildung 42: Maibaumspitze.

Forscher vermuten, daß ursprünglich kein Maibaum aufgestellt wurde, sondern um einen lebenden Baum, meist dem Schutzbaum des Dorfes, der Dorflinde, getanzt wurde. Derartige Bäume, deren Äste so beschnitten wurden, daß sie drei Kränze bilden, sind noch zu finden. Hier sieht man in dem Baume den Wohnsitz von Wesen, die der Dorfgemeinschaft Segen und Fruchtbarkeit bringen. In manchen Dörfern gibt es auch sog. Tanzlinden, also alte Linden, in deren Geäst eine Art Tanzfläche angebracht ist (oder um die herum eine hölzerne erhöhte Tanzfläche aufgebaut ist). Je nach Platz befindet sich darauf die Musikkapelle oder auch die Tänzer selbst. Der heutige, astlose Maibaum allerdings könnte auch Vorläufer in den Opferbäumen und - stangen der Vorzeit haben, die in den Heiligtümern aufgestellt wurden. Am Kranz des Maibaumes hängen als Symbole der vier Jahreszeiten oft Gegenstände, wie Pflug, Sichel oder Sense, Korb und Spinnrad. Man schmückt den Maibaum auch mit Lichtern. Sehr altertümlich ist ein Brauch, den wir in Bayern und in der Bretagne finden; der Maibaum wird auf einen kleinen, dreistufigen Hügel, den Weltberg, gesetzt.

Abbildung 43: Maibaum.

Der Maibaum ist während des Maifestes und überhaupt, während des ganzen Monats, Mittelpunkt der Festlichkeiten. Fällt er um, ist dies ein böses Vorzeichen. Manchmal wird der Baum aber schon am Abend abgesägt oder bleibt nur bis nächsten Sonntag stehen. Oder er steht bis Pfingsten, Himmelfahrt oder Mittsommer (wo er dann im Feuer verbrannt wird damit man das Jahr über vor Hungersnot bewahrt bleibe). Meist bleibt er aber ein ganzes Jahr stehen, seltener mehrere Jahre (wobei dann nur die Kränze erneuert werden), oder er wird am Ende des Monats Mai heimlich in der Nacht abgenommen.

Maikönigin und Maikönig.

Während die Mädchen (oder alle gemeinsam) am Maifeuer die Liebesgöttin anrufen, reiten oder laufen die Burschen zum Wallberg, wo sie von den Mädchen erwartet werden. Dieser Lauf ist mit einem Wettkampf verbunden, der aber auch oft erst am Tage des Festes begangen wird. Sinn des Wettstreites ist, daß der stärkste Bursche Gewinner wird, der sich dann auf dem Blocksberg eine Maikönigin wählt. Auch die heidnische Hochzeitsfeier wird darum oft »Brautlauf« genannt. Trotzdem ist der Mai nicht der Monat für Hochzeiten. Es heißt: »Hochzeit im Mai ruft den Tod herbei«. Der Wettlauf ist eine Auslese, denn der beste Bursche und das schönste Mädchen sollen als Maikönig und Maikönigin (oder Maigraf und Maigräfin genannt) die Götter Wodan und Frick verkörpern und die Kürfestlichkeiten leiten. Mitunter wird zur Bestimmung des Maienpaares erst irgendwo im Grünen gesucht, der Bräutigam schläft und wird von der Braut geweckt, er soll getötet werden oder stellt sich tot, wird aber durch die Braut erlöst. Er muß gesucht oder sein Name erraten werden. Meist aber wird der Maikönig durch ein Wettrennen, Wettschießen oder durch Kranzstechen bestimmt. Oft auch wird er einfach nur gewählt. Maikönig und Maikönigin (in England: Lord und Lady of the May) werden für ein Jahr gewählt. Seltener kommt der umgekehrte Fall vor, daß die Frauen einen Burschen wählen. Statt der Wettläufe gibt es auch den Brauch, daß derjenige Bursche, der zuerst den Mut hat, über das Maifeuer zu springen, Maikönig wird und die Maikönigin auswählt. Der Maikönig wird als Zeichen mit einer Schelle versehen und erhält einen Kranz um die Schultern, den er bei seinem Abgang seinem Nachfolger übergibt. Zuweilen stehen dem gewählten Maikönig und der Maikönigin Maigrafen als »Richter« zur Seite, die sie bei Ausrufung der Mai-Lehen unterstützen. Maikönig und Maikönigin sind in grünes Laub gehüllt oder mit Blumenkronen frühlingshaft geschmückt. Seltener hat der Maikönig auch ein geschwärztes Gesicht um seinen Bezug zur Geisterwelt zu veranschaulichen. Wie der Wasservogel wird der Maikönig mit Wasser begossen oder begießt selbst die Zuschauer, oder er schlägt und wird geschlagen. Man umreitet mit ihm die Kornfelder und und versucht, von seiner Laubhülle ein Stück zu erhaschen.

Der Einzug der Maikönigin und des Maikönigs am Maienfesttage erinnert an heidnische Göttinnenumzüge. Das Paar kommt oft aus dem Walde oder einem Moor (ursprünglich Heiligtum) und zieht in das Dorf. Dabei erinnert gerade das Moor an Fricks Palast »Fensalir« (Fenn-Saal). Ursprünglich riefen die Menschen des Dorfes die Götter Wodan (Óðinn) und Frick (Frigg) an, dann erschienen aus dem Heiligtum die Maikönigin und der Maikönig als Vertreter dieser Götter und brachten so den Segen und Beistand symbolisch in das Dorf. Dieser Einzug war möglicherweise auch mit dem Einholen des Maiengrünes und Maibaumes verbunden, so daß die Götterkraft auch sichtbar in dem heiligen Grün einzog.

Die Maikönigin wird in Spanien (als »Maja«) schon im 8. Jh., in den Niederlanden im 13. Jh. erwähnt.

In Niederdeutschland finden wir die Maikönigin oft allein; sie wird hier auch Mai- oder Pfingstbraut genannt und verkörpert den Segen des Frühlings. Sie zieht, in Laub gehüllt, mit den anderen um Gaben heischenden Mädchen durchs Dorf und ihr werden Krautgewinde und Blumen an die Seiten des Weges ihres »Brautpfades« gelegt. Das beim Viehaustreiben oder Melken zuletzt ankommende Mädchen wird Maikönigin, oder derjenige, der die grüne Hülle des Wasservogels gewonnen hatte, gibt diese seiner Tochter, die Maikönigin wird. Im Harz suchen die Burschen mit verbundenen Augen den Maienbusch und damit die Maikönigin. In England wird sie als Puppe dargestellt, auf der Insel Man kämpfte eine Queen of May gegen eine Queen of Winter.

Mai-Lehen.

Maigraf und Maigräfin leiten die nun beginnende Versteigerung der Mädchen, die Mailehen genannt wird. Dies geschieht vor dem Maibaum oder am Maifeuer, in manchen Orten schon am Georgstag. Herodot (I, 146) bezeugt diese Sitte für die Venether, und noch in der Ritterzeit finden wir Mailehen, wenn die Turnierkönigin gekürt wurde. Auch aus dem alten Irland sind derartige Bräuche bezeugt. Bis ins 16. Jh. reichen strenge wie nutzlose Verbote zurück, die die Obrigkeit gegen die unverhohlenen Mädchen-Zuteilungen aussprach. Besonders nächtliche Auswüchse, Zechereien und Ruhestörungen waren dabei den christlichen Würdenträgern ein Dorn im Auge. Die Burschen der Gemeinde erhalten eine Partnerin, die für den Maitag oder -monat oder länger, oft ein Jahr, ihr Eigen bleibt. Zuerst werden die alten Mailehen (des vergangenen Jahres) in Gestalt von Strohpuppen verbrannt und jeder Bursche holt sich einen Zweig aus dem Walde. Der Ausklöpper (oft der Maikönig) beginnt die Versteigerung mit dem Spruch[94]

»Heute [bzw.: Für ein Jahr] zum Lehen,
Über ein Jahr zu Ehen.«

werden die Mädchen an die meistbietenden Burschen versteigert, manchmal auch verlost. Das erwählte Mädchen ist die jeweilige Maibraut, die dem Burschen zum Lehen gegeben wird. Sie kann den für sie Meistbietenden ablehnen. Nimmt sie ihn aber an und befestigt dafür als Zeichen den Lehnstrauß auf seinem Hute, so erwächst für beide Teile die Verpflichtung, das ganze Jahr zusammenzugehen und mit keinem oder keiner Dritten zu tanzen. Der Bursche muß sein Mädchen zum Tanze und auf alle Dorffestlichkeiten führen. Während des Jahres beschenken sich die Lehen gegenseitig. Für den Burschen kommen noch andere Pflichten dazu, z. B. das Setzen eines Maibaumes vor dem Kammerfenster oder auf dem Hausgiebel usw. So ein kleiner Maibaum ist heute ein etwa mannshohes Rosenbild, das der Bursche seiner Maibraut an die Hausfront schlägt. Oft führt das Mailehen in der Tat nach einem Jahre zur Heirat. Dasjenige Mädchen, das das höchste Gebot erzielt hat, wird oft Maikönigin, ihr Bursche dann Maikönig.

Nach der Versteigerung oder Verlosung der Mädchen werden vom Maikönig und der Maikönigin unter einem Baume (Maibaum) oder auf einem Steine »die Lehen ausgerufen«, worauf von der anwesenden Versammlung die Paare einander zugesprochen werden. Das erlöste Geld wird heute im Wirtshause beim Maifest verzehrt. Herodot schreibt, daß mit dem Meistgebot für die schönen, die häßlichen Mädchen (die keinen Bieter gefunden haben) ausgesteuert würden, um ebenfalls begehrenswert zu erscheinen. Der Brauch ist auch mit einem Maientanz verbunden. Daran erinnert dieses »Schlumperliedchen«[95]:

> »Drei schwarzbraune Nelken
> Geben einen schönen Strauß
> Und die schönste da drinnen
> Such ich mir heraus.«

Nach dem Mailehen begeben sich alle zum Feuer. Unter Gesang und Peitschenknall durchschreiten nun Jünglinge und Jungfrauen paarweise das Maifeuer. Dann wird um das Feuer, in das allerlei Spenden (Opfer) geworfen werden, getanzt. Es kommt auch vor, daß zwei Burschen ein Mädchen, dessen sie habhaft werden können, hochheben und der dritte Bursche unten drei Mal durchklettert. Dann versuchen die Mädchen dasselbe bei den Burschen.

Heute finden die Mailehen in Festhallen unter Ausschluß der Mädchen statt, die aber gewöhnlich mitspielen. Ein durchschnittliches Gebot beträgt heute etwa 130 Euro, das Mädchen mit dem höchsten Gebot wird auch heute noch Maikönigin (z. B. 170 Euro). Nach der Auktion fragt der Bursche sein Mädchen, ob sie seine Maibraut werden will. Im Briefkasten findet sich tags darauf ein Kärtchen mit der Kaufanzeige, die dem Mädchen offiziell mitteilt, wer sie ersteigert hatte. Die Namen derjenigen Mädchen und ledigen Frauen, die keinen Bieter gefunden hatten, werden auf Zetteln in einen Sack gegeben und dann wird der ganze Sack an einen Verein oder Liebhaber der Maigesellschaft verkauft. Auf Ausflügen wird dann ein Teil der Mai-Lehen-Erlöse von allen zusammen verjubelt. Nach dem Mai-Lehen oder am nächsten Tag findet das gemeinsame Maibad von Maibraut und -bräutigam statt (siehe unten). Außerdem finden wir nun das Maientrinken, das der Liebesgöttin gewidmete Minnetrinken im Maitau, durch das man sich neue Kraft und Gesundheit für das ganze Jahr erwirbt. Beide (Maibraut und Maibräutigam) trinken nacheinander aus einem Horn (drekkja tvímenning) ähnlich wie in den Eddamythen, wo Brünhild dem Siegfried (Sigurðr) einen Minnetrank reicht.

Tanz um den Baum.

Der Maibaum wird von Burschen und Mädchen umtanzt (Bändertanz), ein solcher Tanz wird schon 1224 in der Aachener Chronik erwähnt. Dieser Tanz steht auch im Zusammenhang mit den Mai-Lehen, und darum gibt es mancherorts die wohl aus christlicher Zeit stammende Sitte, daß am Tanze (neben den Burschen) nur jungfräuliche Mädchen teilnehmen. Und wenn ein Mädchen, ohne dessen würdig zu sein, mitgetanzt hat, so wird der Maibaum heimlich umgesägt, so wie die Dorflinde, die eine gefallene Dirne mitgeschmückt hat, gewaschen und der Rasen oder das Pflaster um sie herum erneuert werden muß. In Småland umreitet jedes Brautpaar auf dem Zuge zur Trauung drei Mal die vor dem Wohnhause aufgepflanzte Maistange.

Für den Bändertanz werden an der Spitze des Stammes vor dem Aufrichten des Maibaumes mehrere verschiedenfarbige breite Bänder befestigt, meist in den Landesfarben oder in den Farben der Heiden (Blau und Gold bzw. Gelb). Je nach Anzahl der Tänzer werden dabei die Bänder abwechselnd angebracht. Vier (auch mehr oder weniger) Paare stellen sich unter dem Baume im Kreise auf, die Burschen holen nun für sich und ihr Mädchen je ein Band vom Stamme. Dann tanzen Burschen und Mädchen gegeneinander um den Baum, je mit einem Band in der Hand, und verflechten dabei die Bänder so miteinander, daß der ganze Stamm eingeflochten wird. Die Burschen tanzen in Richtung des Sonnenlaufes, die Mädchen in Gegenrichtung, abwechselnd heben alle Burschen ihre Bänder und lassen die Mädchen unter denselben durchtanzen (wobei die Mädchen ihre Bänder senken), dann wiederum heben die Mädchen ihre Bänder und die Burschen tanzen unter ihnen hindurch, immer abwechselnd, bis der ganze Stamm eingeflochten ist. Als Gesang hierzu ist das Lied »Der Mai, der Mai, der lustige Mai, der kommt herangerauschet...« überliefert. So wird in diesem als Volkstanz überlieferten ursprünglichen Kulttanz der Segen des heiligen Weltbaumes auf die Erde zu den Menschen geholt. Zuweilen werden auch nur zwei verschiedenfarbige Bänder von einem Paar (Maigraf, Maigräfin) in einem Lauf in Richtung des Sonnenlaufes um den Maibaum gewickelt, so daß eine Art Spiralmuster entsteht. Leider finden wir heute statt der Bänderschmückung und dem Bändertanz nur eine Bemalung des Baumes in den zwei Farben und ein Aufstellen mithilfe von Kränen usw. Hinterher werden dann neuerdings Zunftzeichen, auch kirchlicher und wohltätiger Organisationen seitlich am Baume befestigt.

Maizweige.

Grüne Zweige werden an den Wohnungen und Ställen angebracht oder von Haus zu Haus getragen. Dabei wird gesagt:

»Hier bringe ich den ersten Mai ins Haus.«

Dann werden die Umziehenden mit Wasser begossen. Lindenzweige stellt man vor dem Hause kranker Leute auf, aus deren Rinde man nach drei Tagen einen Brei kocht, den der Kranke zur Hälfte verzehrt. Die andere Hälfte wird in fließendes Wasser gegossen, damit die Krankheit »wegfließt«. Mit einer frischen Birkenrute werden vor Sonnenaufgang die Kühe von der Bäuerin auf den Rücken gestrichen, um das ganze Jahr vor Verhexung gesichert zu sein. Andernorts schlägt man die Kühe damit sie reichlich Milch geben, mit Nesselzweigen. Der Maistrauch, der zuerst ausgesteckt wird, ist der beste, er wird aufbewahrt. Seine Blätter heilen schlimme Wunden. Nach neun Tagen (also nach Ende der alten Festzeit) wirft man die Zweige auf die Tenne, dann fressen die Mäuse nicht das Getreide. Wenn man die Maien im Hause aufbewahrt, so schlägt der Blitz nicht ein. Wenn die Zweige aber vertrocknen, werden sie außen am Hause angebracht. Sie halten Blitzschlag, Unglück und Hexen fern. An den Haustüren und Kammerfenstern angebracht halten sie das Böse ab und bringen Segen. Auch in die Garben steckt man Birkenzweige hinein, mit denen die Häuser zum Maifest geschmückt worden sind.

Einen kleinen Maibaum muß der Bursche auch seiner Maibraut vor das Fenster, vor die Türe oder aufs Dach setzen, er wird am Maifesttag mit Wasser begossen. Wo mehrere Mädchen im Hause sind, erhält jedes sein Bäumchen. Manchmal setzen mehrere Burschen einem besonders geehrten Mädchen gemeinsam einen Maibaum. Der Baum gilt als Sinnbild des geehrten Mädchens wie auch des Burschen, der damit seine Werbung zeigt. Kleine Maibäume (meist Birke) werden als Schutz vor Behexung vor das Haus gestellt (manchmal zusammen mit einem Besen aus geschältem Holz) und vor die Ställe, um die Kühe milchreich zu machen. Auch auf die Düngerhaufen setzt man Maibäume, damit sie das Vieh vor Schaden behüten, wobei ebensoviele kleine grüne Birken gesetzt werden, wie man Stücke Rindvieh im Stalle hat und soviele kleine Tannenbäume, wie man Pferde hat. Dieses Setzen muß bei aufgehender Sonne erfolgen.

Wir finden im Brauchtum auch Maienkränze (Pfingstkränze), die an verschiedenen Stellen der Städte hängen. Zu ihrer Herstellung wird schon vier Wochen vor dem Fest gesammelt. Sie bestehen aus 1,5 Mtr. langen Holzstangen, die zur Pyramide zusammengestellt und mit Laub, Blumen und Fähnchen geschmückt werden. Die Kirche hat sie als Glockensymbole mit Rosenklöppeln umgedeutet. Am Nachmittag werden diese Maienkränze aufgestellt und die Jugend tanzt darum und singt Mailieder. Alle ziehen durchs Dorf, um dann wieder zum Maienkranz zurückzukehren.

Es kommt auch vor, daß Kränze, die die Mädchen gebunden haben, dem Bauern am ersten Festtag übergeben werden, der Wirt, in dessen Wirtshaus gefeiert wird, erhält am zweiten Tage gleichfalls einen Kranz.

An Blumenschmuck finden wir neben den Kränzen heute die Pfingstrose, die Päonie, die weiße Narzisse, Flieder und andere Maiblumen wie z. B. Maiglöckchen, Maiblume (Weißwurz) usw.

Auch der Schlag mit der Lebensrute wird jetzt geübt. In einigen Gegenden ist es üblich, einen »Nesseltag« zu feiern, bei dem sich die Leute mit Brennesseln zu berühren suchen. Es werden aber auch andere Zweige genommen und als »Maibuschen« zusammengebunden. Die Burschen bringen sie ihren Mädchen ins Zimmer, wenn kein kleiner Maibaum vor dem Hause der Maibraut aufgestellt wird.

Den Gegensatz zu den Maibäumen als Fruchtbarkeitszeichen finden wir in den sogenannten »Schandmaien«. Unbeliebten, leichtfertigen oder sitzengebliebenen Mädchen, oder solchen, die alle Freier abgewiesen hatten, stellt man diese dürren Äste oder dürre Bäumchen mit Lumpen, einen Strohmann oder andere häßliche Gegenstände als Zeichen des Unfruchtbaren wie eine Neidstange vors Haus. Oder man setzt solchen Mädchen eine Strohfigur (»Pfingstlümmel«) aufs Dach oder in den noch unbearbeiteten Garten. Einem Mädchen, das dagegen seine Liebhaber allzuoft wechselt, streut man eine Häckselspur von ihrer Tür zum Stall des Dorfbullen. Verlassene Mädchen rächen sich dadurch am untreuen Burschen, daß sie ihm an Schnüren aufgereihte Eierschalen oder Schneckenhäuschen vors Fenster hängen.

Umzüge.

Wir finden im Maifestbrauchtum zahlreiche Umzüge. Zuerst den Umzug mit dem Pfingstochsen, dann den Zug zum Einholen des Maibaumes, den Umzug des Wasservogels und den Umzug nach den Wettkämpfen. Möglicherweise war es ursprünglich nur ein Umzug in mehreren Teilen, doch hat sich Brauchtum verschoben, so daß sich in den verschiedenen Gegenden unterschiedliche Umzüge gebildet haben. An vielen Orten trieben früher Schlachterburschen, die sich festlich bekränzten, am Donnerstag vor dem Fest den für die Schlachtung bestimmten Ochsen, mit Blumen an den Hörnern, Bändern und mit Kränzen geschmückt, durch die Straßen zum Schlachthaus. Er erhielt aus den Häusern bunte Taschentücher, die ihm am Horne befestigt wurden. Dabei sammelten die Treiber Trinkgelder ein. Durch diesen Aufzug, der seine Wurzeln in der ältesten Zeit hat, sollen die Bewohner zum Kauf eines Bratens (vom Ochsen) ermuntert werden. Es handelt sich dabei um den sog. »Pfingstochsen«, das alte Opfertier des Maifestes. Auch die »Pfingstkuh« wurde geopfert. Das Sprichwort »aufgeputzt wie ein Pfingstochse« erinnert noch an das Schmücken der Opfertiere, was Schutz vor bösen Geistern bewirken soll. In Spanien ist dieser ursprüngliche Opferbrauch zu einem Stierlauf in den Straßen und zum tierquälerischen Stierkampf entartet. Im heutigen deutschen Brauchtum findet sich auch ein Zusammenhang zum Hirtentum, denn in der Zeit des Maien wird das Vieh zur Sommerweide getrieben. In Bayern wird die schon erwähnte Strohpuppe, der »Pfingstlümmel«, derjenigen Kuh aufgesetzt, die zuletzt zur Herde stößt, und diese dann zur Magd zurückgetrieben. Auch das ausziehende Vieh, besonders die Leittiere, werden mit Grün und Bändern geschmückt, wobei an manchen Orten die erste Kuh oder der erste Stier, der Zuchtstier, an andern die letzten Tiere mit Kränzen und Bändern geschmückt werden. In Westphalen heißt der beim Austrieb zuletztkommende Ochse »Pfingstochse«, die zuletzt erscheindende Kuh »Pfingstkuh«, die mit Blumen und Laub oder einem Stroh- oder Nesselkranz geschmückt werden.

Im Schwarzwald treffen sich die Hirtenjungen zum Schellenmarkt, auf dem sie Kuhglocken tauschen.

Die Kuh ist der Erdgöttin geweiht; Tacitus erwähnt heilige schwarze Rinder, die im Hain der Nerthus (Mutter Erde) gehalten wurden. Hinter dieser Kuh steht die Urkuh Audumbla (»die im Dunkel reiche«), die das Vorbild auch für die heiligen Rinder der Inder ist. Audumbla ist die erste Personifizierung der mütterlichen und schöpferischen Kraft der Erde. Aber auch der Stier ist der Mutter Erde heilig; beim Stier tritt besonders der Gedanke der Fruchtbarkeit in den Vordergrund, bei der Kuh dagegen das mütterliche, nährende Prinzip. Verschiedene Sagen z. B. aus dem Berliner Raum belegen das Vorhandensein von heiligen, schwarzen Stieren. So hielt man im Heiligtum Heiligensee schwarze Stiere, die im Frühling vor einen Wagen (oder Pflug) gespannt wurden, um dem Land Fruchtbarkeit zu bringen. Auch der heilige See selbst wurde so geweiht. Und in Tempelhof befindet sich ein Heiligtum der Göttin Hela (Hellia, Holle, Frick) mit einem Opfersee, der »Blanken Helle«, aus der der Sage nach zwei schwarze Stiere kamen, die einen Pflug zogen. Der Stier ist aber wohl auch der Göttin Frowa geweiht und in Island wurde ein Stier auch dem Gott Fro geopfert.

Es gab also auch Maiumzüge mit den geschmückten Stieren, die über das Land und um die Felder gingen. Dabei wurden auch Götterbilder mitgeführt oder Maikönig und Maikönigin vertraten die Gottheiten.

Zuweilen wird den Umherziehenden ein Holzhahn auf einer Stange, unter dem, kegelförmig sich erweiternd, eine Anzahl von Eierketten angebracht sind, deren unterste noch mit bunten Bändern versehen sind, vorangetragen. Unten haben diese Ketten Gänseeier, oben Spatzeneier. Im Brauchtum sind verschiedene Sprüche erhalten, die bei diesen Umzügen gesprochen werden:

»Maibraut, die geht heraus
Von hier nach da, mit lichtem Haar.
Ein Ei, daß hilft uns nicht,
Zwei Eier, die schaden uns nicht.
Fünfundzwanzig auf den Tisch
Dann weiß die Braut, daß Maifest ist.
Laßt uns nicht zu lange stehn,
wir wolln noch'n paar Häuser weitergehn.«

Hier sieht man, daß um Opfergaben (Eier) gebettelt wird. Ein anderer Spruch[96]:

>»Maibraut, Maibraut!
>Was gebt ihr der kleinen Maibraut?
>Gebt ihr was, so hat sie was,
>So hat sie das ganze Jahr was!
>Gebt ihr nichts, so hat sie nichts,
>So hat sie das ganze Jahr nichts!
>Klopf, klopf, Ringelchen,
>Wir sind 'n paar arme Kinderchen!
>Geht eine Schnur um das Haus
>Tritt eine kleine Jungfer raus!
>
>Maikarl hatt sein Bein abbrochen.
>Wer will was dazu geben?
>Eier in'n Hut! Das ist gut!
>Geld in 'e Mütz! Das ist hübsch!
>
>Haberstroh und Buchweizenstroh!
>Anderes Jahr noch mal wieder so! Juhu!«

Dieser Umzug wird auch »Pfingstbier« genannt, weil er auch im Zusammenhang mit dem kultischen Trinken steht. Heute finden Umzüge nicht immer zum Maifest, sondern auch zu Fronleichnam und Himmelfahrt statt.

Die Umzüge gehen oft auch zu Mooren und Seen. Noch heute ist die Echternacher Springprozession üblich, früher wurden auch andernorts (z. B. Prüm, Lüttich) derartige Prozessionen durchgeführt.

Wasservogel oder Lattichkönig.

Den Rest eines alten Moor- oder Seeopfers an die Erdgöttin oder an die Wassergeister sieht man in dem Brauch des Ins-Wasser-Tauchens des Lattichkönigs. Der Lattichkönig heißt auch Wasservogel, Pfingstlümmel, -butz oder -quack und symbolisiert die personifizierte Lebenskraft des Frühjahrs und Wachstums. Der Brauch selbst heißt »Wasservogelspiel« und wird auch als Wasserkult zur Zeit der Schneeschmelze gedeutet, der Unheil abwehren und die Flußgötter gütig stimmen soll. Wahrscheinlich geht es hier aber zuerst um den wachstumsfördernden Regen.

Der Lattichkönig oder Wasservogel ist ein mit Schilf und Binsen umhüllter oder in grünes Laub bzw. Birkenbüsche und Reisig gekleideter Junge. Manchmal ist er auch mit einer Rindsmaske und Waldgrün verkleidet. Er kommt zu Fuß oder geritten aus dem Wald und zieht im Heischegang mit entsprechendem Gesang mit durchs Dorf. Von den Häusern aus wird er mit Wasser übergossen (oder er begießt die Leute), schließlich gelangt er zu einem Wassertümpel, wo ihn zwei Mädchen in Empfang nehmen, um ihn unter dem Jubel der Jugend tüchtig zu baden oder ins Wasser zu stoßen und drei Mal unterzutauchen. Dann entledigen sie ihn seiner entstellenden Umhüllung. Anschließend erfolgt dann das Wettkampfbrauchtum und Tanz. Seltener ist es auch der Maigraf selbst, der zum Lattichkönig wird. Bei dem Umzug des Wasservogels wird der folgende Reim gesprochen (eingeklammert: Abweichende Fassung)[97]:

»Der Mai ist gekommen
Da freuen sich Alte und Junge.
Wir rufen, wir rufen den Wasservogel
[Jetzt bringen wir Jungen den Wasservogel]:
Wir wissen nicht, wo er ist hingeflogen
[Weiß kein Mensch, wo er ist hergeflogen].
Ist er [oder: Er ist] geflogen über das Ried
Macht er den Fischen das Wasser trüb
[Er macht den Fischen das Wasser so trüb]?
So trüb so trüb bis auf den Boden,
Da meinen die Mädchen wir sollen sie loben.
Wir loben, wir loben sie nicht,
Wir loben nur das schöne Kränzelein,
Das Kränzelein hat eine seidene Schnur,
Es gehört jedem Bauernjungen auf den Hut.
Und wollen die Bauern uns das Reiten verbieten
So wollen wir ihnen kein Roß mehr hüten,
Kein Roß mehr hüten, kein Füllen austreiben
Und wollen dann lieber nach Friedberg reiten.

Zu Friedberg steht ein hohes Schloß
Da kommen die Bauern und holen die Ross',
Und wenn der Bauer ein Roß will haben,
Muß er einen Sack voll Taler bezahlen,
Ein Sack voll Taler ist noch nicht genug,
Ein Kretzer voll Eier gehört auch dazu,
Ein Kretzer voll Eier ist noch nicht genug,
Ein Hafen voll Schmalz gehört auch dazu,
Ein Hafen voll Schmalz ist noch nicht genug,
Ein halber Eimer Eier gehört auch dazu.
Jetzt ist's genug.
Jetzt reiten wir alle dem Wirtshaus zu,
Und wollen dem Bauern danken,
Mit lautem Schwappen und Schwanken,
Schwappen und Schwanken sind uns wohl bekannt,
Wir bieten der Bäuerin die rechte Hand.«

Das »Schwappen und Schwanken« (»Schwoaba und Schwanka«) meint das Begießen des Wasservogels mit dem lebensspendenden Frühlingswasser. Man kann diesem Reim entnehmen, daß der Wasservogel als hereinbrechender Frühling, vielleicht als Föhn, hereingeflogen kommt und das Wasser oder Schmelzwasser trübte. Die Anspielung auf die Mädchen deutet auf den Brauch der Mai-Lehen, die Bitte um Eier ist eine alte Heischesitte, bei der diese alten Fruchtbarkeitssymbole vielleicht als Opfergabe eingesammelt werden, die dann im Schmalz zu Eierkuchen gebraten werden. Darauf deutet auch der folgende Spruch, der beim Umzug gesprochen wird[98]:

»Wasservogel bin ich genannt,
Eier und Schmalz sind mir bekannt,
Lauter gute Sachen,
Daß man kann Eierkuchen daraus machen.«

Der Wasservogel entspricht auch dem Thüringer grünen Froschkönig und dem hessischen Laubmännchen. In manchen Gegenden werden auch die Mädchen mit Wasser begossen, besonders jene, die das erste Gras schneiden. Das wird als wichtige Handlung aufgefaßt und darum ziehen die Mädchen dazu ihr schönstes schwarzes Mieder an. Das Laubgewand des Wasservogels wird am Ende auf das Feld gelegt, um so dessen Wachstum und Fruchtbarkeit zu fördern.

Wettkämpfe.

Am Tage des Maifestes finden verschiedene Wettkämpfe statt, die manchmal auch dazu dienen, den Maikönig für das nächste Jahr zu bestimmen. Aber auch am Vorabend (Walpurgis) oder Himmelfahrt werden diese Wettkämpfe veranstaltet, so daß dann der Maikönig vor dem eigentlichen Fest für dieses Fest bestimmt wird. Oft richten die Hirtenjungen, besonders die Roßhirten diese Wettkämpfe aus. Zu den Wettkämpfen gehört zuerst das Pferdereiten; vorzeitliche Pferderennbahnen sind archäologisch z. B. für Stonehenge in Südengland oder die Senne in Westphalen bezeugt. In Holstein nennt man es »Rolandreiten« in Braunschweig »Fahnenreiten«. Weiters finden wir das Stollenreiten, Gans- oder Hahnenreiten, Ringstechen bzw. Kranzreiten. Dabei muß ein Reiter einen Kranz von einer Stange im Vorbeireiten mit der Reitpeitsche oder mit einem Stecher abnehmen und erhält eine hölzerne Wetterfahne als Preis. Beim Gansreiten muß eine aufgehängte Gans, beim Hahnenreiten ein Hahn im Vorbeireiten ergriffen werden. Beim Stollenreiten muß ein Holzhahn abgeschlagen werden, der an einem Schraubengewinde sitzt. Hier finden wir wiederum das uralte Symbol des Kranzes (Liebe, Frühling) und des Hahnes (Sonne). In der Edda gibt es den Götterhahn Goldkamm (Gullinkambi).

Im pommerschen Tonnenreiten muß der Reiter mit einem Knüppel versuchen, eine herabhängende Tonne zu zerschlagen. Je nach dem Erfolg seines Schlages gibt es dann einen »Bodenkönig«, einen »Stübenkönig« und schließlich den »Tonnenkönig«, der den letzten Rest der Tonne abschlug. Diese Wettkampfformen erinnern an die im Mittelalter von Rittern in der Zeit des Maien geübten Turniere, die aus ursprünglichen heidnischen Frühjahrswettkämpfen entstanden sind. Reste des Mairitts finden sich in den Umritten der Kinder mit ihren Steckenpferden. In Südbayern ist das Ochsenstoßen üblich, bei dem die Burschen, auf Ochsen reitend, gegeneinander kämpfen. Das Wettkegeln um einen Hammel als Preis, daher auch »Hammelkegeln«, ist in der Kurmark anzutreffen, in der Uckermark das Keulenwerfen, und das Taubenabwerfen in Pommern. Hier finden wir statt des Hahns schon die Taube, christliches Symbol des hl. Geistes, heidnisches Tier der Liebesgöttin. Ziel ist aber auch neben der hölzernen Taube ein holzgeschnitzter Adler auf hoher Stange.

Häufig finden wir auch das wetteifernde Emporklettern der Burschen am Maibaum mit dem Ziele, eine der Fahnen oder andere an der Krone befestigte Gegenstände, Band oder Tuch, zu gewinnen. Und die Wettritte oder Wettläufe finden oft zum Maibaume statt. So will man die Segenskraft des Baumes sich aneignen und den Sommer gewinnen. Es gibt noch zahlreiche andere Wettkämpfe, an denen sich auch die Mädchen beteiligen, wie Schubkarrenrennen, Sackhüpfen, Schürzenrennen, Topfschlagen usw. Der Sieger all dieser Wettkämpfe ist dann für das nächste Jahr Maikönig und muß alle beim Maifest stattfindenden Umzüge und Unterhaltungen als Anführer leiten. Übrigens stellen auch die Schützenfeste oder der Brauch des Vogelschießens der Kinder Reste alter Wettstreitbräuche dar. In Breslau erhielt der Sieger des Wettlaufens zur Belohnung den »Pfingstochsen«, andernorts einen Kranz. Heute oft auch nur Tücher, Kleidungsstücke, Eßwaren, Getränke oder Titel und Würden für den anschließenden Umzug. Der letzte heißt in der Altmark »Molitz«, man bindet ihm ein Strohband ums Knie weil er sich angeblich beim Bau eines neuen Hauses ins Knie gehauen hat, zieht mit ihm im Dorfe herum und sammelt Eier.

Opfergaben.

Das Trinken zum Maifest nennt man »Mark in die Knochen Trinken«. In Eierbier wird »die Stärk'« getrunken, am 2. Festtag wird die »Schöne« getrunken, wobei mancherorts nur unbescholtene Mädchen daran teilnehmen dürfen. Teilweise trinkt man so lange, bis man vom Stuhle fällt.

Die eigentlichen Opfertiere sind die Ochsen und Kühe. Im Brauchtum finden wir aber auch als Gaben Zucker- und Backwerk. Mehl wird, damit man das ganze Jahr hindurch keinen Brotmangel erleide, verstreut (meist auf ein Grab), Kuchen werden unter Freund und Feind verteilt so daß jeder sich versöhnen muß, Brote (Laibbrote) werden geopfert, Eier (die die Kinder auch von ihren Paten erhalten), Eierspeisen und -gebäcke, die man auch an Nahestehende verschenkt. Die Mädchen schenken ihren Burschen ein Backwerk, (Pfingst-) Kränzchen genannt. Es ist auch überliefert, daß Lercheneier an den Bäumen oder Felsen für die Jenseitigen zerschellt wurden; die Lerche gilt als Liebesvogel, der noch nicht ins Totenreich gelangten Seelen. Die Anzahl der

Eier, die jeder nahm, entsprach der der Verstorbenen, an deren Tod man sich noch erinnern konnte. Den Armen wird Maimilch gegeben, damit auch diese reichen Milchertrag haben. Die Häuser werden für das Fest gereinigt mit Ginsterbesen und zuweilen geweißt. Alles wird mit grünen Maien geschmückt, neben Birken finden wir auch Hasel, Wacholder, Elsbeere, Eiche und Stechpalmzweige im Brauchtum, ferner Ahornzweige und Rosen (die auch als Zaubermittel gegen Feuer, Motten und Holzwürmer gebraucht werden). Die Türschwelle des Hauses wird am Vorabend des Festes mit Salz und Sauerteig bestreut und mit Knoblauch eingerieben, damit böse Geister den himmlischen Segen nicht vom Hause nehmen. Wenn man eine Handvoll Bohnen am Festmorgen über das Hausdach wirft oder auf die Zaunpfähle die Schädel gefallener (ursprünglich geopferter) Pferde und Rinder steckt, können Hexen und Teufel den Hofraum nicht überschreiten. Abends am Vortage ißt man Maibutter. Ißt man Eierkäse, dann geben die Kühe viel Milch. Am Festmorgen muß man stillschweigend vor Sonnenaufgang einen Apfel essen, um immer gesund zu bleiben. An einem der weiteren Festtage ist das Essen von Schollen mit Knoblauch überliefert.

Rechtsbräuche.

Das Maifest, besonders der 1. Mai stehen auch eng mit dem Rechtswesen in Verbindung. So fand der altdeutsche Landtag zu diesem Termin statt, genannt »Mailag«; möglicherweise handelt es sich hierbei um ursprünglich celtische Überlieferungen. Am 1. oder 2. Festtag werden in manchen Orten Grenzbegehungen und Flurumritte vorgenommen, die den Saaten Nutzen bringen sollen. Dabei wird auch oft der Wasservogel mitgeführt. Es handelt sich um einen alten Rechtsbrauch, wonach die Felderbewirtschaftung neu verteilt wurde und nun die Felder wieder in Besitz genommen werden. In einigen Thüringer Gegenden nimmt der Gemeinderat den Flurumgang vor, in Mittelfranken zieht auch die Jugend mit, von Markstein (Grenzstein) zu Markstein, bei jedem wird ein Geldstück ausgeworfen, und welcher der Jungen es erhaschen kann, muß eine Ohrfeige von den »Siebenern« (Feldgeschworenen) in Kauf nehmen. Damit soll sich der Junge die Stelle genau merken. Ursprünglich wurden diese Geldstücke den Landgeistern geopfert (vergraben). Noch heute ist das Fest der Zeitpunkt für allerlei Lieferungen und für Rechnungsablagen von Gilden und Nachbarschaften. Z. B. versammelten sich verschiedene Nachbarschaften in Vechta am Sonntag vor dem Fest im Hause eines Mitgliedes zur Rechnungsablage, die dann vom Magistrat der Stadt überprüft wurde. Der Abrechnungstag zu Pfingsten (Maifest) war so eingebürgert, daß die Nachbarschaften davon den Namen »Pfingsten« erhielten und in den alten Protokollbüchern so genannt wurden. Nach der Rechnungsablage gab es Bier und Branntwein. Auch Dienstbotenwechsel fanden - neben Fasnacht - beim Maifest statt und alte Händel werden in Ordnung gebracht.

Brunnen und Quellen.

Zuletzt sei erwähnt, daß zum Maifest auch die Brunnen geschmückt und die Quellen geweiht werden. Hierin lebt eine alte Verehrung des Wassers und der Erdgöttin Frick oder der Göttin der Quellen und Gewässer, Saga, fort. Bekanntlich geht der mythische Eingang in die Welt der Frau Holle durch Brunnen und Seen. In Hessen wandern die Bauern zum Frau Holle-Teich am hohen Meisner. Das Schmücken der Brunnen soll auch bewirken, daß keine Mißernte durch Dürre verursacht werde. Vielfach findet zum Maifest ein Umwandeln, Umreiten oder Umtanzen der Brunnen statt, es werden Kuchen oder Zwieback für die ungeborenen Kinder in den Brunnen geworfen. Ursprünglich ein Quellenopfer ist der zeitig frühe Besuch der Quellen und Bäche am Maifesttag um deren Wasser zu trinken und zu tanzen. Auch ist es heilsam sich jetzt im Bache zu waschen. Den Flüssen wurde in früherer Zeit geopfert; so fordert die Saale jährlich zum Maifest ihr Opfer. An der oberen Mühle bei Thale ertrinkt jedes Jahr ein Kind, wenn nicht ein Huhn, ein Hund oder eine Katze in die Bode geworfen werden.

Maiwasser.

Das am ersten Tag des Maifestes vor Sonnenaufgang schweigend aus einem stillstehenden Gewässer geschöpfte Wasser heißt Maiwasser, von ihm holt sich jede Familie ein oder zwei Krüge voll. Es ist heilkräftig besonders gegen Augenleiden (sie werden »hell« davon) und wohl auch bei offenen Wunden. Der Hausvater oder die Hausmutter gießt es auf die Wiesen und Felder und sprengt es in den Namen der drei höchsten Götter in die Ecken des Ackers gegen die »gelben Würmer«. Man trinkt es frühmorgens und gibt es der Kuh in die erste Tränke. Das Bespritzen mit Wasser im Mai, besonders beim Wasservogelumzug wurde bereits oben erwähnt. Die Christen haben den Brauch des Maiwassers übernommen und weihen am Sonnabend vor Pfingsten ihr Taufwasser (Pfingsttauf). Auch das Mairegenwasser hat eine starke Heilkraft, weswegen es gesammelt und aufbewahrt wird.

Maitau.

Noch wichtiger als das Wasser ist aber der Maitau, besonders der am Maifest vor Sonnenaufgang mit einem Tuch gesammelte (ein Laken wird auf die Wiese gelegt oder über sie gezogen, später kann man es in einen Krug auswringen). Der Tau bewirkt Schönheit, wenn man sich mit diesem Tuch wäscht. Besonders der Weizentau hilft gegen Sommersprossen, Pockennarben, Flechten und Hautkrankheiten. Besondere Kraft hat der Tau, der unmittelbar am Flusse ist. Darum gehen die jungen Mädchen am 1. Festtage auf eine Flußwiese, um sich mit Tau zu bestreichen. Dies hilft ein Jahr gegen Ausschlag im Gesicht. Die Maibraut und der Maibräutigam baden zusammen nackt im Maientau, oft in der Nähe der Blocksberge. Oder man sammelt den Tau, trinkt ihn und wäscht sich damit. Sich nackt im Maitau zu wälzen hilft gegen Grind und Kopfgrind, gegen Krätze, Läuse wie überhaupt gegen Krankheit. Auch das Vieh wird mit Maitau gegen Krankheiten eingerieben oder der Tau wird auf ein Stück Schwarzbrot gestrichen und dieses den Kühen gegeben, um sie gegen Verhexung zu schützen. Die Burschen ritten früher in der Nacht des Maifestes in den Wald und lagerten dort und sangen Lieder. Dies nannte man den Maitauritt, wobei es manchmal ein Wettritt war. Wer beim Wettrennen zu den Wiesen Sieger wird, heißt der »Tauschleifer«. Ursprünglich ging es also darum, den Tau zu erhalten. Auch das erste Pferd oder die erste Kuh, die auf die Weide kommt, erhält diesen Namen.

Kapitel 6

Mittsommer-
Miðsumarblót

Das Mittsommer- oder Sonnwendfest heißt auch (mhd.) Sungicht, Sunnegiht (Sonnenbeschwörung), in Island »blóta at miðjum sumri« oder »Miðsumarblót« (Opfer zu Mittsommer). Es wird zum Zeitpunkt der Sommersonnenwende (längster Tag und kürzeste Nacht) gefeiert, die meist um den 21. 6. eintritt. In Skandinavien ist es noch heute ein Hauptfest, welches allerdings jetzt am Wochenende nach dem Mittsommerzeitpunkt begangen wird. Schon in der Gunnlaugs saga Ormstungu (10.-12. Jh.) wird »Mittsommer« als Zeitpunkt erwähnt[99]:

»Nach dem Mittsommer erhielt Gunnlaug Urlaub«.

In der »Oláfs saga Tryggvasonar«, die ein Teil der von Snorri Sturluson nach 1220 verfaßten »Heimskringla« bildet, wird ein Mittsommerfest beschrieben[100]:

»Schließlich wurde beschlossen, daß ein Mittsommer-Opferfest in Mæren stattfinden solle. Dort sollten alle Häuptlinge und mächtigen Bauern erscheinen, wie das der Brauch war, und dorthin sollte auch König Olaf kommen ... Als er aber nach Mæren kam, waren dort alle die Drontheimer Häuptlinge erschienen, die am meisten dem Christenglauben widerstrebten, und diese hatten alle die mächtigen Bauern bei sich, die vordem die Opferfeste an dieser Stätte abgehalten hatten. Eine große Menschenmenge strömte da zusammen, ganz wie es vorher auf dem Frostaþing der Fall gewesen war. Da ließ der König das

Þing ausrufen ... König Olaf ging nun in den Tempel, und es begleiteten ihn nur wenige Männer und einige von den Bauern. Als aber der König dahin kam, wo die Götterbilder standen, da saß Þórr dort, der angesehenste von allen ihren Göttern, geschmückt mit Gold und Silber. König Olaf erhob da den goldgeschmückten Stab, den er in der Hand hielt, und schlug auf das Þórrbildnis, so daß es von seinem Sitze fiel. Darauf liefen des Königs Mannen herzu, und schlugen alle Götter von ihren Sitzen herunter«.

Dieser Text beweist daß dem Schreiber Mittsommerfeste bekannt waren, und die Horizontbögen der Himmelsscheibe von Nebra sowie die Ausrichtungen von Heiligtümern (Externsteine, Stonehenge) belegen die Mittsommerbedeutung.

Die Kirche setzte auf den alten Zeitpunkt der Sommersonnenwende ihr Johannisfest, weil Johannis der Täufer nach dem Bibelmythos ein halbes Jahr älter ist als Christus, dessen Geburtstag ja willkürlich auf den Mittwintertermin gelegt wurde. Das Johannisfest wird heute am 24. oder 25. 6. gefeiert, dem alten Termin der Sonnenwende. Durch den fehlenden Jahrhundertschalttag verschob sich der Zeitpunkt der Sonnenwende vom Datum des 25. 6., und zwar in 128 Jahren um einen Tag. Darum tritt die Sonnenwende heute um den 21. 6. ein. Papst Gregor ließ nur 10 Tage ausfallen, als er den nach ihm benannten Kalender einführte: Nach dem 5. 2. folgte damals gleich der 16. 2. Deswegen besteht die Lücke zwischen den heidnischen und christlichen Festterminen bis heute. Johannes der Täufer wurde übrigens gegen Blitz und Hagelschlag angerufen und ist Schutzpatron der Hirten. Damit ist er ein Ersatz für den Gott Donar, aber wohl auch für Balder.

Das Mittsommerfest wird zum Zeitpunkt der Sonnenwende gefeiert, genaugenommen wird an demjenigen Abend gefeiert, der dem astronomischen Sonnwendzeitpunkt zunächst liegt. Tritt also z. B. die Sonnenwende am 21. 6. um 10 Uhr vormittags ein, wird schon am Abend des 20. 6. gefeiert. Es wurde vermutet, daß das Mittsommerfest einst 14 Tage dauerte, da es mit dem Alþing verbunden war, oder doch mindestens 12 wie das Mittwinterfest. Von 8 Tagen spricht ein alter Bauernspruch[101]:

»Vier Tage vor und nach Sonnenwende
Zeigen die Winde des Sommers Ende.«

Noch heute feiern Bauern manchmal drei Tage in der Johanniswoche. In Island und Schweden wurde und wird drei Tage gefeiert. In heidnischer Zeit wurde zu Mittsommer auch das Alþing abgehalten, das höchste der drei Jahresdinge. Im späteren christlichen isländischen Kalender wurde das Alþing 10 Wochen nach Sommeranfang an einem Donnerstag begonnen und dauerte 14 Tage.

Allgemein gilt Mittsommer als heilige Zeit, auch die Tage vor und nach Mittsommer. Besonders wichtig auch für Zauber ist der Sonnwendtag und die Mittags- und Mitternachtsstunde desselben. Wegen der Sonnenwende gibt es in vielen Gegenden das Verbot des Drehens und Wendens von Gegenständen. Es heißt, daß am Sonnwendtag die Sonne stillstehe (zuweilen dreht man darum im Hause ein Glücksrad, um den Sonnensegen zu bekommen).

Inwieweit auch die Celten das Mittsommerfest feierten, ist ungeklärt, da bisher keine celtische Überlieferung dazu gefunden wurde. Allerdings ist es eigentlich völlig unwahrscheinlich, daß ein Naturvolk wie die Celten einen derartigen wichtigen Punkt im Jahreskreis nicht auch zum Anlaß für ein Opferfest genommen haben sollte. Neuceltengruppen feiern daher auch dieses Fest und nennen es »Alban Heffyn« oder »Litha«. Diese letztere Bezeichnung ist von der celtischen Göttin Litavis abgeleitet, deren Namen man auf Weiheinschriften fand. Litavis (mit celt. Schwund des anlautenden p-) geht zurück auf altindisch prth(i)ví und altengl. folde, »Erde« und bedeutete ursprünglich wohl »die weite/breite«. Damit entspricht Litavis der germanischen Göttin Frick, die gleichfalls zu Mittsommer verehrt wird. Als Partner der Göttin Litavis erscheint in den Inschriften der Gott Mars-Cicollus. Zuweilen wird die Göttin Litavis auch als männlicher Gott Litavio gedeutet.

Die Mittsommerfeier ist über ganz Europa verbreitet, wurde und wird aber oft von Behörden verboten oder eingeschränkt; als Gründe dafür wurden die ausgelassenen heidnischen Festlichkeiten angegeben, oder die Gefahr des Entstehens von Bränden (durch das Mittsommerfeuer oder die zu Tale gerollten Feuerräder).

Götter.

Die Gottheiten, die im Mittsommerfest eine besondere Bedeutung haben, sind zunächst Balder als Tages- und Sonnengott und seine Gemahlin Nanna, Göttin der Treue. Dann natürlich die Eltern Balders, Wodan und Frick, von deren Verehrung zu Mittsommer uns zahlreiche Volkssagen berichten. Das Schmücken von Brunnen und Quellen zu Mittsommer deutet auch auf einen Kult der Göttin der Sage und Überlieferung, aber auch der Quellen und Gewässer, Saga oder Laga hin. Dann ist auch zu Mittsommer (wo erntezerstörende Gewitter befürchtet werden) die Verehrung des Donner- und Gewittergottes Donar bezeugt. Und schließlich deuten Heiligentage auch auf einen Kult des Gottes Ing-Fro hin, der ja Gott der Fruchtbarkeit und der guten Jahresernte, aber auch der Sonne, des Sonnenfeuers und überhaupt des Feuers ist. Fros Funktion als Sonnengott überlagert sich teilweise mit der von Balder, so daß es sinnvoll ist, an einem Tage des Mittsommerfestes auch nur eine der beiden Gottheiten zu verehren. Schließlich wird auch die Göttin Sunna (Sól), die Sonnengöttin selbst, verehrt; zumindest deuten Bestandteile des Brauchtums und die Anrede »Frau Sonne« darauf hin.

Es gibt eine Reihe von kirchlichen Ersatzheiligen, die uns über die ursprünglich zu Mittsommer verehrten Gottheiten Auskunft geben: Alban (21. 6.) erinnert an die Alben (Alfen); deren Welt ist Albenheim, wo der Gott Ing-Fro (Freyr) herrscht. Er steht auch hinter dem hl. Achatius oder Agatius (22. 6.), dessen Name an Agni und Ing (Yngvi) erinnert. Auch Albinus (der »Weiße«) hat seinen Heiligentag am 22. 6. Der hl. Aloisius (»sehr weise, klug«) erinnert an Wodan, Aloisius hat seinen Heiligentag am 21. oder 25. 6. und ist Patron der Studenten und der Pferde. Paulus (29. 6.) ist Ersatzheiliger für Phol (Baldr), Donatus (30. 6.) und Ulrich (4. 7., Reisepatron) sind Ersatzheilige für Donar (Þórr).

Der 15. 6. (alter Sonnwendtag im julianischen Kalender) ist im kirchlichen Ritus der Tag des St. Veit, der wohl ein Ersatz für den wendischen Gott Svantevit ist. »Suante Vit«, bedeutet »heiliger Viðr«, Vit/Vid (Viðr) ist ein Beiname Wodans. Es gibt einen Bauernspruch, der auf den Mittsommerzeitpunkt anspielt[102]:

»Nach Sankt Veit ändert sich die Zeit,
Alles geht auf die andre Seit'.«

Somit muß auch der St. Veits-Tag einen ursprünglichen Bestandteil des Mittsommerfestes gebildet haben. Auch die Heiligentage des Columban (9. 6.), der gegen Blitze schützt und Macht über die Bären hat wie Donar, des Barnabas (11. 6.) als Balder-Ersatzes, des Basilius (14. 6.) der vor dem Wolf schützt und dem Wodan entspricht, sowie des Benno (16. 6.), der »Bärenstark« ist und Donar entspricht, gehören zu Mittsommer, weil durch die Kalenderumstellung vom julianischen Kalender zum gregorianischen 10 Tage Differenz berücksichtigt werden müssen.

Mythen.

Als Mythos dieses Festes wird allgemein der Tod des Licht- und Sonnengottes Balder angegeben. Balders heimtückische Ermordung durch den blinden Hoder (Hǫðr), der durch Loke angestiftet wird, wird in verschiedenen Eddaliedern (Baldrs draumar eða Vegtamsqviða, Vǫluspá 31-33, Lokasenna 28, Gylfaginning 49) erwähnt, und schon auf Brakteaten (magischen Anhängern) des 5. und 6. Jh. finden sich Darstellungen von Balders Tod. In der Húsdrápa des isländischen Skálden Ulfr Uggason, die um 983 entstanden und nur teilweise erhalten ist, wird Balders Bestattung geschildert, und man kann annehmen, daß in den verlorenen Strophen auch Balders Tod erwähnt wurde. Die Drápa ist eine dichterische Beschreibung der geschnitzten mythologischen Bilder in einer isländischen Festhalle. Auch bei Saxo Grammaticus (Gesta Danorum III. 69ff) wird der Balder-Mythos in einer eigenen Fassung behandelt. Die Verbindung von Baldrs Tod zu Mittsommer ergibt sich auch dadurch, daß das Mittsommerfeuer in Schweden auch »Baldersbol« (= Balders Scheiterhaufen) genannt wurde.

Daß es sich um einen indogermanischen Mythos handelt, und nicht etwa um eine Übernahme aus dem Christentum (Tod des Jesus), wird durch weitreichende außergermanische Parallelen bestätigt, wie etwa durch den Mythos vom Tode Lemminkäinens in der finnischen Kalevala, oder die kaukasischen Sagen der Osseten, in denen die Übereinstimmung der Rollen von Loke und Syrdon, der für den Tod Soslans verantwortlich ist, auffällt.

Abbildung 44: Der Dunkelgott Hoder tötet den Lichtgott Balder.

Zu diesem doch eher traurigen Mythos vom Tode des Lichtgottes Balder möchten die zahlreichen überlieferten eher frohen Mittsommer-bräuche und -tänze so gar nicht passen. Genaugenommen ist nämlich Mittsommer nicht der Tod Balders, sondern der Höhepunkt des Lich-tes und der Sonne. Denn die Sonne steht in ihrem höchsten Stand des Jahres, es ist der längste Tag und die kürzeste Nacht. Erst mit der Herbst- Tagundnachtgleiche werden die Nächte wieder länger als die Tage, erst dann sinkt Balder in das Totenreich der Hellia. Mittsommer ist also der Höhepunkt des Lichtes. Balder erfährt aber schon die An-kündigung seines drohenden Unterganges, sei es in Form schwerer Träume oder durch Vorahnungen, die ihn quälen. Sie werden erwähnt in dem zu Mittsommer gehörenden Eddalied Baldrs Draumar (Ve-gtamsqviða); die Gylfaginning 49 der jüngeren Edda behandelt den gesamten Balder-Mythos.

Im Mythos wird Balder vom blinden Hoder (Hǫðr) getötet. Hoder (»Hader«, etymologisch wohl mit dem griech. Unterweltsgott »Hades« identisch) wird als personifizierte Dunkelheit (Nacht, Winter) gedeutet. Er steht im Mythos abseits von Balder und hat keine Waffe - die Sonne herrscht. Er erschießt Balder mit einem Mistelpfeil. Da die Mistel eine

Mondpflanze ist, symbolisiert sie hier die zum Sonnenuntergang am Himmel sichtbare Mondsichel. Das Weinen der Götter um Balder wird als Nachttau gedeutet. In der bei Saxo Grammaticus überlieferten Fassung des Mythos kämpfen Balderus und Hotherus um die Nanna, die in der Edda Balders Frau ist und ihm freiwillig in den Tod folgt. Dabei siegt bald Balderus, bald Hotherus. Nanna deute ich als Göttin der Treue. Sie entspricht der sumerischen Inanna, der Morgen- und Abendröte, die ja tatsächlich zwischen Tag (Balder) und Nacht (Hoder) steht. Ein anderer Name für Balder ist »Dagr« oder »Dac-Bog« (der »Gott Tag«), er heißt auch Beldeg, Phol oder Paltar. Balder entspricht auch dem celtischen Gott Bel oder Belenus und in einigen Zügen dem griechischen Apollon.

Sonnwendfeuer.

Ein wichtiger Bestandteil des Mittsommerfestes ist das Sonnwendfeuer als Symbol der Sonne auf ihrem Höhepunkt. Schon einige Tage zuvor, oder am Tage des Entzündens des Sonnwendfeuers wird das Holz von den Burschen gesammelt. Mit Wagen und Schubkarren durchziehen sie das Dorf und sagen vor jedem Haus einen Heischespruch auf, um Holz zu bekommen. Diese Umzüge heißen »Sonnwendreiten« und deuten damit an, daß einst berittene Burschen das Holz sammelten. Wenn den Heischenden nichts gegeben wird, haben sie das Recht, selbst vom Holzvorrat des Betreffenden zu nehmen. Ein Heischespruch aus Ostfranken lautet[103]:

> »Feierla, Feierla, übern Graben
> Wolln wir das Holz zusammentragen
> Auf das Kannasfeuer,
> Das Holz ist ja nicht teuer.
> Ist ein guter Mann im Haus
> Langt er uns paar Scheite raus.
> Ist die Frau nicht gar zu geizig
> Gibt sie uns ein Bündel Reisig
> Sonst zünden wir der Maid ihren Rocken an
> Daß sie nie mehr spinnen kann.«

Ein anderer beliebter alter Heischereim lautet[104]:

»Sonnwendfeuer, der Hafer ist teuer
Wer kein Holz zum Feuer gibt
Erreicht das ewige Leben nicht.«

Der Hinweis auf den Spinnrocken deutet auf die Hüterin der Spinnstube, die Göttin Frick, die Feststellung, daß derjenige nicht das ewige
Leben erhalte, der kein Holz spendet deutet an, daß die Holzspende
als eine Art Opfergabe angesehen wird; wer nichts opfert, der wird
auch nicht im Reiche der Götter leben können. Vielleicht ist es auch
eine Erinnerung an den Balder-Mythos, denn Balder bleibt ja im Reich
der Hellia bis zu seiner Wiederkunft nach der Götterdämmerung. In
manchen Gegenden wird darauf geachtet, daß nur Eichenholz für das
Mittsommerfeuer genommen wird. Ein Reim aus Kärnten lautet:

»Heiliger Veit, ich bitt um ein Scheit
Ein kurzes und ein langes
Zum Sonnenwendtanz.«

Der »heilige Veit« entspricht, wie schon ausgeführt, dem Gott
»Svante-vit«, das ist Wodan.

Der folgende Spruch wird beim Heischegang gesungen, wenn die
Burschen mit einem Bäumchen umherziehen und um Eier bitten[105]:

»Da kommen wir her gegangen,
Mit Spießen und mit Stangen
Und wollen die Eier langen.
Feuerrote Blümelein,
An der Erde springt der Wein,
Gebt ihr uns der Eier ein
Zum Sonnwendfeuer,
Der Haber ist gar teuer.
Haberje, haberju! Fri fre frid!
Gebt uns doch ein Scheit!«

Das Feuer wird heute meist am Vorabend des Johannistages entzündet, früher natürlich direkt am Sonnwendtag, zuweilen auch in der
Frühe oder am Mittag der Sonnenwende, oder in dem Augenblicke,
wo die Sonne im Begriff ist, unter den Horizont zu tauchen. Das Feuer
wird meist auf einem Berge entzündet, auf Kreuzwegen oder Feldern
(die davon Segen erhalten) es gibt aber auch Belege für Sonnwendfeuer,
die in den Städten, vor dem Rathause oder auf den Markte entzündet

wurden. Im Balticum werden zuweilen auch Hochfeuer entzündet, Sonnwendfeuer die an der Spitze der Mittsommerstange in einem Gestell oder auf einem Wagenrad brennen. Manchmal wird das Feuer um den Maibaum oder einen anderen derartigen Baum geschichtet, der mit Sträußen, Bändern und Kränzen behängt ist. Angezündet wird das Feuer meist vom Priester oder vom Ältesten und Ehrwürdigsten, auch von einem jungen Mann und einer jungen Frau, dem jüngsten Ehepaar oder von zwei Burschen.

Das Sonnwendfeuer soll die Luft reinigen, böse Geister verscheuchen und der nun auf ihrem Höhepunkt stehenden Sonne Beistand leisten. Es verschafft eine gute Ernte und macht unerwünschtem Regen ein Ende. Unterbleibt das Feuer, setzt man die Äcker den größten Gefahren aus. Besondere Bedeutung hat es auch für die Liebe. Wer nicht zum Zuschauen kommt, der wird niemals heiraten.

Bevor das Sonnwendfeuer als Zeichen der Anwesenheit der Sonne entzündet wird, werden die Götter des Festes angerufen. Das Feuer wird entzündet, indem trocknes Holz gerieben oder gequirlt wird (ein Hartholzstab wird mithilfe eines Bogens auf einem Weichholzbrett in einer kleinen Vertiefung gequirlt, bis er glüht). Das Feuer entsteht also durch Reibung, und wird daher Not- oder Niedfeuer (Reibefeuer) genannt. Auch zu anderen Zeitpunkten, etwa bei großen Seuchen, werden derartige Notfeuer entzündet, durch die dann z. B. das Vieh getrieben wird. Im Jahre 1593 schrieb der Rostocker Pfarrer Nicolaus Gryse in seinem »Spegel des Antichristlichen Pavestdoms« (LIII):

> »Jegen den Avend warmede Men sik bi s. Johannis Lod und Nodfüre, dat Men ut dem Holte sagede, solkes Für stickede Men nicht an in Gades, sondern in s. Johannis Namen, löp und rönde durch dat Für, dref dat Vehe dardorch, und is tusent Frouden vul gewesen, wen man de Nacht mit groten Sünden, Schanden unde Schaden heft to gebracht«.

Schon der Indiculus superstit. (743) erwähnt das Notfeuer, wie auch die Capitulare Carlomanni von 742, die es verbieten.

Wenn ein Notfeuer entzündet werden soll, muß alles Feuer in den Häusern gelöscht werden. Jeder Hof muß Stroh, Buschholz und Wasser geben. Noch vor Sonnenaufgang wird ein starker Eichenpfahl in den Boden gerammt und ein Loch durch diesen gebort, in das eine mit Wagenpech und Teer geschmierte Winde eingesteckt wird. Sie wird nun mit Hanfstricken so lange gedreht, bis Feuer entsteht, das mit dem Stroh, Holz, Heidekraut und angekohlten Reisigbündeln die man vom letzten Mittsommerfeuer aufbewahrt hatte, zu einem länglichen großen Feuer gebracht wird, durch das das Vieh drei (oder zwei) Mal getrieben wird. Zuerst werden Pferde, dann Schweine, Kühe und Gänse hindurchgetrieben. Es werden auch zwei Eichenpfähle anderthalb Fuß voneinander entfernt mit einer Winde oder einem Querstock dazwischen, der in linnengefüllten Vertiefungen in den Pflöcken liegt und mit Stricken gehalten wird, zum Feuerquirlen genommen. Um den Querstock liegt ein Seil, welches von zwei Gruppen von Leuten hin und hergezogen wird, bis das Linnen in den Vertiefungen glüht. Die Glut wird dann zum Brennen gebracht. Dies muß noch vor Mittag erfolgt sein. Brennt es nicht, ist noch irgendwo im Dorf ein Feuer an. Oft muß für das Feuer Holz von neunerlei oder dreierlei Art genommen werden, und auch der aufsteigende Rauch und die Asche gelten als heilkräftig. Jeder nimmt hernach ein brennendes Scheit mit ins Haus und entzündet seinen Herd neu, dann löscht man es in der Wassertonne aus und legt das Scheit eine Zeit lang mit in die Krippe, wo das Vieh gefüttert wird.

Eine aufwendigere Art der Entzündung des Feuers wird in der Weise durchgeführt, daß ein starker Eichenpfahl, der oben mit einem Bohrloch versehen ist, in die Erde gerammt wird. In das Bohrloch wird die ungebrauchte Achse eines neuen Rades (manchmal von Eichenholz) eingelassen. Die Speichen dieses hölzernen Rades sind mit Stroh umwickelt. An den Speichen sind auch Stricke befestigt, und nun wird das Rad von den schönsten Jungfrauen und Jünglingen in der Richtung des Sonnenlaufes (Uhrzeigersinn) gedreht, indem diese entsprechend um den Eichenpfahl laufen. Die Achse erhitzt sich und entzündet das Stroh, mit dem dann der Feuerstoß des Mittsommerfeuers angezündet wird. Das Symbol des Sonnenrades und die Drehung im Sonnenlauf verdeutlichen den zugrundeliegenden Gedanken: Die Sonne selbst hat das Feuer entzündet; darum ist es ein heiliges Feuer. Aber auch das einfache Entzünden des Mittsommerfeuers mit Fackeln ist belegt. Nie aber wird es geschlagen. Zuweilen wird mit einem Scheit aus dem Mittsommerfeuer das Herdfeuer neu entzündet. Wer mit einem brennenden Scheit zuerst in seinem Hause ankommt, trägt das Glück des Jahres hinein.

Auch der Rauch des Feuers verscheucht böse Geister; er muß möglichst über die Felder gehen, dann macht er die Wolken für das Korn unschädlich. Menschen und Vieh gehen hindurch oder man hält den Kopf in die Rauchwolken, um gegen Unglück bewahrt zu sein. Steigt der Rauch und die Flammen gerade in die Höhe, gibt es eine gute Obsternte, viel Funken bedeuten eine reiche Kornernte.

Die heilkräftige Asche des Mittsommerfeuers (Kohle) nimmt man mit und vergräbt sie neben dem Haus oder unter der Türschwelle als Schutz gegen Feuer und Blitzschlag oder legt sie in Gärten und streut sie auf die Felder für das Gedeihen besonders des Flachses. Auch für vielerlei Heilmittel wird sie verwendet. Mitunter geht man auch durch die Kohlen, wenn das Mittsommerfeuer ganz niedergebrannt ist.

Am Morgen nach der Mittsommernacht wird die Sonne festlich begrüßt. Übrigens sind zu Mittsommer auch Läufe mit brennenden Besen und Fackeln um und durch die Felder und Feldprozessionen üblich.

Scheibenschlagen.

Als Darstellungen des Laufes der Sonne gelten das Räderrollen und das Scheibenschlagen. Der älteste Hinweis auf das Räderrollen zu Mittsommer (Johanni) findet sich beim hl. Eligius (gest. 659). 1550 wird dann auch das Radschleudern oder Scheibenschlagen erwähnt. Die kirchliche und weltliche Obrigkeit versuchte häufig, diese Bräuche zu verbieten.

Zum Räderrollen werden schon Tage zuvor hölzerne Räder ins Wasser gelegt, damit sie aufquellen und nicht verbrennen. Diese derartig vorbereiteten Räder, Hagelräder genannt, werden mit Stroh umwunden am Mittsommerfeuer entzündet und brennend zu Tale und in einen Fluß oder See gerollt. Dabei wird das Rad auch von Lenkern mithilfe einer in die Nabe gesteckten Stange bergab getrieben. Gelangt das Rad noch brennend in die Flut, bedeutet das eine gute Ernte, erlischt es, bevor es das Wasser oder den Fuß des Hügels erreicht, bedeutet das einen dürftigen Ertrag. Das brennende Rad symbolisiert die Sonnengottheit, das Herabrollen das Niedersinken der Sonne (Abnehmen der Tageslänge). Das Rollen in das Wasser hinein versinnbildlicht die Fahrt des getöteten Sonnengottes in das unterirdische Reich der Hellia, denn Teiche gelten als Zugänge in das Reich der Hellia (Hel). Gleichzeitig soll das den Hang hinabrollende Sonnenrad die Sonnenkraft auf die Erde und die Felder bringen und dem Hagel wehren. Das Rad wird heute bisweilen durch eine Teertonne ersetzt.

Abbildung 45: Scheibenschlagen.

Die gleiche Bedeutung hat der Brauch des Scheibenschlagens, der folgendermaßen geschieht: Runde, eckige oder gezackte, im Sonnwendfeuer glühendgemachte Holzscheiben (etwa tellergroß) werden mit einer langen Stange über ein schräg befestigtes Ablaufbrett mit Schwung gerollt, wobei sich die Scheibe von der in ihrer Mitte eingesteckten Führungsstange löst und in hohem Bogen zu Tale fliegt oder rollt (s. Abb. 45). Anstelle der Scheiben und Räder wirft man zuweilen auch nur brennende Fackeln oder andere Gegenstände. Zu jeder abgeschlagenen Scheibe sagt man Wunschsprüche wie z. B. diesen aus dem Chiemgau[106]:

>>Die Scheibe, die Scheibe in meiner Hand,
Ich schlag sie weit hinaus ins Land
Daß Fried' und gute Erntezeit.<<

Dieser Spruch enthält noch die Bitte um Frieden und gute Ernte, wofür ja auch der Gott Ing-Fro angerufen wird. Andere Reime enthalten den Wunsch um Fruchtbarkeit. Viele Sprüche aber handeln von der Liebe, z. B.[107]:

162

»Diese Scheibe tu ich treiben
Meiner Liebsten zu Ehren.«

Oder es werden direkte Wünsche auf einzelne Personen ausgesprochen, wie die folgenden[108]:

»Schiebel, Scheibel, flieg aus übern Garten,
Der Franzel kann noch lang auf die Mietze warten.«

»Schiebel, Scheibel, weit ab über die Wand
Lechner Nanna, gib dem Steiner Hansel die Hand.«

Ing-Fro (Freyr) ist bekanntlich auch ein Gott der Liebe (»freien« bedeutet werben), und dem Gott Balder folgt seine Frau, die Göttin Nanna, freiwillig in den Tod nach. Aus Bludenz stammt der folgende Reim[109]:

»Scheibe, Scheibe auf!
Scheibe, Scheibe auf!
Wem soll die Scheibe sein?
Die Scheibe soll der N. N. sein!
Fliegt sie nicht, so gilt es nicht!«

Die glühenden Scheiben erinnern uns natürlich auch an die goldenen Sonnenscheiben der bronzezeitlichen Sonnenwagen von Thrundholm und Tågaborg. Das Scheibenschlagen ist also auch im Zusammenhang mit Opferbitten zu sehen. Das Scheibenschlagen berührt mehr das eigene, persönliche Leben und die eigenen Wünsche, das Räderrollen eines großen Rades dagegen ist eine Mythendarstellung und ein Analogiezauber der ganzen Gemeinschaft. Durch das Scheibenschlagen werden die Felder fruchtbar, die Reste der angekohlten Scheiben steckt man in den Flachsacker gegen Ungeziefer.

Tänze und Feuersprünge.

Uralt ist der Tanz um das Sonnwendfeuer. Schon 1401 tanzte der Bayernherzog mit seiner Gemahlin und dem Volke um das Sonnwendfeuer. 1496 führte Erzherzog Phillipp von Österreich in Augsburg die Bürgerstochter Ursula Neidhart zum Reigentanz am Feuer. Einer der

alten, ursprünglichen Kulttänze ist der »Sünnrostanz« (Sonnenrose-
tanz), dessen Kehrreim lautet:

»Und wenn da oben de Sünn nicht wär,
dann wär es düster auf der Eer'...«

Weit öffnet sich die von den im Kreise stehenden Tänzern mit ihren
Armen gebildete Blüte der Sonne entgegen. Die Mädchen aus Ennstal
in der Steiermark sagen den folgenden Spruch beim Umtanzen des
Feuers[110]:

»Sonnenwend', Sonnenwend',
Daß mich nicht das Feuer brennt,
Daß ich bald zum heiraten kumm,
Drum tanz ich um.«

Abbildung 46: Tanzende Bauern (Holzschnitt um 1600).

Das Feuer wird nicht nur umtanzt, sondern auch paarweise übersprungen, wobei Bursche und Mädchen ihre Hände nicht loslassen.
Wer kein Holz für das Feuer gegeben hat, der darf nicht springen. Wer
nicht hinüberkommt, der darf nicht mit zum Eierheischen, ursprünglich wohl zum Opfermahl. Wer sich etwas verbrennt, muß als Pfand
ein Kleidungsstück geben; von oben, mit der Mütze, fängt man an.

Da der Feuersprung oft mit einer Bitte verbunden ist und man sich
von ihm Segen erhofft, sollte er nach den Opferbitten der Festteilnehmer erfolgen. Dies ergibt sich auch daraus, daß man noch heute oft

vor dem Sprunge betend im Sonnenlauf um das Feuer geht, wie beim Gang zum Altar für die Opferbitten.

Das Springen der Paare durch das Feuer bringt den Springenden Gesundheit und Reinigung, aber auch Fruchtbarkeit. Die verlobten Paare reichen sich die Hände und weihen ihren beschlossenen Bund durch den Sprung über das lodernde Feuer. Der Bursche fordert hierzu sein Mädchen mit dem alten Spruch auf[111]:

»Unterm Kopf und überm Kopf,
Tu ich's Hütchen schwingen.
Mädchen, wenn'st mich gern hast,
Mußt durchs Feuer mit mir springen.«

Zuweilen werden Liebespaare beim Mittsommerfeuer ausgerufen oder es wird während das Feuer noch brennt, im Walde das Beilager des Paares vollzogen.

Beim Feuersprung sollte immer darauf geachtet werden, daß die Paare von Osten in Richtung Westen über das Feuer springen, der Richtung der Sonne, damit nicht Springer über dem Feuer zusammenstoßen. Für die Kleinen wird mit einem Heuhäufchen (»Sprunghäufchen«) ein kleines Extrafeuer entzündet, über das sie springen können, oder die Eltern springen mit ihren Kindern auf dem Arm hindurch, wenn das Feuer niedriger geworden ist.

In einigen Gegenden von Skandinavien (Dalarne) hat sich noch die auch bei uns ursprünglich vorhandene Sitte erhalten, daß die Mädchen nackt über das Sonnwendfeuer springen. So wird die gesundheitsbringende Wirkung des Sprunges noch verstärkt. Überhaupt sind dort ausgelassene Feiern üblich, mit Gelage und Liebschaften, und kein Mädchen und kein Bursche will in dieser Nacht alleine sein. Auch in Rußland war es üblich, nackt durchs Feuer zu springen. Aus Deutschland sind Tänze mit anschließendem freiem Verkehr der Geschlechter zu Mittsommer bezeugt, um den Feldern Fruchtbarkeit zu bringen. Im Fellinschen tanzen hingegen nur die unfruchtbaren Frauen nackt um das Feuer.

So hoch man über das Feuer springt, so hoch wird das Korn und der Flachs des nächsten Jahres wachsen, die Eltern des höchsten Springers erhalten die meiste Frucht. Wer allerdings kein Holz gegeben hatte, dem wächst der Flachs gar nicht. Der Bursche sagt beim Feuersprung mit seinem Mädchen:

»Nicht wahr, so lang muß der Flachs werden«.

Die heilkräftige Wirkung des Feuersprunges ist also umso größer, je höher das Feuer brennt und je höher der Springer springt.

Der Sprung über das Mittsommerfeuer bringt Gesundheit für das ganze Jahr, schützt vor Fieber, Kolik und Rückenschmerzen besonders bei der Erntearbeit (alte Frauen, die nicht mehr springen können, gehen vierzehnmal unter Gebeten um das Feuer), besonders wenn man unversengt bleibt. Frauen springen auch, um eine leichte Entbindung zu erzielen, unversengte Springerinnen werden nicht schwanger. Es heißt, der Feuersprung reinigt die Aura des Springenden; darum glauben die Griechen, dieser Sprung nehme auch die Sünden fort. Außerdem kann man so Schätze sehen.

Mittsommerbaum.

Der Mittsommerbaum oder die Mittsommerstange ist eine hölzerne Stange (ein Baumstamm), an dessen oberen Teil ein Kranz meist senkrecht aufgehängt ist. Damit ist der Baum eine genaue Darstellung der jeran-Rune, wie sie z. B. im altenglischen Runenlied überliefert ist und symbolisiert den in zwei Hälften oder Zeiten geteilten Jahreskreis, die Jahreswende. Die jeran-Rune des älteren Fuþarks entspricht der ar-Rune des jüngeren Fuþorkhs und bedeutet »gutes (Ernte-) Jahr«; im altnorwegischen Runenlied wird diese Rune mit dem sagenhaften Friedenskönig Fróði zusammengebracht, der dem Gott Ing-Fro (Yngvi-Freyr) entspricht. Und tatsächlich ist überliefert, daß dieser Gott um »gute Ernte« (árs) angerufen wurde.

Das Aufhängen des Kranzes an den Mittsommerbaum wird feierlich vollzogen. Noch heute wird (allerdings nicht mehr zu Mittsommer, sondern schon zu Pfingsten) im Orte Questenberg im Südharz das Questenfest gefeiert. Dort steht oberhalb des Dorfes auf einer alten Wallburg ein hoher entrindeter Eichenstamm. In halber Höhe kreuzt ihn ein Querbalken, und auf dem so gebildeten Kreuz wird ein Laubkranz von mehreren Metern Durchmesser senkrecht angebracht, so daß er weithin in der Umgebung zu sehen ist (s. Abb. 47). In der Nacht des zweiten Festtages zieht die ganze Gemeinde von Questenberg auf den Berg, nimmt den alten dürren Kranz von der Queste und übergibt ihn dem Feuer. Die Nacht wird durchwacht und der Sonnenaufgang mit einem Liede begrüßt. Die Alten der Gemeinde flechten am nächsten Nachmittag den neuen Questenkranz und übergeben ihn am Abend der Jugend, die ihn wieder an den Questenbaum hängt. So übergibt das Alte sein ewiges Erbe dem Neuen. Die Spitze des Questenbaumes trägt ein Kräuterbüschel (Lebenszweige), an den beiden Enden des Querbalkens hängt je eine Quaste, ein ähnlicher Busch, nach abwärts. Das Gesamtbild stellt wiederum den geteilten Jahreskreis dar und symbolisiert auch den Welt- und Lebensbaum.

Abbildung 47: Questenbaum in Questenberg (Harz).

Der Name »Queste« kann von den Quasten herrühren, die an dem Baume befestigt werden, aber auch vom Wortstamme »Queck« oder »Quick« (Leben). Man hat den Namen aber auch auf den altnordischen Ausdruck »kvistr« (Zweig) zurückführen wollen. Mit der Errichtung der Queste bzw. der Erneuerung des Kranzes einher geht die Gewohnheit, daß Abgesandte des Nachbardorfes Rotha Brot und Käse nach Questenberg bringen, um sich am Opfer zu beteiligen. Ihr Spruch lautet:

167

»Wir sind die Männer von Rothe,
Wir bringen den Käs' und die Brote.«

Heute erhält der Pfarrer diese Gaben, einst war es wohl eine Beteili-
gung des Nachbardorfes an den Opfergaben, die der Gode (Priester) zu
verwalten hatte. Wenn die Rothaer aber die Überbringung der Gaben
versäumen, führen die Questenberger mit ihnen einen Ochsenkrieg, indem das beste Rind der Rothaer erbeutet wird. Den Mittsommerbaum
finden wir schon auf nordischen Stabkalendern (Kalenderstäben) als
Zeichen für die zweite Jahreshälfte (s. Abb. 48). In den nordischen
Ländern ist es noch heute üblich, eine Mittsommerstange aufzustellen.

Abbildung 48: Mittsommerbaum auf Stabkalender.

In Schweden ist es meist eine völlig mit grünem Laub umwundene Stange, die oben einen Querbalken hat, der gleichfalls umwunden ist (s. Abb. 49). An der Spitze findet sich ein Kräuterbündel wie
bei der Queste, an den Enden der Querstange befinden sich Kränze.
Um diese Mittsommerstange wird das ganze Fest hindurch getanzt,
Markt gehalten usw. Kleine Modelle des Mittsommerbaumes, meist
aus Stroh gebildet, stellt man auch in den Wohnungen auf. Zuweilen wird behauptet, daß die schwedischen Mittsommerbäume von
ursprünglichen deutschen Maibäumen, die die Mitglieder der Hanse
aufstellten, übernommen worden sein sollen. Dies halte ich für un-
zutreffend. Vielmehr waren Mittsommerbäume auch bei uns üblich
(zusätzlich zu Maibäumen), und ursprünglich gehen sie wohl auf
Opferstangen zurück. Im Oberharz finden wir einen mit Eierketten
geschmückten Mittsommerbaum, der hier Johannisbaum heißt, mitten
im Dorfe, und es gibt einfache geschmückte Bäume und Stangen. Die
Mädchen drehen dort mit bunten Eiern und Blumen geschmückte

Tannenbäume und umtanzen sie im Sonnenlauf. Dabei singen sie das Lied »Wir treten auf die Kette«, dessen Kehrreim die Zeile »Die Jungfer hat sich umgedreht...« hat; gemeint ist die Jungfer Sonne, die sich wendende Sonne.

Abbildung 49: Schwedischer Mittsommerbaum.

Als Mittsommerkrone (Johanniskrone) gilt ein einfacher Kranz oder zwei kreuzweise ineinandergeschobene Reifen, die oft mit Eiern geschmückt sind. Hier fehlt der Baumstamm schon. Unter dieser Krone wird getanzt, was das Jahr vor Blitz schützt. Eine andere Art Kronen, Rosenhüte genannt, werden auch aus Rosen gebildet und über den Wegen aufgehängt. Die Mittsommerkrone wird abgenommen und in vier Teilen in die Ecken der Scheune gelegt, sobald der erste Roggen eingefahren wird. Dadurch wird das Korn vor Mäusefraß geschützt.

Opfergaben.

Der Mittsommertag gilt - weil an ihm zahlreiche Geister, Hexen, Zwerge usw. unterwegs sind - vielerorts als Unglückstag. Es heißt, dieser Tag fordere zwei (einen »tiefen Schwimmer und einen »hohen« Klimmer) oder drei Menschen zum Opfer, nämlich einen für die Luft, einen für das Wasser und einen für den Boden oder das Feuer. Darum paßt man auf, daß man nicht verunglückt, z. B. fahren die Fischer nicht aus, man besteigt keinen Baum (besonders keinen Kirschbaum), geht nicht baden oder bei Gewitter spazieren. Es ist überliefert, den Elementen zu opfern. Auf dem Opferstein werden brennende Wachskerzen aufgestellt und Gaben (u. a. Milch) geopfert. Den Seelen der Ahnen setzt man in Frankreich auch Stühle oder Steine ans Feuer, daß sie sich daran wärmen können.

Als Opfergabe finden wir im deutschen Brauchtum eine Strohpuppe, die am oder sogar mit dem Mittsommerbaum verbrannt wird; sie wird als ursprüngliches Menschenopfer (Hinrichtung von auf dem Alþing verurteilten Verbrechern) gedeutet und heißt »Lotter« oder »Hexe«.

In das Feuer wurde auch ein Pferdekopf hineingeworfen, um die Hexen dazu zu zwingen, für sich von dem Feuer zu holen. Das Pferd war das alte Opfertier zu Mittsommer, und im Volksglauben heißt es noch, daß Mittsommer die Pferde reden können und man an zauberischen Orten das Klirren von Hufeisen vernehmen kann. In Irland wird ein künstliches Roß geopfert. Tierknochen die im Mittsommerfeuer verbrannt werden erinnern an ursprüngliche Tieropfer. Bezeugt sind zu Mittsommer schwarze Hennen (die im Moor geopfert wurden und die dabei auch die Fallsucht mitnehmen) und Hähne. Kröten wurden um die Fruchtbarkeit der Frauen geopfert. Erbsen werden am Feuer nur mit Wasser vorsichtig gekocht, so daß sie ganz bleiben. Sie werden trocken aus der Hand verzehrt oder bei Quetschungen und Wunden zur Heilung aufgelegt.

Zuweilen finden wir das Verbot (etwa für Mütter, Schwangere oder Jäger), vor Mittsommer keine Kirschen, Erd- und Taubeeren essen zu dürfen. Das Rollen von Steinen in das Feuer als Heil- und Fruchtbarkeitszauber scheint nur noch eine Erinnerung an einstige echte Opfergaben (Eier) zu sein. Am Mittsommerfeuer verzehrt man als Opferspeise die Hollerküchlein. Es handelt sich um einen Eierkuchenteig, in den man eine Blütendolde des Hollebuschs (Holunder) eintaucht und diese dann in der Pfanne mit Schmalz samt Blüten brät. Ißt man Hollerküchlein, wird man das Jahr über nicht krank und sie schützen besonders vor Zahnweh. Man backt auch dreierlei, siebenerlei oder neunerlei Kuchen, darunter Brennessel-, Holler- oder Salbeikuchen. Es werden neunerlei Krapfen gegessen: Germkrapfen, Zalingerkrapfen (auch Hasenöhrle genannt), Schneebollen, Semmelkrapfen, Brotkrapfen, Brennesselkrapfen, Kleekrapfen, Radelkrapfen und Hulakrapfen (Holunderkrapfen), damit das ganze Jahr die Augen nicht weh tun.

Man wirft vom Festbrei etwas ins Feuer oder ins Wasser. Die Butter, die um Mittsommer geschlagen wird, ist sehr heilsam. Semmelmilch ißt man gegen Kopfschmerzen, Milch mit Holunder trinkt man, um das ganze Jahr keinen Anstoß von der Rose zu haben.

Trankopfer.

Am Feuer trinkt man auch die Minne auf die Götter und auf die Liebste. Seit dem 12. Jh. ist die »Johannesminne« (Johannes Minne und -Segen) belegt, die ursprünglich wohl ein heidnischer Minnetrunk gewesen ist. Dabei handelt es sich um einen Abschieds- oder Hochzeitstrunk der z. B. dem scheidenden Geliebten oder Ritter gereicht wurde, »*daz wir vroelich ze samen schiere komen müezen ... wer in tranc, der waz behut vor schaden und vor leide*«. Mit langen Gebeten, die sich einst an den Gott Donar (Þórr) richteten, wird diese Minne geweiht[112]:

»Dies ist Donars Minne,
Wer nun habe Vernunft und Sinne
Unter uns, der sei bereit
Zu hören mit Innigkeit
Und mit ganzer Andacht,
Daß dieser Segen werde vollbracht
In Donars Namen.
Zu segnen ich hier beginne
Herrn Donars Minne:
Geruh' uns sie zu segnen und da nun zu regen
Deiner Stärke Guß,
Der da ist ein Überfluß,
Daß er werde durchfrischet
Und heiliglich gemischet!
Dieser Trank, der werde allhie,
Daß davon alle Bosheit flieh'!
Dies ist Donars Minne;
Da muß die Kraft Donars inne
Schwimmen mit so reicher Kraft
Davon wir werden sieghaft
Mit Werken und mit Worten
An allen unsren Orten,

Daß wir die Feinde besiegen,
Daß sie uns unterliegen.
Der Trank sei behütet vor allen bösen Dingen,
Darin so müsse dringen
Des starken Donars Kraft,
Damit sei dieser Trank durchsaft,
Durchgossen und durchfeuchtet,
Damit das Licht uns leuchtet
Bei Tag und auch bei Nacht
Beschirme uns, Donar, mit Deiner Macht!«

Die Minne Donars trinkt man auch gegen Gespenster, und Biergelage auf dem Feld (»Hexenverbrennen« genannt) sind als alte Opfertrünke gegen böse Geister in Holstein bezeugt. Und zwar wurde dort das Mittsommerfeuer auf dem Felde entzündet, darüber ein großer Braukessel mit Bier gehängt und das warme Bier getrunken. Das ganze Dorf (Lägerdorf) nahm daran teil. Dann und wann ging eine Frau etwas vom Feuer weg und rief:

»Kommt her, ihr alten Hexen, ins Feuer.«

Um die bösen Geister als Hexen personifiziert in das Feuer zu locken. Männer trinken am Mittsommerfeuer Met oder Bier auf Donar um Stärke, ein Trunk gegen Widerwärtigkeiten, Tobsucht und ein Mettrunk gegen Kreuzweh gelten wohl auch dem Gott Donar, während ein Minnetrunk um Geburtserleichterung der Göttin Frick gilt. Der zu Mittsommer überlieferte Trank für einen warmen und fruchtbaren Sommer gilt wohl ursprünglich dem Gott Ing-Fro. Außerdem trinkt man auf Balder und Nanna, um die Zwietracht zwischen Eheleuten zu vermeiden. Entzweite versöhnen sich wieder und trinken diesen Segenstrunk.

Kräuterbräuche.

Mittsommer ist die Zeit, in der viele Kräuter in Blüte stehen und daher geerntet werden, um sie später gegen Krankheiten, Gewitter oder böse Geister zu verwenden. Gleichzeitig werden viele Pflanzen zum Festschmuck verwendet oder geopfert. In das Mittsommerfeuer werden z. B. Kräuter geworfen, wie Sonnwendkraut (Hartheu, Johanniskraut),

Rauten, Beifuß und Farnkraut. Man hält Pflanzen ins Feuer, um ihre Heilkraft zu stärken.

Am Vorabend flechten Kinder und Frauen Kränze aus Kamillen mit Donnerkraut oder aus weißen Wucherblumen (Johannsblumen). Derartige Kränze werden auch beim Heischegang mitgenommen. In Schweden wird ein Kranz (Johanneskrone) der Mittsommerbraut als Kirchenkrone geliehen. Es werden Wettrennen um diese Kränze und Kranzsingen veranstaltet. Ringspiele und Wettläufe zur Sonnenwende sind schon in alter Zeit bezeugt. Die Kränze werden auch zum Schmuck des Hauses oder Mittsommerbaumes verwendet. Meist werden sie auf dem Kopfe getragen, und auch das Vieh wird bekränzt. Beim Feuer werden Kränze von neunerlei Kräutern (u. a. Weide, Storchschnabel und Feldraute enthaltend) gewunden, auch aus Beifuß und Eisenkraut macht man sich Kränze. Man wirft einen Kranz aufs Hausdach oder hängt für jede Hausseite einen auf. Man kocht und ißt ihn, oder macht sich Tee aus dem Kranz oder dessen Blüten gegen verschiedene Krankheiten. Gegen Blitz, Donner und Sturm räuchert man ihn. Mancherorts wird der Kranz in der Vornacht gesammelt, und Flieder, Kamille und andere Blüten müssen vor Mittsommer gepflückt werden. Der Kranz wird auch vom Mädchen auf einen Baum geworfen, bleibt er hängen, ist die Hochzeit nahe.

Die Mädchen winden auch kleine Kränze, werfen sie in das Feuer, nehmen sie angekohlt wieder heraus und beißen hinein gegen Zahnschmerzen. Die Mädchen blicken auch durch einen Kranz aus Rittersporn in das Mittsommerfeuer und sagen dazu[113]:

>»Sonnwendfeuer, guck, guck!
>Stärk mir meine Augen,
>Stärk mir meine Augenlider,
>Daß ich dich aufs Jahr seh wieder!«

Das schützt das ganze Jahr vor Augenleiden. Der Kranz muß dann aber, wenn man vom Feuer weggeht, hineingeworfen werden und dazu muß man sagen:

>»Es geh hinweg und werd verbrennt
>Mit diesem Kraut all mein Unglück.«

Das Opfern des Krautes bewirkt das Vergehen des Unglücks.

In Thüringen wählen sich die Burschen eine Rosenjungfer und befestigen über deren Türe einen grünen Kranz und tanzen um die Dorflinde, an der ein Rosentopf hängt. Dieser Brauch ist möglicherweise aus dem Maifest übernom men, wie auch das zuweilen vorkommende Vogelschießen (auf eine hölzerne Vogelfigur) oder der Wasservogel.

Ledige binden am Mittsommerabend zwischen 11 und 12 Uhr bzw. beim Feuer stillschweigend einen Strauß (Sonnwendbuschen) von neunerlei Blumen und hängen ihn in der Stube auf. Dabei werden je nach Gegend verschiedene Kräuter genommen, u. a.: Pfingstrose, Frauenmantel, Zittergras, Skabiose, Eichenlaub, Feuerlilie, Sonnwendkraut, Maßlieb, Sauerampfer, Wetterdistel, Quendel, Butterblümchen, Frauenhaar, Bocksbart, Wucherblume, Vergißmeinnicht, Thymian, Haselzweige, Dotterblume, roter und weißer Klee, Johannisblume (Arnica montana), Haferrispen, Herrgottszehen (Lotus corniculatus), Sonnwendscherbel (Briza media), Wiesennelken, Glockenblumen, Hosen- oder Schneiderknopf (Sanguisorba off.), Kornähren, Klof (Alectorolophus major). Dieser Sonnwendbuschen (oder auch ein derartiger Kranz) wird schweigend rückwärts auf einen Baum geworfen. So oft er herunterfällt, so viele Jahre bleibt man noch unverheiratet. Oder man legt den Strauß (oder Kranz) unter das Kopfkissen, damit Träume in Erfüllung gehen. Mithilfe dieses Straußes kann man auch den Zukünftigen sehen; der Strauß muß durch die Tür ins Haus geworfen oder durch das Fenster hineingesteckt werden. Der Strauß hilft gegen alle Krankheiten, Blitz- und Feuergefahr, Hexen und Dämonen, wenn man ihn am Haus oder Stall aufhängt.

Weitere Pflanzen, die zu Mittsommer verwendet werden sind Wollkraut (Verbascum), das durch die Flammen gezogen das Vieh gegen Krankheit und Verhexung schützt, Haselnußzweige, die gleichfalls durchs Feuer gestrichen und über der Stalltüre aufgehängt auch das Zahnweh heilen, und Tannenzweige die angekokelt werden (Räucherung). Die Brunelle (Veitsblume) wird zum Zauber verwendet. Rosen und rosengeschmückte Haselzweige oder einfache Haselzweige werden zum Schmuck der Häuser gegen Blitz und Donner verwendet. Auch gelbgrüner Mauerpfeffer (Sedum acre), Birken, Kalmusblätter und Ahornzweige werden als Schmuck verwendet. Mit Walnußzweigen, an denen noch Walnüsse hängen, gehen die Leute drei Mal um das Feuer. Die Nüsse werden dann im Feuer angekohlt. Wer nun in die noch warmen Nüsse beißt, ist vor Zahnweh geschützt. Die Arnika steckt man gegen Hexen und Bilmesschnitter in die Felder.

Überhaupt haben Blumen und Gräser zur Mittsommerzeit geheime Kräfte. Der Weizen wird gegen Brand gesegnet und Rettiche werden jetzt gesteckt, damit diese schön groß werden. Mittsommertag vor Sonnenaufgang stillschweigend Eichenholz auf den Leib gestrichen, heilt alle offenen Wunden.

Ähnlich wie zum Maifest finden wir zu Mittsommer zuweilen ein in Heischegängen herumgeführten Laubmann, der mit birkenrindener Maske und Blumengewinden ausgestattet ist. Er wird bei seinem Gang oder Ritt durchs Dorf von den Jungen verfolgt, die versuchen, ihn seiner heilbringenden Blumen zu berauben.

Wünschelrute.

Auch die Wünschelrute (Holler- oder Haselzweig) wird jetzt geschnitten, die zu den verborgenen Schätzen der Erde führt. Wie das Schöpfen des Osterwassers muß das Schneiden der Wünschelrute schweigend vor Sonnenaufgang (oder am Tage) geschehen. Die geisterbannende Glücksrute wird auf Mittsommer zwischen 11 und 12 Uhr gebrochen. Es heißt, der Farn blühe am Sonnwendtag und trage zugleich Samen. Der Farnsamen macht reich (man legt etwas davon zu dem Geld), glücklich, stark und allwissend. Wem Farnsamen in den Schuh fällt, der wird unsichtbar. Gesucht wird jetzt auch die geheime Springwurzel des Märchens, wie auch die blaue Blume oder die gelbe Schlüsselblume, die ihren Finder zu den verborgenen Schätzen führt.

Sonnwendgürtel.

Eine Umgürtung mit geweihtem Beifuß (der daher auch Sonnwendgürtel heißt) hilft gegen Ermüdung auf der Reise (man tut den Beifuß dann auch an den Fuß in den Schuh, daher der Name »Beifuß«) und gegen Rückenschmerzen, auch gegen Gespenster, Zauber, Unglücksfälle und Krankheit hilft der Beifußgürtel. Wenn man über das Mittsommerfeuer springt, umgürtet man sich vorher mit Blumen und Kräutern, besonders Beifuß und Eisenkraut. Das Kraut wird nachher ins Feuer geworfen und so verbrennt alles Unglück.

Flachs.

Damit der Flachs groß wird, wirft man Birkenzweige ins Sonnwendfeuer und spricht:

>»Werde mein Lein so hoch, wie dieser Zweig.«

Mittsommernacht ziehen sich die Mädchen nackt aus, tanzen um den Flachs (Lein) und wälzen sich darin. Der Flachs wird dabei besprochen[114]:

>»Flachs, du sollst nicht eher blühn,
>Bis du mir gehst an die Knie,
>Flachs, du sollst nicht eher knotte,
>Bis du mir gehst an die Fotte,
>Flachs, du sollst nicht eher gehle,
>Bis du mir gehst an die Kehle.«

Auch drei Tage vor oder nach Mittsommer wird der Flachs gesät, damit er recht lang werde.

Brunnen- und Quellopfer.

Die Sommersonnenwende ist auch ein Brunnen- und Quellfest. Dies rührt daher, daß im Tierkreis das Zeichen des Krebses beginnt, in welchem nach der Überlieferung der Grimnismál neben Wodan (Óðinn) die Göttin Saga oder Laga herrscht, die Göttin der Sage und Überlieferung, aber auch der Quellen und Gewässer. Manche Forscher identifizieren Saga mit Frick und Frau Holle, vielleicht ist Saga aber eher Wodans Tochter. Sagas Palast ist Sǫqvabekkr, das bedeutet »Sinkebach«. Im Mittsommermythos werden die Tränen erwähnt, die die Götter um den sterbenden Balder weinen, und diese Tränen werden als Nachttau gedeutet. Möglicherweise spielen auch celtische Bräuche eine Rolle, denn Quellopfer sind dort vielfach bezeugt. In Sagen und

Märchen wird oft davon erzählt, daß zu Mittsommer aus unergründlichen Brunnen wunderbare Musik ertönt oder versunkene Glocken läuten.

Zu Mittsommer werden die Brunnen noch vor Sonnenaufgang gereinigt und bekränzt (Opfergabe), sonst kommen Maden und Würmer in das Wasser. Im Fichtelgebirge werden Brunnen mit der Johannisblume (Farnkraut) geschmückt, teilweise mit Lichtern besteckt, und abends zieht die Dorfmusik von Brunnen zu Brunnen und spielt vertraute Volksweisen. Die oberschlesischen Prozessionen zu alten Heilquellen, die an diesem Tage stattfinden, stellen eine weitere Form der Wasserverehrung dar. Beim Brunnenfest von Popperode bei Mühlhausen in Thüringen werden von den Mädchen Kränze in eine altheilige Quelle geworfen, während die Jungen mit Sträußen nach diesen Kränzen werfen und durch ihren beschwerten Strauß den Kranz zum Sinken bringen wollen. Hierin hat man einen Zusammenhang zu Bräutigamstrauß und Brautkranz sehen wollen. In Berlin-Stralau wurde noch in unserer Zeit ein Fest gefeiert in Erinnerung an den Stralauer Fischzug. Nach der Sage wohnt die Prinzessin Rummelie auf dem Grunde des Rummelsburger Sees und kommt zur Zeit des Fischzuges auf einem großen Krebs sitzend zu den Menschen. Hinter dieser Prinzessin können wir die Göttin der Quellen und Gewässer sehen, Saga.

Neben dem Brunnen- und Quellopfer ist auch überliefert, in der Mittsommernacht (zw. 12 und 1 Uhr) heiliges Wasser daraus zu schöpfen. In Westgotland war es noch 1671 üblich, Mittsommer zum St. Ingemo-Quell im St. Ingemo- Hain zu pilgern und dort heiliges Wasser zu schöpfen. Dabei wurde das folgende Ingemo-Lied gesungen[115]:

»Und darum bin ich kommen hier,
Um Hülfe zu erlangen mir,
Bei diesem Hain und Heiles Quell,
Der vielen half zur Stell'.

Sein heilig Wasser schlürf ich ein,
So bad' ich auch den Schaden mein,
Mit Kniefall vor St. Ingemos Brunn,
Sag' mein Gebet zu dieser Stund.

Und hoffe auf des Heil'gen Gnad',
Daß Hülfe komme nicht zu spat,

So geh' ich drei Mal hier im Ring,
Und so mein kleines Opfer bring'.

Ich leg' es nieder dankbarlich,
Und fleh', sie wollen gnädiglich
Mir lindern Tag für Tag mein Weh,
Mein Glück mir machen neu wie Eh'.«

Natürlich ist der St. Ingemo nur ein Ersatzheiliger für Ing-Fro (Yngvi-Freyr). In diesem Opfergesang wird genau beschrieben, in welcher Weise die Quellopfergabe dargebracht wurde: Zuerst wird Wasser getrunken und das kranke Glied im Quellwasser gebadet. Dann kniet man nieder, betet, und umgeht drei Mal die Opfergabe, die danach in oder bei der Quelle niedergelegt wird. Zuletzt erfolgt noch eine Bitte um Heilung. Ein derartig geschöpftes Wasser bleibt das ganze Jahr heilsam für Menschen und Vieh.

Mittsommerbad.

Eine besondere Bedeutung hat das Baden am Vorabend, Vortage oder zu Mittsommer, welches häufig erwähnt wird. Gleichzeitig herrscht aber die Furcht vor einem Bade vor Mittsommer, weil dann das Wasser sein Opfer fordert. Diese Furcht vor dem eigentlich heilsamen Bad rührt aber wahrscheinlich vom schlechten Gewissen vieler Christen her, die ihren Göttern und dem Wasser eben keine Opfergaben bringen und nun Angst haben, der Rache der Wassergeister anheimzufallen und selbst zum Opfer zu werden. Die Kirche, die häufig versuchte, das ausschweifende Baden zu Mittsommer zu unterbinden, hat das Aufkommen derartiger Ängste sicher unterstützt. Opfergaben an Flüsse zu Mittsommer sind zuweilen bezeugt: Dem Neckar wurde ein Laib Brot geopfert, der Bode schwarze Hähne, andernorts opferte man dem Fluß Kinderkleider. Heiden, die den Wassergeistern opfern wollen, brauchen keine Angst vor einem Mittsommerbad zu haben. Schon 1330 sah Petrarca in Köln am Vorabend des Festes das ganze Rheinufer mit Frauen, die teilweise mit Kräuterranken versehen waren, bedeckt, die sich wuschen oder badeten. Das Elend des ganzen Jahres werde so abgewaschen, hieß es. Andernorts badeten Männer und Frauen nackt im Meer, in Quellen oder Seen, und zwar meist am Vorabend.

Abbildung 50: Mittsommerbad.

Das Bad zu Mittsommer schützt das ganze Jahr vor Krankheiten, es wirkt neun Mal soviel, wie eines an irgend einem anderen Tage oder ersetzt eine ganze Kur von 3-4 Wochen. In späterer Zeit wurde das Bad in den Badehäusern (im Zuber) oder Badeorten üblich, dabei wurde oft zwei Tage oder 24 Std. gebadet. Ursprünglich wurde wohl nur in der Nacht gebadet. 1591 hatten[116]

»an Joannis Baptistae uff die Achzehn doch mehrentheils weibspersonen das Badt in der Eßlinger Vorstadt allhie (Stuttgart) besucht, die ganze nacht und den Tag, und allßo zwanzig vier stundt gebadet, welches auch andere Jahr uff Joannis Baptistae abends beschehen«.

Heliseus Rößlin schrieb vom Sulzbad im Unterelsaß 1647[117]:

»Ich habe gesehen, zwar nicht in dem Sauerbrunnen, son-dern in vnserm Sultzbad, das gemeine Leuthe an St. Jo-hanns tag 24 stunden continue nach einander in dem ba-de gesessen, getruncken, geschlaffen, auch wol, wann sie in der grösten hitze gewesen vnd köpffe, so roth als die Zinßkappen gehabt, ein Glaß nach dem andern von dem gesaltzenen Wasser auß getruncken«.

Schwenckfeldt schrieb 1607 (von Warmbrunn bei Hirschfeld in Schlesien)[118]:

»Denn an S. Johannis Abendt, vnd an Johannis Tage vberaus viel Volckes von nahen und fernen Orthen, dahin sich findet, Gesunde, gesunden Leib vbers Jahr zubehalten, Krancke, Lahme, Krätzige, Außsetzige, Gichtbrüchige, jre Kranckheit zuwenden. Fellet hauffenweise vbereinander in Brunnen wie die Gänse, gäntzlicher meinung, daß Warme Bad werde diesen Tag viel kräfftiger, als andere Zeit deß Jahres, vnd gebe in einer halben Stunde dem Leibe mehr Krafft als sonsten Vier oder Fünff Wochen«.

Derartige Zeugnisse lassen sich zahlreich anführen.

Seltener kommt das Bad im Hause vor, wozu man Wasser nimmt, worin neunerlei Hölzer oder Kräuter gekocht sind. Auch Wassergüsse sind überliefert, und selbst der Tau des Mittsommertages, der z. B. mit einem Tuch durch Streifen über das Gras gewonnen wird, ist heilkräftig (gegen Augenleiden, Sommersprossen, Krätze, Fallsucht, Flöhe, und für die Füße). Man badet nackt darin gegen allerlei Krankheiten und sammelt ihn, um ihn vielfach in Haus und Hof zu verwenden.

Losbräuche.

Wie schon erwähnt, wird zu Mittsommer besonders auch die Göttin Frick (Frigg) angerufen und verehrt. Ihr Name bedeutet »Geliebte, Gattin«. In der Edda heißt es, daß Frick aller Menschen Schicksal weiß; Frick ist auch Erdgöttin, zu der alle Verstorbenen gelangen und die sie wieder neu inkarnieren läßt. Wohl aus diesen Gründen finden wir zu Mittsommer zahlreiche Bräuche, mit denen man sein Schicksal erfragen kann. Besonders junge Mädchen erfahren etwas über ihren zukünftigen Gemahl. Frick ist auch Göttin der Ehe und der Frauen. Vielerorts feierte man darum auch Hochzeiten zu Mittsommer. Das Losen, in der Mundart »Lisnen« (losnen oder lusen) wird Mittsommer besonders von den Mädchen betrieben. Beim Schaforakel fährt das Mädchen mit einer Rute (Lebenszweig) drei Mal über die Falltüre des Schafstalles und spricht[119]:

»Lecko, lecko, talgg 'n
Krieg ich ein Jungen oder ein Alten?«

Je nachdem, ob ein junges oder altes Schaf plärrt, wird die Antwort gedeutet. Oder man steckt zwei Lebenszweige (Myrthe) ins Wasser und schließt aus ihrem Erblühen, daß sich zwei Liebende, die man in Gedanken damit verbunden hatte, heiraten werden, oder im Falle des Ausbleibens der Blüten nicht heiraten. Wachsen Ranken der Fetthenne (Sedum telephium), die am Mittsommertage eingesteckt werden, zusammen, so ist daraus auf Heirat oder einen Sterbefall zu schließen. Mädchen schütteln den Baum der Frick (Frau Holle), den Holunder, vor dem man den Hut zieht, und sprechen dazu[120]:

»Hollerbaum ich schüttle dich,
Frau Holle ich bitte dich,
Laß mir den im Traum erscheinen,
Welcher daß mein Mann wird sein.«

Die Träume in der Mittsommernacht haben tiefe Bedeutung für die Zukunft, gehen immer in Erfüllung und geben besonders Auskunft über den zukünftigen Gatten. Wer auf Mittsommerabend so viel Johanneswurzeln (Dornfarn) als im Hause Leute sind, in einen Stubenbalken steckt, die Pflanzen nach den Leuten benennend, kann sehen, in welcher Ordnung sie sterben: Wessen Pflanze zuerst dorrt, der stirbt zuerst.

Kapitel 7

Leinernte-Hǫrmeitiðblót

Trotz der reichhaltigen celtischen Überlieferungen zum Fest Lugnasad und trotz der Tatsache, daß das germanische Fest der Leinernte
schon in der Edda erwähnt wird, treten uns im deutschen Brauchtum
nur noch wenige Reste entgegen, die uns an dieses germanische Fest
erinnern. In der Hymisqviða 39 der älteren Edda heißt es:

»Der Gewaltige kam zum Þing der Götter,
Und hatte den Kessel, den Hymir besaß.
Daraus sollen trinken die seligen Götter
Äl in Aegirs Haus jede Leinernte.«

Im altnordischen Eddaoriginal findet sich die Bezeichnung »Hǫrmei-
tiðr« (Flachsmahd, Leinernte), daß es sich um ein Fest handelt und
nicht etwa um den Zeitpunkt einer profanen Zusammenkunft, ergibt
sich daraus, daß der Gott Donar extra einen Braukessel besorgen muß
und daß es sich ja um ein Göttergelage handelt, welches natürlich
auch den Menschen Vorbild für eine kultische Zusammenkunft ist. In
der isländischen Bjarnar saga Hitdœlakappa (Kap. 30) heißt es[121]:

»Einige Knechte waren nach Langseetal zum Einsamm-
lungsplatz der Schafe gefahren.«

Noch heute ist auf Island das Ausmustern der Schafe und die Heu-
ernte ein großes Volksfest. Auch in der Heimskringla wird zum Zeitpunkt des Herbstbeginns ein Opferfest erwähnt (siehe Seite 194). Noch
deutlicher ist die Flóamanna saga (Kap. 21) aus dem 13. Jh.[122]:

»Der Herbst begann nun. Da meinten einige Männer, man
müsse Þórr anrufen«.

183

Herbst (»Erntezeit«) ist ein nicht genau festgelegter Zeitpunkt, je nach Witterung beginnt die Erntezeit früher oder später. Bei uns heißt das Leinerntefest auch Hagelfest, ein Hinweis auf die nun häufigen gefürchteten Hagelschläge, die Celten nannten es Lugnasad, heute auch Lammas (Laib-Messe oder Lamm-Messe). Die Römer feierten im Monat August das Fest Volcanalia, welches auch dem Gott der Vulkane, Vulcanus (Hephaistos) galt, der in seiner Natur dem germanischen Loke entspricht. Der genaue Zeitpunkt ergibt sich aus der celtischen Überlieferung, wonach Lugnasad am 1. Ernting (August) gefeiert wurde. Da die Monate aber in der Regel mit einem Vollmond begannen, war der alte 1. 8. ein Vollmondzeitpunkt. Auch die wichtigsten christlichen Ersatztage (1. 8. und 2. 8.) liegen auf dem Monatsanfang. Das Leinerntefest liegt auf dem mittleren der drei Vollmonde zwischen Mittsommer und Herbstgleiche, Leinernte wird also am 2. Vollmond nach Ende des (dreitägigen) Mittsommerfestes gefeiert; tritt der rechnerische Vollmond zwischen Mitternacht und dem Mittag des nächsten Tages ein, wird schon am Vorabend gefeiert. Das Fest dauert drei Tage, und überliefert ist, daß an diesen Tagen keiner arbeiten darf. Wenn man trotzdem arbeitet, schädigt Donar das Eigentum. Im Volksglauben heißt es, wenn man nicht gebührend feiert, so gibt es furchtbare Gewitter, oder der Bär schädige die Bienenstöcke und das Vieh. Der Bär ist eines der heiligen Tiere Donars, d. h. Donar versagt demjenigen, der ihm nicht opfert, seinen Beistand.

Heiligentage.

Der 1. 8. ist kirchlich Petri Kettenfeier, bekanntlich ist Petrus der Fischer Ersatzheiliger für den die Mittgartschlange angelnden Gott Donar. Der Bezug zur Kette ergibt sich aus dem Mythos, der in der Lokasenna enthalten ist, wonach u. a. Donar den Loke wegen seiner Schmähreden und Balders Tötung fängt und fesselt. Als Ersatz für Balders Tod wurde übrigens der Tag Johannes Tod (29. 8.) eingeführt. Drei symbolische Hammerschläge der Schmiede bei Erntebeginn wurden ausgeführt, damit die Ketten, mit denen der Teufel (Loke) gefangen ist, nicht zerbrechen. Der 2. 8. (auch 20. 7.) ist Eliastag. Elias ist im deutschen Volksglauben Gewitterherr, weil er auf feurigem Wagen gen Himmel gefahren ist, das Rasseln des Eliaswagens bringt den

Donner hervor wie das des Gottes. Der 2. 8. heißt bei den Ingriern nach dem finnischen Donnergott Ukko »Ukutag«, Ukko (Ucco, Uko) geht auf das germanische »öku-« zurück, »Ökuþórr« bedeutet Fahr- oder Wagen-Donar. Man trägt ein Eliasbild (ursprünglich Donarsbild) zum Bach und taucht es dort drei Mal ein, wenn man Regen erbittet. Elias ist aber auch ein Ersatzheiliger für Heimdall.

Eine ganze Reihe anderer Heiligentage sind als Ersatz für dieses Fest eingeführt worden: Am 2. 7. ist der Tag Maria Heimsuchung, er gilt als Beginn der Frauentage. Am Mittelrhein trägt er noch die Bezeichnung »Maria Síf« und zeigt damit seinen Bezug zur heidnischen Göttin Siwa (Síf), der Gemahlin Donars, die zur Leinernte angerufen wird. Ein alter Spruch lautet[123]:

»Marien Síf regiert dat Wíf.«

Weil der Tag Maria Síf ein wichtiger Wetterlostag ist, hat man den Namen der Göttin mit dem, Begriff »siefen« (regnen) zusammenge- bracht. Wie es an diesem Tag sieft, so noch sechs Wochen danach. Der Name der Göttin Siwa findet sich in einer Aufzählung der Namen der Erdgöttin in den Nefnaþulur, und in wendischen Quellen wird Siwa mit Ceres gleichgesetzt. Man kann Siwa also nicht als Regen- oder (wegen ihrer goldenen Haare) Sonnengöttin deuten, sondern nach den Mythen ist sie Göttin des Erdwachstums. Schon am 20. 7. ist der Tag der Margarethe, die wiederum eine Ersatzheilige der Erdgöttin ist; ihr Name wurde beim Volke zu Ma-Gret, der nordischen Grid entsprechend. Am Freitag vor ihrem Heiligentag brachten ihr die Bau- ern eine Hagelspende zum Schutz gegen Ernteschäden. Donatus, ein Ersatzheiliger für Donar, hat zwar seinen Heiligentag am 30. 6. (Mitt- sommerzeit), ihm zu Ehren finden aber am 2. Sonntag im Heuert (Juli) Prozessionen statt, um ihn gegen Wetterschäden anzurufen. Am 22. 7. ist der Heiligentag der Maria Magdalena, an dem man u. a. den Flachs bespricht. Sie wird vor einer Höhle mit Totenkopf und Salböl, einem Buche, aus dem sie Zukunftsprophezeihungen gibt, sowie langen blon- den Haaren dargestellt und scheint somit der Erd- und Totengöttin zu entsprechen. Der Name der Göttin Siwa wird im Vorwort der jüngeren Edda mit Sibylle zusammengestellt, so daß wir auch die Göttin Siwa, deren Name »Sippe, Friedens- oder Vertrauensverhältnis« bedeutet und als »die mit Donar versippte« (also: Donars Frau) interpretiert wird, als eine zukunftskundige Göttin deuten können. Der Regen in dieser Zeit wird als die Tränen der Magdalena gedeutet. Wegen der

185

langen goldenen Haare wird die Göttin - später die Heilige - auch für Haarwuchs angerufen. Die hl. Christina (Heiligentag 24. 7.) ist Schutzpatronin der Mütter und entspricht der mütterlichen Erdgöttin. Der 25. 7. ist Heiligentag für zwei Heilige, für Jacobus und Christophoros. Jacobus Zebedäus, der in der Bibel »Donnerskind« heißt, ist Patron der Bauern und Hirten, Bringer des Fruchtsegens und Brunnen- sowie Wasserheiliger. Er ist einer der zahlreichen Ersatzheiligen für den Gott Donar. Darauf deuten auch Bockopfer an seinem Heiligentage (der Ziegenbock ist heiliges Tier des Gottes Donar). Christophoros (»Christusträger«) ist ein weiterer Ersatzheiliger für den Gott Donar. Er soll im 4. Jh. gelebt haben, aber erst eine heidnisch beeinflußte Legende aus dem 12. Jh. beschreibt ihn als neun Ellen großen Riesen, der mit einer Stange bewaffnet ist und rote Haare wie der Donnergott hat. Er watet durch einen Fluß und trägt den Jesusknaben an das andere Ufer, hinter dem man den in der Edda erwähnten Aurvandil sieht. In den Grímnismál wird gerade von Donar erzählt, daß er durch Flüsse wate. Christophoros ist wie der Gott Patron der Fahrenden und Reisenden, hilft gegen Fieber und Pest, bei Dürre, Hagel und Donner, bekämpft Dämonen und ist Gott der Schiffer und Flößer. Außerdem hilft er gegen einen jähen, plötzlichen Tod, der dem Donar unterstellt ist. Seine Hilfe bei Augenkrankheiten geht auf die feurigen Augen des Donnergottes im Mythos Þrymsqviða zurück, die die Blitze symbolisieren. Ihm soll man auch ein Hahnenopfer gebracht haben. Am 27. 7. und 29. 7. hat Martha ihren Heiligentag, die als Schutzheilige der Wirte, gute Herbergsmutter und Patronin der Hausfrauen wiederum der Erdmutter entspricht. Am 29. 7. ist in Skandinavien der Olaftag, der Name »Olaf« bedeutet »Asenkind«. Nach der Legende ließ er im Augenblick ein ganzes Kornfeld wachsen. Sein Attribut, die Axt, läßt ihn als Donarsersatz erscheinen. Der heilige Laurentius oder Lorenz hat seinen Heiligentag am 10. 8. und entspricht dem gleichfalls im Leinerntekult wichtigen Gott des Wildfeuers, Loke (Loki). Laurentius hilft bei Feuersgefahr und ist Patron der Feuerwehr und der Kohlenbrenner. Der Heinrichstag (15. 7.) gilt manchmal als Tag des Erntebeginns. Auch Rochus (»der Rote«) mit seinem Heiligentag am 16. 8. entspricht dem Gott Donar, denn er hilft den Gebärenden und wird als Eisenmann dargestellt. Bernhard (Heiligentag 20. 8.) bedeutet »Bärenstark«, er hilft für eine glückliche Reise und vertreibt Dämonen wie Donar, dem der Bär geweiht ist. Außerdem ist er Patron der Trinker. Die hl. Anna hat ihren Heiligentag am 26. 7., sie ist Muttergöttin und hat auch wohl einen Bezug zum Wasser. Ihr Name ist in Anlehnung an die celtische Muttergöttin Ana (Dana, Diana d. h. Dia-Ana, Göttin Ana) gebildet. Bei Ausgrabungen in Rom wurde erst kürzlich der Votivaltarstein einer in der Inschrift genannten Göttin »Anna Perennia« gefunden.

Mythos, Bedeutung.

Leinernte ist der Zeitpunkt eines Opfers an den Gott Donar um Abwendung des die Feldfrüchte zerstörenden Unwetters, Ende der Ernte des Flachses und des Beginns der Getreideernte. Die Göttin des Wachstums Siwa, Donars Frau, die das reife Getreide schützt, wird gleichfalls angerufen. Auch verschiedene Heilbräuche und Kräuterweihen finden jetzt statt. Das Leinerntefest wird meist auf Bergen gefeiert, weil sich auch der Gott Donar dort gerne aufhält. Der Festmythos ist in den Eddaliedern Hymisqviða und Lokasenna oder Ägisdrecka enthalten. In dem Lied Hymisqviða wird erzählt, wie die Götter Donar (Þórr) und Tius (Týr) einen großen Kessel vom Riesen Hyme besorgen, damit die Götter darin das Festbier für das Leinerntefest brauen können. Dieser Kessel symbolisiert die Regenwolke und den Regen, der für das Wachstum und eine gute Ernte nötig ist. Das Lied Lokasenna spielt direkt zur Leinernte. Der Gott Loke (Loki) begegnet uns hier als Sommerhitze oder -glut, und er wirft fast allen Göttern und Göttinnen ein ehebrecherisches Liebesverhältnis vor. Mythisch steht hinter diesen Liebesverhältnissen immer die Vereinigung von Erdgöttin und Sonnen- oder Himmelsgott. Denn die einzelnen in dem Lied erwähnten Göttinnen verkörpern alle Aspekte der Erde, wie die männlichen Götter fast alle einen Bezug zum Himmel bzw. zur Sonne haben. Am Schluß des Liedes kommt Donar und vertreibt Loke, die Sommerglut, mit dem erlösenden Gewitter. Aber Loke kündet den Göttern noch die bevorstehende Götterdämmerung (den Winter) an. Loke wird endlich gefesselt (s. Abb. 51), doch wird er wieder frei, wenn die Winterriesen gegen die Götter kämpfen werden.

Im Volksglauben heißt es noch heute, daß jetzt die Kette für den Teufel (Loke) immer dünner werde oder daß der Teufel (Loke) jetzt aus dem Himmel geworfen werde - der Herbst und damit der Vorbote des Winters beginnt. Ein wichtiger Leinerntemythos ist in der jüngeren Edda (Skáldskaparmál Kap. 35) enthalten, es ist die Geschichte

Abbildung 51: Der gefesselte Gott Loki.

von dem Raub der Haare Siwas. Hier schneidet Loke der Gemahlin Donars, der Göttin Siwa, hinterlistig alles Haar ab. Donar wird zornig und verlangt, daß Loke ihr neues Haar verschaffen müsse. Loke fährt zu den Zwergen, die hier Iwaldes Söhne genannt werden und besorgt goldenes Haar für Siwa, außerdem den Speer Wodans, Gungner und das Götterschiff Skidbladner. Der Zwerg Brock wettet mit Loke, daß er drei ebenso gute Dinge schmieden kann und verfertigt den Ring Draupner, den Eber Goldborstig und den Hammer Mjöllner. Die goldenen Haare der Wachstumsgöttin Siwa symbolisieren das goldene, reife Getreide, welches in der Sommerhitze (Loke) geerntet wird. Die Zwerge als Wald- und Wachstumskräfte (Iwalde = Ividi, Waldgeister) der Erde schaffen neues Haar, d. h. lassen im nächsten Jahr erneut Getreide reifen. Die Gaben, die im Mythos noch erwähnt werden, deuten gleichfalls auf das Wachstum der Erde: Wodans Speer Gungner (»der Schwankende«) deutet auf einen im Winde schwankenden Getreidehalm, er wurde allerdings auch auf den Sonnenstrahl gedeutet, das Schiff Skidbladner symbolisiert die für das Wachstum nötige Regenwolke. Der Eber Goldborstig (Gullinbursti) wird als Sonnen- und Fruchtbarkeitssymbol gesehen, er ist die im Getreide gebundene

Sonnen- und Fruchtbarkeitskraft, Noch heute sagt der Landmann zu den sich im Sommerwind bewegenden Getreidehalmen »der Eber geht durchs Korn«. Der Ring Draupner wird als Mondsymbol gedeutet, der Hammer Donars ist ein Symbol für den Blitz. In diesem Mythos der jüngeren Edda finden wir genau die Gottheiten, die auch zu Leinernte bzw. Lugnasad verehrt werden: Donar (als kirchlicher Ersatz Petrus, Elias, Christophoros), Siwa (Maria, Margarethe usw.) und Loke (Lautentius, celt. Lugh). Die Wachstumsgöttin Siwa (Sif) findet sich noch in unseren Sagen als die das reife Getreide schützende Roggenmuhme oder Kornfrau.

Abbildung 52: Die Wunderdinge Skidbladner, Draupner, Gungner, Mjöllner, Siwas Haar und der Eber Goldborstig.

Die Hundstage (23. 7. - 23. 8.) sind die Tage, wo das Sternbild Großer Hund am sonnennächsten steht. Der Stern Sirius (Hundsstern) in diesem Sternbild wurde nach seiner noch im Mittelalter sichtbaren roten Farbe von den Germanen »Lokes Brand« (Lokkabrenna) genannt; somit ist in der Zeit des Leinerntefestes Lokes Kraft besonders stark, auch die Sommerhitze, die Loke symbolisiert, ist jetzt am größten. Es gibt über Loke und den Sirius eine eigene Sage, wonach Loke im kalten Winter eine Fackel am Himmel anbrachte (nämlich den Stern Lokabrenna - Sirius), damit es den Menschen im Winter nicht gar so kalt würde. Doch der Stern wandert weiter und verstärkt nun im Sommer die ohnehin vorhandene große Hitze weiter. Leinernte gilt auch als Lostag für das künftige Wetter. Regen verdirbt die Eicheln. Regen bedeutet auch einheitlich längere schlechte Witterung während der Erntezeit oder vier Wochen lang. Wenn bei Sonne weiße Wölkchen am Himmel stehen, dann blüht der Schnee für den kommenden Winter. Weit verbreitet ist der Glaube an den Bilwes- oder Pilwißreiter, einen Dämonen, der das Korn schädigen will und den man abwehrt. Ursprünglich bedeutete der Name bilewit »wohlwollend« und bezog sich auf heidnische Götter, dann wurde er zum menschenfeindlichen Naturdämon männlichen und weiblichen Geschlechts, der durch seine Geschosse Krankheiten verbreitet. Er wohnt in Bergen, Höhlen oder Bäumen, und man opfert ihm Kuchen und ein weißes Huhn oder Kleider, um die Zukunft zu erfahren. Dann wurde er gar zur Hexe und zum Zauberer umgedeutet, und schließlich entstand das Bild eines Kornschädigers, da man ja die letzten Ähren für die Götter stehen ließ, die nun dem Bilwes als Korndämon galten.

Lugnasad.

Bei den Celten wurde das Fest am 1. Ernting (August) (Mondkalender!) als Herbstanfang und Beginn der Erntezeit gemeinschaftlich gefeiert. Die mit dem Fest verbundenen Bräuche wurden nach einer Angabe im Glossar des Bischofs Cormac, den »Sanas Chormaic« (um 900) in vorgeschichtlicher Zeit von Lug(h) mac Ethnenn gestiftet, von dem das Fest auch seinen Namen Lugnasad oder Lugnasa (»Festspiel des Lug« oder »Gedenken des Lug«) haben soll. Nach Lebor Gabála Erenn (Das Buch der Eroberungen Irlands, um 1170 verfaßt) richtete Lug das Fest zum Andenken an seine Ziehmutter und Amme Tailtiu an dem nach ihr benannten Grabhügel im heutigen Teltown (Grafschaft Meath) ein. Der Hügel liegt in der Krümmung des Blackwaters nordwestlich von Navan, wo heute noch ein Ringwall erhalten ist. Bis 1770 traten hier celtische Versammlungen im Verlauf des mehrtägigen Festes zusammen. Hinter dem Lug mac Ethnenn steht sicher der celtische Gott Lugus, dessen Kult vor allem durch Ortsnamen wie Luguvalium (Carlisle in England), Loudon (Frankreich), Lug(u)dunum (Lyon, Frankreich), Laon (Frankreich), Leiden (Holland), Lucca (Italien) und Liegnitz (Schlesien) bezeugt ist. Auch der Fluß Loire kann als »Liger« auf Lug zurückgehen, wie auch die Stammesnamen z. B.

der Lugones in Asturien oder der Lougi in Schottland. Lug bedeutet »der Helle, Scheinende«, er ist der Sohn des Cian, der wiederum ein Sohn des Arztes Dian Cécht aus dem Volke der Tuatha Dé Danann ist. Lugs Mutter ist Ethne, eine Tochter des Riesen Balar aus dem Volk der Fomoire. Erzogen wurde Lug von Manannan und Tailtiu. Er ist Hüter des Speers von Gorias, welcher alle Gegner tötet. Lug ist auch der spirituelle Vater des Helden Cú Chulainn. Seine vielen Beinamen, z. B. Samildánach (»aller Künste kundig«, »Viel-Geschick«) und Lámfada (»mit dem langen Arm«), erläutern seine Fähigkeiten mit Waffen und verschiedenen Arten des Handwerks umzugehen. Lug entspricht dem Llew (»Geschickthand«) und dem Krieger Llwch Llawwaynawc, der Artus dabei half, den Kessel von Annwyn zu gewinnen. Lugs Mythos ging z. T. in denjenigen des Ritters Lancelot du Lac über. Mythologen haben zahlreiche Übereinstimmungen von Lug und Wodan festgestellt; beide sind tapfere Heerführer u. a. in der Götterschlacht, kämpfen mit Speeren und benutzen Zauberei. Lug schließt ein Auge bei Zauberhandlungen, Wodan ist einäugig, beide sind auch Schutzpatrone der Dichter und haben Raben als Attribute. Die Römer setzten Lug wie Wodan mit Merkur gleich. Von der Namensetymologie allerdings entspricht Lug (Luc) dem germanischen Loke, der in der Urzeit Blutsbruder Wodans war. Daß Lug dem Loke entspricht, ergibt sich auch aus den Mythen um Lug.

Wie bei den Germanen ging es auch bei den Celten zu Lugnasad um Bitte für Schutz des nun auf dem Felde reifen Korns, welches durch Gewitterregen, Kälteeinbrüche, große Hitze, Schädlinge oder Brand gefährdet war. Die Celten verehrten zu Lugnasad die Muttergöttin, die Erd- oder auch Wachstumsgöttin.

In Leinster fanden dreijährlich im Ernting (August) an sieben Tagen Lugnasad-Versammlungen am Grabhügel Carmans statt. Carman symbolisiert die zerstörerischen Kräfte der Erde, sie gilt als große Zauberin, die mit ihren Söhnen Dian (Gewaltig), Dubh (Finster) und Dothur (Übel) nach Irland gekommen war und das ganze Land verdarb. Die Tuatha Dé Danann vertrieben ihre Söhne und behielten Carman als Geisel, die dann aus Kummer oder durch Gewalt starb. Vor ihrem Ende verpflichtete Carman die Tuatha Dé Danann, ihr zum Andenken ein Fest mit Spielen und einem Jahrmarkt einzusetzen. Das Fest war religiöse Pflicht und Übung, wer es nicht mitfeierte, wurde mit dem Erlahmen der Lebenskräfte bestraft, den Boten Carmans als

Personification der riesischen Erde (Dürre, Frost, Seuche, Krankheit, Mißernte). Auch Tailtiu, die Pflegemutter Lugs, ist eine Göttin des Landes, der Erde, sie verkörpert aber die göttlichen Aspekte der Erde. Tailtiu starb vor Anstrengung bei dem Bemühen, die Ebenen Irlands für die Landwirtschaft aufzubereiten. Ihr zu Ehren wurden heilige Spiele in Teltown abgehalten, genau wie in Leinster, wo man am Grabhügel Carmans feierte, war der Mittelpunkt des Festes in Teltown der Grabhügel von Tailtiu. In Leinster fanden nach Stämmen geordnet Spiele statt, Pferde- und Wagenrennen, politische Versammlungen, Gesetzgebungs- und Rechtsprechungstagungen, mythologische Dichtungen, Musikdarbietungen, Akrobaten, Jongleure und Possenreißer.

Der Grund dafür, daß das Fest in Lugs Namen abgehalten wurde, hängt vermutlich mit seiner Verbindung mit der Lady Sovereignty, der Göttin, die die Souveränität verleiht, zusammen. Mit ihr ging er eine mystische Ehe ein und herrschte von der jenseitigen Welt aus. Nur der rechtmäßige Königskandidat durfte sie in einer symbolischen Vereinigung heiraten. Er wurde dadurch auf die Probe gestellt, daß er die Sovereignty, die als häßliche Hexe erschien, umarmen und küssen mußte. Daraufhin verwandelte sie sich in die schöne Frau, die sie in Wirklichkeit war, zurück und verkündete dem Volk den Namen des rechtmäßigen Königs. Ein König, der seine Macht mißbrauchte oder der verstümmelt wurde, zerbrach somit die mystische Vereinigung mit dem Land, für das die Lady Sovereignty stand. Eine jüngere Überlieferung spricht daher von Lugnasad auch als »Hochzeit des Lug«. Dies ist der Grund, warum zu Lugnasad befristete Ehen, ohne bindenden Vertrag, geschlossen werden konnten; viele solcher Ehen hatten trotzdem dauerhaften Bestand. Nach Ablauf von 12 Monaten konnten zu Lugnasad geschlossene Ehen im gegenseitigen Einverständnis wieder gelöst werden. Mann und Frau stellten sich dann Rücken an Rücken im Ringwall von Teltown auf und gingen zu den entgegengesetzten Ausgängen hinaus. In Leinster waren allerdings Scheidungen jetzt verboten. Zu Lugnasad wurden Landsknechte angeheuert, Märkte abgehalten und Tiere verkauft. In Leinster wurden drei Märkte veranstaltet, einer für Lebensmittel, einer für das Vieh und einer für Gold und kostbare Gewänder. Seit alters gehören auch Bergbesteigungen in den frühen Morgenstunden zum Fest Lugnasad, um die Sonne bei ihrem Aufgang günstig für gutes Wetter zu stimmen.

Zu Lugnasad war es Brauch, aus einer kleinen von Hand gezupften Garbe des noch nicht ganz reifen Getreides Brötchen zu backen, die dann gesegnet wurden. Später wurden auch die ersten neuen Kartoffeln (die in Europa erst im 17. Jh. eingeführt wurden) an Lugnasad aus der Erde gegraben. Das Fest bestand auch als ausgelassene Lustbarkeit der Pflüger in christlicher Zeit weiter, noch heute wird es am letzten Sonntag im Heuert (Juli) gefeiert.

Mythos von Lug.

Die Anführer der Tuatha Dé Danann unter ihrem König Nuadu Airgellám (Silberhand) saßen beim Fest in der Halle, während die Fomoirier ihre Heere zusammenzogen und sich zum Kampf gegen die Tuatha Dé Danann rüsteten, um ihren Exkönig Bres zu unterstützen. Der Türwächter stand unter striktem Befehl, niemanden einzulassen, es sei denn, er beherrsche irgendeine Kunst, die die Tuatha Dé Danann nicht kannten. Lug meldete sich an mit seinem ganzen Stammbaum, einschließlich seiner Zieheltern. Der Wächter fragte, was er denn sei und Lug antwortete, er sei Schreiner. Daraufhin wies ihn der Wächter ab, weil es bereits einen Schreiner Luchta bei den Tuatha Dé Danann gab. Lug forderte den Wächter auf, ihn weiter zu fragen und antwortete, er sei Schmied. Aber auch ein Schmied war schon vorhanden, so daß Lug keinen Einlaß erhielt. Lug nannte dann noch weiter die Berufe starker Mann, Harfner, Held, Dichter, Geschichtsgelehrter, Zauberer, Arzt, Mundschenk, Bronzeschmied. Lug schickte den Türwächter zum König und ließ fragen, ob die Tuatha Dé Danann jemanden hätten, der über alle diese Künste zusammen verfüge. Nuadu prüfte Lug nun im Brettspiel Fidchell, d. i. Tablut, und da Lug immer gewann, wurde er eingelassen. Lug ließ sich auf dem Sitz des Weisen nieder. Um seine Kraft zu testen, warf Ogma einen großen Stein durch die Halle, den Lug auffing und zurückwarf. Dabei machte er sogar noch ein abgesprungenes Stück wieder fest. Auf seiner Chrotta (ein lyraähnliches Instrument) spielte Lug nun drei Melodien, eine Schlafweise, ein Lach- und ein Trauerlied. Der ganze Hof fiel in Schlaf, lachte und wurde traurig. Nun war König Nuadu von Lugs Künsten überzeugt, ließ ihn auf seinen Thron und huldigte stehend Lug als Herrn aller Künste ganze 13 Tage. Der Kampf wurde vorbereitet, doch Lug sollte nicht mitkämpfen aus Sorge, daß er verwundet werde. Neun Wächter standen um ihn und bewachten ihn. Lug redete allen Kriegern Mut ein, und als der Kampf begann, entwischte er den Wächtern und stellte sich in die erste Schlachtreihe. Hier griff er auch mit Zauberei in den Kampf ein. Auf einem Fuß stehend, mit einem geschlossenen Auge und Zaubersprüche murmelnd, umschritt Lug das Heer der Tuatha Dé Danann. Mitten in der Schlacht sah Lug seinen Großvater Balor, der sein unheimliches Auge öffnete um Lug zu sehen, woraufhin Lug das Auge durchstach. Zuvor hatte Balor den Nuadu getötet. Nun war den Tuatha Dé Danann der Sieg in der Schlacht von Mag Tuired sicher. Die Fomoire fielen, nur den Dichter ließ Lug leben, und auch den Bres, den er um die Preisgabe der Geheimnisse des Ackerbaus vorläufig verschonte. Dagda, Ogma und Lug holten sich die von den Fomoirern verschleppte Harfe Dagdas zurück. Lug wurde nun rechtmäßiger König der Tuatha Dé Danann. Soweit dieser Mythos.

Erntebeginn.

Gerade der Beginn der Getreideernte ist auch der Zeitpunkt, wo das Gesinde (Knechte, Mägde, Hirten) wieder neu gedungen wird, indem man ihm das Haftgeld zahlt und es mit besonderem Essen bewirtet. Auch wird das Gesinde gewechselt oder man stellt neue Schmiede ein. Donar ist der Gott der Bauern, Landarbeiter und Knechte, daher ist die Zeit des Anwerbens von Ernteknechten auch der Zeitpunkt für ein Opfer an den Gott. Bräuche, in denen um den Preis des Stärksten grauft wird, sind ein Kräftemessen, welches auch die Kraft des jeweiligen Knechtes zeigt; wenn dies nicht geschieht, so fällt im nächsten Winter wenig Schnee. So kann der Bauer die stärksten Knechte erkennen und einstellen. Mit dem Kräftemessen ehrt man natürlich auch den Gott der Kraft, Donar. Noch heute finden am 25. 7. (Jakobustag) Kraftwettringen und Stärketrinken, der Brauch des Gesindewechsels oder das Einstellen neuer Schmiede statt. Schon in der Heimskringla II wird das herbstliche Opfer für die Knechte (Hausgenossen) erwähnt[124]:

> »Mir ist erzählt, daß es auf Island Brauch sei, daß die Bauern im Herbst ihren Hausgenossen ein Widder-Schlachten veranstalten müssen«.

Der Widder ist dem Gott Donar geweiht, und somit ist ein Widder-Schlachten ein ursprüngliches Opfer für Donar. Der bäuerliche Gott Donar ist aber auch Gott der Knechte. In den Hárbarðzlióð 24 heißt es:

»Óðinn hat die Fürsten, die da fallen im Kampf,
Þórr hat der Þræle (Knechte) Geschlecht.«

So wird verständlich, warum mit den Hausgenossen (den Knechten) geopfert wurde. Es ist sozusagen das Einstandsopfer. Erst nach dem Leinerntefest beginnt die Getreideernte, die Gemeinde stimmt über den genauen Zeitpunkt ab, und der Gemeindevorsteher gibt den Zeitpunkt durch »Umklopfen des Hammers« bekannt. Am Nachmittag wird dann - nach einem Gebet am Acker - mit der Ernte begonnen. Ein derartiges Gebet aus dem Ermland lautet [125]:

»Daß helf uns der Erntegott
Und die heiligen drei Frauen,
Daß das Kornhauen Mag taugen.«

Hier werden auch die drei Nornen erwähnt. Die Ernteleute erscheinen in feierlicher Tracht, und häufig wird die erste Garbe oder die ersten drei Ähren geopfert (dem Acker oder dem Wasser usw.). Das Leinerntefest ist somit eigentlich ein Zwischenfest zwischen der schon erfolgten Ernte des Leins und der noch anstehenden Getreideernte.

Gottheiten.

Zum Fest der Leinernte werden also die Götter Donar (Þórr), Siwa (Síf) (s. Abb. 53, Nachzeichnung von einer Siwa-Darstellung aus dem 16./17. Jh.) und wohl auch Loke angerufen. Zur Anrufung kann man die Umschreibungen der jüngeren Edda (Skáldskaparmál) verwenden.

Gleichfalls in den Nefnaþulur ist eine Aufzählung der Namen der Erde enthalten, unter denen sich Namen wie Jörd (eigentlich Donars Mutter), Fjörgyn (eine etymologisch mit dem indogerm. Begriff für Eiche »quercus« und dem baltischen Namen des Donnergottes, Perkunas, verwandte Bezeichnung) oder Siwa (Donars Gemahlin) befinden.

Nach der Anrufung der Gottheiten wird das Festfeuer entzündet. Es handelt sich um das Hagelfeuer, welches mit Stein und Stahl geschlagen werden muß. Damit zeigt dieses Feuer einen ganz deutlichen

Abbildung 53: Die Göttin Siwa (Sif). 16. Jh.

Bezug zum Gott Donar, denn das Schlagen eines Funkens mit einem eisernen Feuerschläger aus einem Feuerstein entspricht dem Blitz aus der Gewitterwolke. In manchen Gegenden sind jetzt auch noch die sog. Notfeuer üblich, siehe Seite 159. Das Feuer zu Leinernte ist in der Regel ein Höhenfeuer, im mittelalterlichen Köln und anderswo wurden auch auf den Straßen Feuer entzündet und darüber gesprungen oder das Vieh drei Mal um das Feuer getrieben gegen Seuchen.

Bockheiligen.

Dem Leinerntefest entspricht wohl auch das in Litauen und Preußen noch bis ins 16. Jh. übliche Fest Ozinek (»im Espenhain«), bei dem ein Ziegenbock für Perkunas (Donar) geschlachtet wurde. Der Chronist Simon Grunau schrieb in seiner um 1520 verfaßten Preußischen Geschichte (Buch 1) über ein derartiges Fest, bei dem er zugegen war[126]:

»Ich kam in ein Haus eines Dorfes (in Preußen) und fand
in ihrer Stube viele Männer und Frauen, dabei predigte in
preußischer Sprache ein alter Bauer, ihr Waidelott (Priester)
... Ich mußte einen Eid schwören im Namen Perkuno des
Gottes, daß ich es dem Bischof nicht sagen durfte, der ihr
Herr war. Und ich schwur und opferte mit. Dem Waidelotten war ein Stuhl so hoch errichtet, daß er mit seinem
Kopfe bis nahe an die Stubendecke reichte, und so predigte
er ihnen. Zuerst erzählte er ihnen von ihrem Herkommen,
und was sie damals getan hatten. Danach erzählte er ihnen
die 10 Gebote Gottes, und wahrlich, bis auf diesen Tag hatte ich sie nicht so schön gehört. Danach nahmen sie einen
Bock und segneten ihn und taten ein langes Gebet über
ihn. Danach gingen sie jeder einzeln hinzu und beichteten
ihre Missetaten, was man getan hatte wider die Lehren des
Waidelotten. Danach hielt man den Bock fest, und der Waidelotte hieb ihm das Haupt ab. Das Blut fingen sie auf und
gaben es ihrem kranken Vieh. Sie hieben ihn in Stücke und
die Frauen hatten einen glühenden Backofen. Das Fleisch
vom Bocke legten sie auf Eichenblätter und brieten es so.
Unter diesem Braten kniet sich ein Jeglicher vor den Waidelotten, und der Waidelotte zieht ihn an den Haaren und
gibt ihm eine Ohrfeige als Absolution... Danach heben sie
an zu Trinken und essen, und dies nennen sie »Kirwaiten«
und niemand darf nüchtern, sondern muß ganz trunken
heimgehen.«

Das altpreußische Gebet, das dabei gesprochen wurde, lautet[127]:

»Diewas Perkunos absolo mus!«
(Gott Perkunos schone unser).

Daß der gewählte Laienpriester statt der Gebote der Götter hier
offenbar die 10 christlichen Gebote verkündet hatte, ist natürlich auf
den Einfluß der Kirchen zurückzuführen. Aber immerhin belegt dieser
Text, daß noch im 16. Jh. im heutigen Ostpreußen heidnische Opferfeste für den Donnergott Perkunas ausgeübt wurden. 1677 wurde durch
die altpreußische Landesordnung den Untertanen das sog. Bockheiligen verboten, bei dem sich die Landleute in einer abgelegenen Scheune
versammelten, einen Waidelotte oder Priester aus ihrer Mitte ernann-

Abbildung 54: Bockopfer aus Altpreußen

ten, der von der Ankunft und den Heldentaten der Altvorderen und den Geboten ihrer Götter predigte, und ihre heidnischen Mysterien begingen, indem ein Bock herbeigeführt wurde, dem die Versammelten laut ihre Vergehen bekannten, worauf man ihm den Kopf abschnitt und mit dem Blute alle Anwesenden und daheim Vieh und Ställe besprengte. Das Fleisch wurde nebst einem von den Weibern bereiteten Kuchen von Weizenmehl in einem heidnischen Opfermahl gegessen. Die übrigen Bissen vom Brote, daß sie erst durchs Feuer sich zugeworfen hatten, vergruben sie später, damit sie als geweiht nicht den Tieren (der Scheune?) zur Beute fielen. Ein lithauisches Gebet lautet[128]:

»Percune devaite
niemuski und mana dirwu,
melsu tawi, palti miessu«.

(Zügle Dich, Perkunas
Und schleudre keinen Schaden
In meinen Acker).

Hier geht es also um Schutz des Ackers vor Hagelschlag.

Ukkos Scheffel.

In der Mythologie der Finnen und Karelier heißt der Donnergott Ukko; den Namensbezug zum Beinamen Donars, »Ökuþórr« habe ich schon erwähnt. Als seine Frau gilt hier die Göttin Rauni. Ukko, als »alter Mann« gedeutet, fährt wie Donar mit seinem Wagen über den Himmel; der Weg ist so steinig, daß die Räder und Pferdehufe Funken sprühen. Er trägt einen blauen Mantel und als Attribute Beil, Hammer, Donnerkeil, Bogen oder Schwert. »Ukkos Scheffel« ist ein Opfergefäß, das meist aus Birkenrinde gefertigt war. Man schlachtete das beste Schaf und tat ein Teil des Fleisches in den Scheffel, den Rest verzehrten die Festteilnehmer gemeinsam, man goß auch Bier und Schnaps hinein oder Sachopfergaben und trug alles auf »Ukkos Berge« in dem Glauben, daß der Gott nachts davon esse und trinke. Das Fest war auch mit einem Trinkgelage verbunden, von den Getränken schüttete man einen Teil auch auf die Erde, damit sie fruchtbar würde. Derartige Opferfeste fanden im Frühjahr (Ostern) und bei Trockenheit im Sommer statt, damit Regen käme. Im Winter wurde nicht geopfert, es hieß, der Gott schliefe, so daß derartige Rituale dort keinen Sinn hätten. Bis zum Ende des 17. Jhs. mußte die Kirche das Feiern von »Ukkos Scheffel« dulden.

Noch in späterer Zeit wurde das von neuem Mehl gebackene Erstlingsbrötchen in Strand-Wierland auf den Ukkostein getragen, desgleichen wurde jedem Haustier ein Bissen gegeben, damit Ukko die Felder segne. Viele ursprünglich heidnische Ukkobräuche wurden christlich umgedeutet.

Opfergaben.

Den Ziegenbock (auch Widder) für Donar, den man auf den Höhen opfert, haben wir schon erwähnt. Bis ins 18. Jh. war es bei den Sorbenwenden (den Wenden/Wandalen um Zörbig) und in Schlesien, Böhmen usw. üblich, einen Ziegenbock mit vergoldeten Hörnern, der mit bunten Bändern geschmückt war, unter Musik vom Kirchturm, Rathaus oder einem Gerüst zu stürzen und ihn unten abzustechen. Diese brutale Tötungsart hängt mit dem Donarsmythos zusammen, denn der Gott zerschmettert die Riesen mit seinem Hammer. In Island wurde verurteilten Verbrechern am Donarsopferstein das Rückrat gebrochen. Das Blut des geopferten Bocks wurde gedörrt als Zaubermittel gegen allerlei Leiden (Blasensteine, Geschlechtsleiden, Fallsucht) verwendet.

Der Bezug des Gottes zu den Ziegenböcken wird durch die Eddamythen erhellt, wo es heißt, daß zwei Ziegenböcke, Tanngrisnir und Tanngnjóstr (Zähneknirscher und Zähneknisterer) den Wagen des Gottes ziehen. Auch die im Winde wogenden Ähren werden als »Böcke im Korn« bezeichnet, gleichzeitig werden kleine schwarze Gewitterwolken auf der Insel Gotland »Þórs bockar« genannt. Ob das Schmücken der schönsten Kuh mit einem Kranz um die Hörner auf ein altes Rinderopfer zurückgeht, ist unsicher. Gegen Seuchen und Viehkrankheiten opferten die Landleute zu Leinernte Jungvieh oder Geflügel, das vorher um den Kultort geführt oder getragen wurde.

Donar zeigt sich oft auf den Gipfeln der höchsten Berge, wo man ihm unter Gesang und Tanz auch Lämmer, Milch, Butter, Käse und Bier opfert. Auch Brot oder besonderes Backwerk wird zu Leinernte geopfert, es gilt der Siwa. Mancherorts sammeln die Hirten am Kiecheltag Küchlein ein. Überliefert ist, daß Schwarzbrot (das Schwarzbrot »Pumpernickel« soll nach Pumpan, d. i. Donar, benannt sein) oder Stuten von neuem (diesjährigem) Roggen gegessen werden. Zuweilen läßt man den Göttern auch bei der Ernte ein Stück Roggen stehen. In dieser Zeit wird gebuttert und ungesalzene Butter beim Mahl mit aufgesetzt, außerdem ißt man Butterstriezel. Überliefert ist schon aus den Jahren 1447 und 1487 die Weihe von Äpfeln mittels besonderer Formel zu Leinernte. Weiße Rosen werden der Göttin geopfert, in christlicher Zeit galten sie der St. Magdalena.

Man soll zu Leinernte nicht klettern, besonders nicht auf einen Kirschbaum, denn die Bäume verlangen ihre Opfer. Man betet zu ihnen um Glück und Segen und verehrt die Göttin der Saaten. Zu Leinernte soll man auch nicht baden, denn auch das Wasser verlangt sein Opfer. Der Wassermann sieht das Fest als Glückstag an. Den Flüssen (Donau) wurde geopfert, und es gibt Brunnenfeste. Der Wasserstand des Brunnens deutet auf die kommende Ernte. Es heißt: 9 hängen, 9 erfallen, 9 tränken sich. Der Tag will einen »Klimmer« und einen »Schwimmer«, denn das Herabstürzen vom Berge ist auch ein altes Donaropfer.

Trankopfer.

Bei den von den Bauern für das Gesinde veranstalteten Gelagen und Schmäusen wird auch reichlich getrunken. Die Bauern geben dem Gesinde ein Trinkgeld, das man Stärkegeld oder die Stärketrinke nennt. Dies sollen die Knechte dazu verwenden, sich Bier zu besorgen, um »die Stärke« zu trinken. Dieser Trunk ist der Trunk auf den Gott Donar, der ja auch Kraftgott ist. Der Sinn ist, daß die Knechte besonders viel Kraft von Donar für die beginnende Getreideernte erhalten, damit sie beim Kornschneiden nicht in den Halmen stecken bleiben. Weiters ist es üblich, die sog. »Ährenstärke« zu trinken, die bewirken soll, daß die Ähren stark und widerstandsfähig gegen Sturm und Hagel werden. Dies ist der Trunk auf die das reifende Korn schützende Wachstumsgöttin Siwa. Die Donarsminne trinkt man auch als Schutz gegen Unglücksfälle und gegen Pest (Krankheit) sowie um eine glückliche Reise oder für einen kurzen, glücklichen Verlauf einer geplanten Reise. Donar ist Gott der Reisenden und mit dem Wagen Fahrenden (daher der Beiname Ökuþórr). Für den Minnetrank nimmt man in der Regel ein Kuhhorn, zu Leinernte ist aber auch ein Becher (ursprünglich ein Horn) aus Steinbockhorn bezeugt, welches insbesondere für die Donarsminne genommen wird.

Opfersprüche.

Der folgende ehstnische Opferspruch an »woda picker«, den Donnergott, hörte Johann Gutslaff 1644 einen alten Bauern sprechen[129]:

»Lieber Donner,
Wir opfern Dir einen Ochsen,
Der zwei Hörner und vier Klauen hat,
Und wollen Dich bitten
Um unser Pflügen und Säen,
Daß unser Stroh kupferrot,
Unser Getreide goldgelb werde.
Stoß anderswohin
Alle schwarzen, dicken Wolken,
Über große Sümpfe,

Hohe Wälder und breite Wüsten.
Uns Pflügern und Säern gib aber
Fruchtbare Zeit und süßen Regen.
Heiliger Donner,
Bewahre unsern Acker,
Daß er trage
Gut Stroh unterwärts,
Gute Ähren überwärts
Und gut Korn innenwärts.«

Ein Lied (Melodie nicht überliefert) aus einer Handschrift von 1524 wendet sich an den Ersatzheiligen des Donnergottes. Wenn man sein Bild morgens ansieht, so ist man vor dem plötzlichen Tod geschützt. Der plötzliche Tod ist dem Gott des aufbrausenden Zornes und des plötzlich hereinbrechenden Blitzes zugeordnet, dem Donar[130]:

»Herr Donar du viel heilger Mann,
Dein Lob steht hoch zu preisen:
Wer Dein Bild früh tut schauen an,
Des Tags ist er beweisen (überzeugt),
Das Herze sein fröhlich ohn Pein,
Züchtig in allen Ehren.
Du hast die Macht, hilfst hie und dort,
Den jähen Tod vertreiben,
Des Donners Kraft wird ganz verheert
An keinem Ort zu bleiben:
Drum unser Bitt: Versag uns nit
Dein Hilf, als wir begehren.«

Ein altes Gebet aus Münstereifel, welches man auf ein Donatus (Donar-) Steinbild schrieb, lautet[131]:

»Heiliger Donar,
bitte für uns,
auf daß wir vom Blitz und Ungewitter
befreit bleiben.
(und damit wir da, wo der Regenbogen niedergeht,
reiche Schätze finden)«

Eine Erinnerung an das gebrachte Opfer an den Donnergott ist ein alter Brauch der Nachkommen der Goten[132]. Bricht nämlich unverhofft ein Hagelwetter ein, noch bevor die Sommerfrucht eingebracht wurde, so tragen der Bauer und die Bäuerin den Speisetisch und den Dreifuß vors Haus, kehren sie auf dem Boden um, legen Löffel, Brot und Salz auf den Tisch, und eine von den Frauen aus dem Hause spricht:

>»Wir empfingen Dich
> Als unsern teuersten Gast und Freund,
> So füg uns auch keinen Schaden zu.«

Dann ruft sie den Geist oder die Seele eines ihr bekanntgewesenen Verstorbenen an, der durch Ertrinken den Tod gefunden hat und sagt:

>»Oh N. N., ich beschwöre dich
> Im Namen des Gottes,
> Wehre den Hagel von hier ab!«

Der Göttin Siwa werden Getreide, Roggen und Kornblumen geopfert, wie es auch schon in den Sagen von der Kornmuhme erwähnt wird. Ein alter Opferspruch ist erhalten, der diese Göttin »Fru Gaue« nennt. »Frau Gaue« oder »Frau Gode« meint die Göttin Siwa, der Name stammt allerdings vom ursprünglichen, mißverstandenen »Fro Gwode«, d. i. »Herr Wodan«. Man schmückt die Kornähren, dann faßt man diese an und spricht drei Mal[133]:

>»Fru Gaue, haltet ju fauer
> dür Jar up de Kare,
> dat ander Jar up den Wagen.«

>(Frau Gaue, erhaltet nun Gaben,
> dies Jahr auf der Karre,
> das andere Jahr auf dem Wagen).

Hiermit wird der Göttin im nächsten Jahr ein größeres Opfer verheißen. Der Spruch ist allerdings nur noch als Verhöhnung mit Vertauschung der Begriffe »Karre« und »Wagen« erhalten.

Tänze und Spiele.

Neben den schon erwähnten Wettkämpfen ist überliefert, daß meist am Abend des Leinerntefestes getanzt wird, z. B. der »Hirtentanz«.

Der schwedische Volkstanz »Heut soll das große Flachsernten sein« paßt sehr gut in das Leinerntefest. Der Tanz stellt das Verspinnen des Leins dar. In dem alten Tanz »Hafermähen« steht ein Mädchen als Hafermäherin im Kreise, die anderen umtanzen sie im gefaßten Kreis. Die Hafermäherin wählt eine Tänzerin und tanzt mit ihr, die andern bilden ebenfalls Paare und tanzen, das Mädchen, welches übrigbleibt wird neue Hafermäherin.

Das Rankeln (Ranggeln, Hanggeln), ein altes Kraftspiel, wird veranstaltet, der Sieger erhält den Ehrennamen Hagmaier, sowie das Schwingen. Beim Schwingen wird der Gegner an einer Schwinghose gepackt und geschwungen (Hosenlupf). Auf Island kämpfte man mit Bauch- und Schenkelriemen. Bei den Schweizer Sennen kennt man beim Schwingen, welches noch heute unter Musik von Geige und Hackbrett geübt wird, verschiedene Griffe, z. B. Kurzziehen, Bodenlätz, Höck, Fliegendätsch, Stick, Gammen, Weiberhaken u. a.

Beim Hagelfest (Leinernte) ist auch das Vogelschießen als ursprüngliches Opfer zuweilen üblich. Man schießt mit der Armbrust, ursprünglich mit dem Bogen oder mit der Luftbüchse, auf eine Vogelscheibe oder haut auf einen an einer Stange befestigten hölzernen Vogel (Adler), dabei gewinnt einer einen Preis bzw. den Vogel. Zuerst ist das Vogelschießen 1246 schriftlich bezeugt.

Frauendreißiger.

Mit dem ursprünglichen Vollmondfest der Leinernte beginnt auch die Zeit der »Frauendreißiger«, also ein ganzer Monat mit Tagen, die weiblichen Gottheiten geweiht sind und an denen man Kräuter sammelt und weiht. Möglicherweise geht diese Zeit auf das römische Fest der Jungfrau Diana zurück, das mit dem Eintritt der Sonne in das Sternzeichen Jungfrau begangen wurde (25. 8.). Die Frauendreißiger könnten also die 30 Tage sein, wo die Sonne im Sternzeichen der Jungfrau steht. Die Römer begannen den Monat mit dem Erscheinen der ersten Mondsichel (2 Tage nach Schwarzmond) und feierten dann 13 Tage später, am Vollmond, ihr Dianafest, während die Christen den 15. Tag (13 + 2) des Monats als Maria Himmelfahrt festlegten und die Zeit der Frauendreißiger bis Mitte Scheiding (September) (Oktave von Maria Geburt) zählten. Der Tag Maria Himmelfahrt oder Marias Entschlafung heißt beim Volke großer Frauentag, auch Wurzweih oder Krautweihung, weil die Kräuter (Wurz, Wurzeln) geweiht werden, der Tag Maria Geburt ist der kleine Frauentag. Zuweilen wird auch der Tag Maria Sif (Maria Heimsuchung) als Beginn der Frauentage angesehen, in manchen Gegenden beginnt man dort mit dem Kräutersammeln und dem Eiersparen (Fraueneier); es sind Eier, die in den Frauentagen gelegt werden und sich darum lange frisch halten. Es herrscht der Glaube, daß in der Zeit der Frauendreißiger die ganze Natur den Menschen hold und freundlich ist, giftige Tiere ihr Gift verlieren und man sich ihrer jetzt am besten bemächtigen kann. Alles Gewürm kriecht ins Wasser, darum soll man nicht baden. Besonders heilkräftig sind die um diese Zeit gesammelten Kräuter.

Kräuterbräuche.

In der Zeit der Frauendreißiger, besonders auch zu Maria Himmelfahrt (ursprünglich das Leinerntefest selbst) oder am Donnerstag vor dem Fest sammelt man mit der Hand (nicht mit dem Messer) bestimmte Kräuter, vereinigt sie zu einem Büschel und läßt sie beim Fest mit Weihwasser weihen, um sie später gegen Gewitter und Behexung, Feuer und Krankheiten zu benutzen. Die kirchliche Kräuterweihe wurde schon im 9./ 10. Jh. ausgestaltet, der Name Krautweihung für diesen Tag findet sich schon im 14. Jh. Derartige Kräuterbüschel werden Weihbüschel, Würzbüschel, Würzbürde, Würzwisch, Wäsch, Kruthenne, Wiehenne oder Weihsange (Sange = Garbe) genannt.

Man sieht in den Kräuterbüscheln den Rest eines heidnischen Kultes zur Versöhnung der Naturgeister; in den Büscheln ist somit die größte Fruchtbarkeits- und Heilkraft enthalten. Bei Gewitter gibt der Bauer einige Zweige des Kräuterbüschels ins Herdfeuer, um Hagelschäden und Blitzschlag abzuwenden. Die Kräuterbüschel sind auch eine Art Hausapotheke, falls im kalten Winter, wo keine Kräuter wachsen, ein Heilkraut benötigt wird. Ursprünglich durfte das Kräuterbüschel nur aus wildwachsenden Blumen bestehen, heute kommen auch Gartenblumen und nichteinheimische Pflanzen oft mit hinein. Die Zusammensetzung der Kräuterbüschel ist regional unterschiedlich, es sind meist 9, 12, 99 oder 21 Kräuter, die Anzahl von 7, 66, 72 oder 77 Kräutern ist wohl eher auf christlichen Einfluß zurückzuführen. Bestimmte Pflanzen gehören fast immer dazu, so die Königskerze (Donnerkerze, Frauenkunkel, Wetterkerze, Neunmannskraft), die in die Mitte des Büschels gebunden wird. Wenn man sie ausgräbt, muß man eine Münze opfern. Weiterhin finden sich Sonnwendkraut (Hartheu, Frauengliester, Johanniskraut), Rohrkolben (Pumpans Keule, Pumpan ist Donar), Rainfarn (Kraftkraut, Heilwurz), Odinskopf (Alant), echtes Labkraut (Unser lieben Frau Bettstroh) oder andere Frauenkräuter. Vielfach enthält das Kräuterbüschel Getreidearten und Feldfrüchte, auch Obstbaumzweige werden erwähnt. So berichtet Sebastian Franck[134]:

> »an vnser frawen himmelfart da tregt alle welt obs / büschel, allerley kreuter / in die kirchen zu weihen / für alle sucht und plag uberlegt / bewert. Mit disen kreutern gschicht seer vil zauberei; die knaben tragen öst mit öpfeln und darauf gemacht vögel, die da in die öpfel bicken, der schönst ist »Kinig««

Drei Eichenzweige, drei Haselzweige oder drei Haselnüsse sind auch in Kräuterbüscheln bezeugt.

Von den einheimischen Pflanzen kommen in den verschiedenen Kräuterbüscheln die folgenden vor: Frauenschuh, Eisenkraut, Flockenblume (Donnerknotte), Klette, Bittersüßer Nachtschatten (Alfranke), Greiskraut, Baldrian (Mondwurz), Lauch, Klee, Hasenklee, Hauswurz (Donnerbart), Schafgarbe (Jungfernaugenbraue, St. Margaretenkraut, Neunkraft), Wermut (Else), Habichtskraut (Muttergottes Bettstroh), Großer Wiesenknopf, Beifuß (Himmelskuh), Raute, Ehrenpreis (Gewitterblume), Dost (Mutterkraut), Fuchsschwanz, Tausendguldenkraut, Odermennig (Odinmännlein), Mohn, Leinkraut, Wegwarte (Sonnenbraut) und Ringelblume (Sonnenwende).

Die Kräuterbüschel erhalten durch die Weihe noch eine besondere Kraft. Die Weihe erfolgt immer im Freien, auf dem Leinerntefest. Ein Weihespruch aus dem 13. Jh., der älteste deutsche Kräutersegen, ursprünglich für das Eisenkraut, kann für die Weihe der Kräuter eines Wurzweihs verwendet werden[135]:

> »Ich gebiete dir, edle Wurz
> Bei dem, der dich erschaffen hat,
>   Daß du nicht eineTugend in die Erde verlassest,
>   Du seist immer in meiner Gewalt

Mit der Kraft und mit den Tugenden
So du beschaffen bist und geziert.«

Die getrockneten Kräuterbüschel werden im Hause, meist auf dem Dachboden getrocknet aufbewahrt und gegen zahlreiches Unheil verwendet. Man räuchert damit zu den Festen, legt etwas ins Ehebett um Glück in der Ehe zu haben und verwendet sie überhaupt für zahlreiche Zauber. Selbst das Band, mit dem man das Kräuterbüschel zusammengebunden hatte, kann man z. B. um den verrenkten Arm wickeln. Leinernte zwischen 11 und 12 Uhr vormittags oder um Mitternacht unbeschrien schneidet man die Wurzel der weißblühenden Wegwarte (wilde Cichorie) als Mittel gegen Dornen und gegen den kalten Brand sowie als zauberische Springwurzel. Dabei spricht man gen Sonnenaufgang[136]:

»Grüß euch ihr lieben Wegwarten allzumal,
Die ihr hint und vor mir seid,
Stillt Blut und heilt Wunden
Und alles insgesamt
Und behaltet eure Kraft,
Die euch unsere liebe Frau gegeben hat.«

Nun gräbt man nur mit der Hand den Wegwartenstock aus, ohne mit der bloßen Hand die Wurzel zu berühren. Der ganze Stock wird dann in das Kräuterbüschel gebunden. Mit dem Absud der so gesammelten weißen Wegwarte wäscht man sich gegen Hautkrankheiten. Wenn man von der blauen Wegwarte ein Bröckchen auf Brot im Namen der drei höchsten Götter ißt, vergehen alle Schmerzen. Neben den Kräuterbüscheln sind zu Leinernte noch weitere Bräuche mit Pflanzen bezeugt. Wenn man jetzt z. B. mit einem vor Sonnenaufgang geschnittenen Birkenbesen die Stube ausfegt, kommen keine Flöhe hinein. Zwischen 11 und 12 Uhr nimmt man von jeder Krautpflanze ein Blatt und bespricht sie mit dem Worten[137]:

»Dickkopf, Dickkopf,
Blätter wie mein Schürztuch,
Häder wie mein Kopf.«

(Zeile 2 auch: »Werdet so dick wie mein Kopf«). Dann werden die Krautpflanzen besonders groß. Man holt Beeren und Wurzeln, besonders Blaubeeren (die Donar und der Erdgöttin geweiht sind) und ißt sie am Leinerntetag gegen Flüsse (Durchfall). Auch Beifuß wird ausgegraben und für Zauber gebraucht. Die Wucherblume (Marguerite, Margaretenblume) wird für Liebesorakel genommen, Kränze daraus schützen das Haus vor Gewitterschäden. Nesselsamen sammelt man gegen die Wassersucht. Gegen Hautkrankheiten werden Halm- oder Strohbesen geopfert. Vor die Fenster stellt man Haselzweige (dem Donar und der Erdgöttin geweiht), damit der Blitz nicht einschlägt.

Der Flachs auf dem Acker wird folgendermaßen besprochen[138]:

>>Ich grüße dich Flachs,
Daß du recht wachst
So lang wie Weide
So fein wie Seide
So hell und so klar
Wie der Siwa ihr Haar.<<

Dieser Spruch wird in manchen Gegenden schon zur Fasnacht gesagt.

Übrigens hilft auch der Gott Donar bei Krankheiten, nicht nur bei der Pest oder Augenleiden. Ein altes Volkslied, welches 1532 aufgezeichnet wurde, wendet sich in gelehrter Form au Jupiter (entspricht dem Donar) um Hilfe für einen kranken Geliebten. Da Donar mit seinem Hammer und seiner Kraft die Riesen vertreibt, vertreibt er natürlich auch die Krankheitsdämonen, Geister, die den Menschen Krankheiten bringen.

Kapitel 8

Herbstfest-Haustblót

Das »Herbstfest«, »Herbstopferfest« oder »Erntedankfest« wird im
Norden »Haustblót« genannt und zur Zeit der Herbst Tag- und Nachtgleiche gefeiert, die um den 23. Scheiding (September) eintritt. Ursprünglich kannten die Germanen die Jahreszeit des Herbstes nicht
(Germania Kap. 26), später gebrauchten sie den Begriff ahd. »her-
bist« (»Erntezeit«). Bei den Angelsachsen hieß das Fest »härfestniht«
(»Herbstfestnacht«), im Norden auch »haustnótt« oder »haustgríma«
(»Herbstnacht«, z. B. in den Hávamál 74)[139]. Der Herbst beginnt bereits mit dem Leinerntefest. Schon der angelsächsische Chronist Beda
(um 730) erwähnt in seiner Schrift »De temporum ratione« »gottes-
dienstliche Handlungen« im Halegmonath (September) (siehe Seite 7).
Im »Codex monac. lat. 2« von 1135 findet sich als Datum:

> »Am 59. Tage nach dem 1. August halten sie den Tag der
> Göttin Cize [Zisa] mit ihren heidnischen Ritualen«.

Dieses merkwürdige Zähldatum rührt wohl daher, daß der 1. 8. in
heidnischer Zeit ein Vollmondtermin und Zeitpunkt des Leinerntefestes war; der 59. Tag danach konnte auf die Herbstgleiche fallen,
aber dies ist nur alle 19 Jahre so. Der Chronist hat also wohl nur einen
Einzelfall beschrieben; möglicherweise liegt aber auch römischer Einfluß vor. In den nordischen Quellen wird das Herbstopferfest häufig
erwähnt, z. B. in der Egils saga Skallagrímssonar[140]:

> »Einmal im Herbst waren in Gaular eine Menge Menschen
> zum Herbstopfer [Haustblót] versammelt.«

Auch in der Eyrbyggja saga[141] wird das Herbstfest erwähnt.

209

Ursprünglich wurde das Fest auf den Feldern und heiligen Bergen gefeiert, heute feiern es die Menschen meist auf dem Bauernhof. Dieses Ernteschlußfest, welches auch in das Kirwe- (Kirchweih-) Brauchtum mündet, hat ganz verschiedene Namen: Waudelsmähe (Waudel = Wodan), Vergodendél (= Fro Goden Teil, »Herr Wodans Teil«), Erntehahn, -gans, -henne, -kranz, Austhochzeit (Herbsthochzeit), Arnkollatsch, Sichelhenke, -lege, -löse, Sichlete, Weizen-, Haferfest oder Kranzlöst.

Auch der Chronist Widukind von Corvey erwähnt in seiner um 925 verfaßten »Res gestae Saxonicae« (Sachsengeschichte) dieses Fest, das er aber 7 Tage später ansetzt[142]:

>»Als es aber Morgen geworden war, stellten sie den Adler an das Osttor, bauten der Siegesgöttin einen Altar und verehrten sie in ihrem eignen heiligen Ritus gemäß der Irrlehre der Väter; im Namen gleicht sie Mars, im Bild den Säulen des Herkules, im Ort der Sonne, die die Griechen Apollo nennen. Daher liegt auf der Hand, daß die Meinung derjenigen glaubhaft sein kann, die die Sachsen für Nachkommen der Griechen halten, weil Hirmin oder Hermis griechisch Mars genannt wird. Unbewußt gebrauchen wir dieses Wort bis heute noch zu Lob oder Tadel. Drei Tage lang hielten sie nun ihre Siegesfeiern, verteilten die Feindesbeute und hielten Totenfeiern ab. Sie lobten ihren Anführer über alles, riefen, ihn müsse ein göttlicher Geist und eine himmlische Tapferkeit innewohnen, da er es durch seine Beständigkeit vollbracht habe, daß sie diesen Sieg errungen hätten. Dies alles aber geschah, wie uns die Überlieferung unserer Vorfahren berichtet, an einem 1. Oktober; und dieser Tag des Irrtums wurde auf Anordnung frommer Männer in Fasten, Gebete und Opfergaben für alle vor uns verstorbenen Christen verwandelt.«

Widukind erwähnt hier vielleicht die Sonnengöttin Sunna, die ja auch Siegesgöttin ist, vielleicht auch Tius selbst, der dem genannten Hirmin (Irmin) entspricht. Allerdings ist der späte Festzeitpunkt zu Anfang Gilbhart (Oktober) römisch; er entstand aus einem am 15. 10. in Rom üblichen Pferdeopfer für Mars. Da die Römer den Monat mit dem Neumond begannen, war der 15. 10. ein Vollmondfest. Die Germanen aber begannen den Monat mit dem Vollmond, so daß das römische Marsfest in Germanien auf den 1. 10. überging. Die Kirche weihte im 5.

Jh. am 29. 9. bzw. 30. 9. die erste Michaelkirche in Rom und machte diesen Tag, den Vorabend des 1. 10., zur Grundlage ihres Michaelisfestes. Im Jahre 813 wurde der Michaelistag auch in Deutschland festgelegt. Der 1. 10. war bei den alten Deutschen der Beginn des neuen Jahres. Michael als streitbarer Erzengel entspricht dem Mercur und damit dem Gott Wodan (Óðinn), aber auch dem Kriegsgott Tius (Týr), der auch Gott des Dings ist. Das Herbstfest ist nämlich auch mit einem ungebotenen Ding verbunden, welches in Island »Leiðarþing« (leið = Aufgebot) genannt wurde. Noch in der Zeit kurz nach der Missionierung feierten die Germanen am Tage St. Michaels ein »Mihilating«. Auf skandinavischen Runensteinen wird Michael zum Schutze der Toten angerufen, er gilt sonst meist als Seelenführer. In den Sprüchen[143]:

> »Michael steckt das Licht an,
> das Gesind muß zum Spinnen heran«

und[144]:

> »Der Michel zündt's Licht an«

sieht man einen Hinweis auf die nun längerwerdenden Nächte. Der Tag des Erzengels Michael gilt auch als schlimmer Tag der Hexen, die am Vorabend zum Blocksberg reiten. Belegt ist der Glaube, daß vom Herbstfest bis Winternacht die Seelen die Erlaubnis haben, auf Erden zu wandeln. Um die in der Luft schwebenden Seelen nicht zu treffen, darf in dieser Zeit nicht gedroschen werden. Ein weiterer Ersatz für das Herbstfest ist das kirchliche Erntedankfest. Das Herbstfest wurde wohl mindestens drei Tage gefeiert. Es beginnt in der Nacht, die dem exakten Zeitpunkt der Herbstgleiche am nächsten liegt, im Zweifel aber am Vorabend.

Ob auch die Celten dieses Fest gefeiert hatten, ist nicht überliefert, aber sicher anzunehmen. Neuceltengruppen nennen das Fest heute Alban Elved oder Mabon. Der Name Mabon ist nach Mabon fab Modron gebildet, hinter dem wiederum der inschriftlich bezeugte Gott Maponus (»Sohn«) steht. Dieser Gott wird mit der Leier dargestellt und dem Apollo gleichgesetzt. Mabon wurde als Kind seiner Mutter Modron entführt und in Caer Loyw (Glouchester) gefangengehalten. Erst König Arthur gelang es, ihn zu befreien. In den Heldenepen heißt Mabon auch Mabonagrain und Mabuz. Die Gefangennahme des Sonnengottes Mabon und seine Befreiung symbolisieren die nun (nach der Herbstgleiche) länger als die Tage werdenden Nächte; der Gott ist in Gefangenschaft. Im Frühjahr (Frühlingsgleiche) wird er wieder befreit.

Auch der Erntebeginn wird feierlich begangen, und dieser fällt meist in die Zeit zwischen dem Leinerntefest und dem Herbstfest. Er soll hier auch kurz behandelt werden. In Gegenden, wo die Ernte erst nach dem Herbstopferfest eingebracht wird, wird das Winternacht-Fest gleichzeitig als Erntedankfest begangen.

Heiligentage.

Abbildung 55: Der heilige Oswald mit Wodans Attributen. Aus: »Der Heiligen Leben und Leiden«, 15. Jh.

Neben dem Michaelstag wurden verschiedene andere Heiligentage von der Kirche als Ersatzfeste für das heidnische Herbstfest eingeführt. Am 5. 8. ist der Tag des hl. Oswald, der das Getreide vor Hagelschlag schützt. Sein Name »Asenwalter« und seine Attribute, zwei Raben, deuten auf Wodan hin. Darum hilft er auch gegen die Windsbraut oder Wind-Sau und hat Gewalt über die Träume. Die letzte Garbe, dem Wodan geweiht, wird Oswald genannt und die Schnitter sagen[145]:

»Das ist für den Aswald (oder Aswal)«

Außerdem beten sie[146]:

»Heiliger Aswald, wir danken dir,
daß wir uns nicht geschnitten haben.«

Bartholomäus hat schon in seinem Namen (»Sohn der Ackerfur-
che«) einen Bezug zur Ernte. Sein Heiligentag am 24. 8. gilt heute als
Herbstanfang. Wenn das Korn sich legt sagt man[147]:

»Bardolome geat durch et koarn«

oder[148]:

»denn is Bartel mit'n Schimmel dor
op west un hett dat dalreden«.

Dies deutet, wie die Namensähnlichkeit mit »Bart« und die Verbindung des Heiligen mit dem Wind, der Wilden Jagd und dem Schimmel
auf den Gott Wodan hin. Auch Augustinus (»der Erlauchte, Erhabe-
ne«) als Patron der Theologen scheint ein Wodansersatz zu sein. Sein
Heiligentag ist am 28. 8. Ägidius (»Der Schildhalter«) ist Personifikati-
on der Herbstsonne, er wurde von einer Hirschkuh (Sonne) gesäugt
und von einem Pfeil erschossen wie der Sonnengott Balder. An seinem Heiligentag, der manchmal als 1. Herbsttag gilt, dem 1. 9., hat
zugleich die heilige Verena ihr Fest. Verena entspricht der römischen
Venus und der germanischen Frowa (Freyja). So heißt im aargauischen
Tannhäuserliede die Frau Venus »Frau Vrene«. Verena ist u. a. Patronin
der Dirnen und beschert den Mädchen Männer und Kindersegen, ihr
Gürtel, der Frowas Brisingamen entspricht, wird bei schwerer Geburt
verwendet. Der hl. Magnus (der »Mächtige«) scheint dem Sohn Donars, Magne (Magni), zu entsprechen. Daß sein Heiligentag am 6. 9.
auch »Ingerfirtig« heißt, seine Kerze »Ingerkerze« und an seinem Tage
schon Feuer entzündet werden, läßt einen Bezug zu Ing-Fro (Yngvi-
Freyr) erkennen. Adrian (»Der aus Adria«) hat seinen Heiligentag am
8. 9. und gilt als Patron der Soldaten und Söldner. Er wird als Krieger
mit Palme und Schwert dargestellt und entspricht dem Gott Tius. Seine Funktion als Pest- und Schmiedeheiliger läßt einen Bezug zu Donar
erkennen (Heiligentag hier 4. 3.). Gleichfalls am 8. 9. ist der Tag Maria
Geburt, auch »kleiner Frauentag« genannt, an dem mancherorts noch
Kräuter geweiht werden. Er beendet die Zeit der »Frauendreißiger«,
die mit Maria Himmelfahrt beginnen und ursprünglich nur die Zeit
des Sternbildes der Jungfrau umfaßten. Maternus (»Der Mütterliche«)
hat seinen Heiligentag am 13. 9., dem Zeitpunkt der Herbstgleiche vor

Einführung des gregorianischen Kalenders. Er wird in einer 17tägigen Festzeit (13. - 29. 9.) gegen Fieber und ansteckende Krankheiten angerufen. Er war tot und wurde dann wiederbelebt. Vielleicht entspricht er dem Gott Balder. Cornelius (»Der Gehörnte«) hat mit der hl. Notburga seinen Tag am 14. 9. In der Kölner Severinskirche zeigt man sein Horn. Er ist Patron des Hornviehs, hilft aber auch Menschen bei Fallsucht und Krämpfen, den Wallfahrern wird gesegnetes Corneliusbrot gegeben und Fallsüchtige erhalten aus dem Trinkhorn des Heiligen geweihtes Wasser. Er scheint dem Celtengott Cernunnos zu entsprechen, den ich mit Ing-Fro identifiziere. Notburga (»Not-bergend«) ist Patronin der Vielgeburten. Sie hing ihre Sichel an einem Sonnenstrahl auf und scheint somit eine Göttin des Mondes zu ersetzen, also Frowa (Freyja). Darauf deuten auch zwei weiße Stiere hin, die bei ihrer Beerdigung zugegen waren. Einbet hat ihren Heiligentag am 16. 9., aber auch am 1. 8. Zusammen mit ihren Schwestern Worbet und Wilbet ist Einbet eine der drei Nornen. Matthäus (»Geschenk des Zeus«) hat seinen Heiligentag zur Herbstgleiche am 21. 9. Die Nachkommen der Goten erkennen im Monde sein Bild. Wer an seinem Tag geboren ist, hat eine besondere Verbindung zu den Totengeistern. Darum entspricht der Matthäus dem Mondgott Mannus-Heimdall (Heimdallr). Mauritius (»Der Mohr«) hat seinen Tag am 22. 9. Er verkörpert ein dunkles Wesen, welches den Winter darstellt und gegen die Götter kämpft, vielleicht Hoder (Hǫðr). Thekla hat ihren Heiligentag am 23. oder 24. 9. Sie entfloh einst in eine Höhle, die sich hinter ihr schloß, nur ihr Schleier hing hinaus. Sie ist als Patronin der Sterbenden natürlich Ersatzheilige für die Göttin Frick (Frau Holle). Als »Wanne-Thekla« erscheinmt sie als Herrin der Hexen und Alben und der durch die Luft fahrenden Geister. Wenn das Wetter recht wüst und ungestüm ist, spielt sie ihre Rolle. Ihr wird als Weihegeschenk Geflügel gegeben. Cosmas und Damian haben ihren Heiligentag am 27. 9. Sie sind Patrone der Ärzte und Apotheker. Man hat sie als Ersatzheilige der Götterbrüder Widar (Víðarr) und Wale (Váli) gedeutet. Der hl. Wenzel (»Der Ruhmgekrönte«), Heiligentag am 28. 9., entspricht dem Gott Wodan. Er schläft im Berge und wird einst wiederkehren wie Artus oder Barbarossa. Wenn der Sturm braust heißt es, der hl. Wenzel hacke Holz. Den Altweibersommer nennt man auch Wenzelssommer. Remigius (»Der Ruderer«) hilft gegen Feuer und für gute Geburt, entspricht also vielleicht dem Gott Donar. An seinem Heiligentag am 1. 10. versammelten sich früher die Leute am Grabe Widukinds (in Nordhof bei Enger), um mittels der Wekings-,

214

d. i. Widukindsspende, zu feiern. Auch Schmausereien und Umzüge werden am 1. 10. erwähnt. Der hl. Dionysius, Heiligentag am 9. 10., entspricht dem gleichnamigen griechischen Weingott (röm. Bacchus). Aurelia, »die Goldene« ist ein Ersatz für die Sonnengöttin Sunna, außerdem hat sie Verbindungen zu den drei Nornen. Ihr Heiligentag ist der 15. 10. Hedwig (»Dem Kampfe geweiht«) hat ihren Gedenktag am 17. 10. Sie erscheint mit einem Heere gewappneter Männer und ersetzt somit eine valkyrenartige Göttin, vielleicht Frowa. Severinus (»Der Strenge, Ernste«), Heiligentag am 23. 10., entspricht wohl Donar, denn er wurde um Regen angerufen.

Bedeutung.

Der Sinn des Festes ist, den Göttern zu danken, die eine gute Ernte gebracht haben, also zuerst Wodan und Frick. Im Herbst beginnen außerdem die Umzüge von Wodan und Frick mit den Seelen der Verstorbenen, personifiziert in den Herbststürmen und in der Wilden Jagd. Beide Gottheiten sind ursprünglich besonders auch Totengottheiten. Darum verkriechen sich die Schnitter, wenn bei der Gerstenernte des Abends Wildgänse schreiend durch die Luft ziehen, mit den Worten[149]:

»De Waur (Wodan) dei kümt«.

Die Eddamythen des Herbstfestes, Vafþrúðnismál und Rúnatalsþáttr Óðins, stellen noch einen anderen wichtigen Aspekt des Herbstfestes dar, das Niedersinken des Lichtes in die Dunkelheit. Gewinnt doch jetzt wieder die Nacht und das Dunkel die Oberhand über den Tag und das Licht. Daher ist das Herbstfest auch der Zeitpunkt, wo der Sonnen- und Lichtgott Balder zur Hellia (Hel) fährt, oder die Göttin der Jugend und des Frühjahrs, Iduna (Iðunn), von der Weltesche herabsinkt (Skáldskaparmál 1 - Bragerœður 2). Wodan (Óðinn) als Sonnengott sinkt in das Reich des Todes und Winters, der durch den Winterriesen Wabedrut (Vafþrúðnir) symbolisiert wird. Das Herbstfest ist auch ein wichtiger Zeitpunkt für die Runen. Der Runenmythos des Rúnatalsþáttr Óðins (Hávamál 138-164), in welchem erzählt wird, wie der Gott an der Weltesche hängt und herabsinkt, um das Geheimnis der Runen zu erfahren, spielt in dieser Zeit. Denn Wodan (Óðinn) ist hier (wie in den Vafþrúðnismál) als Sonnen- und Himmelsgott aufgefaßt, der nun in das Reich der Dunkelheit und des Todes herabsinkt, um dann später (Ostern im neuen Jahr) wieder aufzustehen.

Außerdem gilt das Fest den vielen helfenden und schadenden Geistern, denn nach altem Volksglauben derjenigen Völker, die vorzugsweise Ackerbau betrieben, wohnen in den Feldern Gottheiten und Geister, denen der Landmann opfert, damit sie ihm gut gesonnen bleiben. Die jetzt wirkenden Geister sind besonders die Korndämonen. Korndämonen sind Wesen, die sich als Fruchtbarkeitsgeister im Getreidefeld aufhalten, bald den Menschen gut, bald böse gesonnen; sie nehmen im Volksglauben gespensterhafte Tier- und Menschengestalten an und spiegeln Sorge und Furcht des Menschen und die enge Verbundenheit der täglichen Arbeit mit der ihn umgebenden Natur wieder. Im deutschen Sprachgebiet tragen sie Namen wie Wind- und Wetterkatze, Erntebock, Roggenwolf, Roggenmuhme, Kornalte, Butzenbummel, Nachtwisch, Wullwux, Sichelweib oder Bilwisreiter. Am bekanntesten ist die Roggen- oder Kornmuhme, ein weiblicher Korngeist, der durch das reifende Ährenfeld geht, die einzelnen Ähren schützt und die Kinder erschreckt. Zwar ist die Bezeichnung »Frau Gode« vom älteren »Fro Gwode« (= Herr Wodan) abgeleitet, im Volksglauben aber entspricht ihre Vorstellung der das Wachstum schützenden Göttin Siwa (Sîf), die zu Leinernte verehrt wird. Der Bilwißschneider, den ich schon im Kap. 7 erwähnt hatte, war vielleicht ursprünglich eine Gottheit, die dann (vor 1300) als ein menschenfeindlicher Naturdämon gedeutet wurde, später war er als Hexe oder Zauberer gefürchtet und wurde als Korngeist bezeichnet. Mit der Schnittersichel an seinem Geißfuße schneidet er lange Streifen durchs Getreide; so holt er als Wilder Mann in Gesellschaft nachtfahrender Hexen seinen Zehnten an Roggen und Weizen. In Bußbüchern des 14. und 15. Jhs. sind diejenigen vom Abendmahl ausgeschlossen,

> »die da sagen, daß sie mit der Perchta, den Bilwissen und Truden auf den Blocksberg fahren«.

Der Bilwisreiter ist auch der Grund für jeglichen Schwund im Kornfeld.

Götter.

Die Götter des Herbstfestes sind also besonders Wodan und Frick in ihren Aspekten als Erntegottheiten. Wodan verkörpert dabei den Wind und die Sonne, Frick die Erde. Außerdem sind beide Totengötter, die die Seelen der Verstorbenen anführen. Dieser Aspekt tritt allerdings erst zum nächsten Fest, zu Winternacht, in den Vordergrund. Als Gott des Dings wird dann natürlich auch der Gott Tius (Týr) verehrt, der auch Zius genannt wird. Daß auch die Sonnengöttin Sunna (Sól) verehrt wird, hatte ich schon erwähnt. Ferner wird die Göttin Iduna (Iðunn) verehrt, die die im Winter fehlenden goldenen Äpfel der Jugend verwahrt. Ihr Mythos ist auch ein Bild für den Laubfall und die Ernte des Obstes. Möglicherweise wurden auch der Sonnen- und Lichtgott Balder und seine Gemahlin, die Göttin der Treue, Nanna, im Herbstfest verehrt, denn es ist der Zeitpunkt, wo er in das Totenreich der Hellia fährt. Darum finden wir im Brauchtum des Herbstfestes auch das Gedenken an die Verstorbenen. Und auch dem Fruchtbarkeitsgott Ing-Fro (Freyr) wurde sicher in diesem Erntedankfest gedankt.

Erntebeginn.

Der Erntebeginn fällt gewöhnlich in die Zeit zwischen dem Leinernte- und dem Herbstfest, das Einbringen der Ernte ist aber eine Voraussetzung für das Erntedankfest des Herbstes. Schon der erste Schnitt gilt als etwas Heiliges, man zieht schweigend mit geschmückten Kleidern und Arbeitsgeräten aus, und es wird ein kurzes Gebet gesprochen, wenn an der Ackerecke mit dem ersten Schnitt begonnen wird[150]:

>»Wodan gebe uns eine gute Zeit.«

Ein anderes derartiges Gebet, in welchem auch die drei Nornen erwähnt werden, findet sich auf Seite 195.

Vielerorts erhält der Bauer die erste Ähre, zuweilen mit Tannenreisig geschmückt, überreicht oder die ersten Ähren werden der Kornmutter ins Getreidefeld geworfen. Auch in fließendes Wasser oder dem Haushahn oder den Geistern werden die ersten Ähren geopfert. Auch

Kräuter (wilder Elsbet, Knoblauch, Hartheu, Kamille, Disteln, Dornen) werden in die Ähren gebunden, desgleichen manchmal ein Blumenstrauß, eine Flasche Branntwein, ursprünglich Met, und eine Semmel, Ostereier, Käse, Salz und Brot als magischen Schutz der Ähren. Auf dem Felde gibt es ein Festessen und abends Tanz. Der Vormäher begrüßt den Bauer auf dem Felde, und die älteste Mäherin bindet ihm einen oder mehrere Ährenkränze um den linken Arm und sagt den Bindespruch. Es ist unsicher, ob derartige Sprüche ein hohes Alter haben, ihre große Anzahl und Verbreitung sowie inhaltliche Einzelheiten sprechen eher dafür[151]:

>Dies geschieht dem Herrn zu Ehren,
Seine Gaben zu vermehren.
Wir binden nicht aus Haß und Neid,
Sondern aus Liebe und Freundlichkeit.
Der Herr mög' sich nicht lang bedenken,
Die Gesellschaft zu beschenken.«

Abbildung 56: Pommerscher Erntezug.

Andere Bindesprüche lauten[152]:

>Dies geschieht dem Herrn zu Ehren,
Diese Garbe zu vermehren.
Und sich nicht lange zu bedenken
Und uns ein kleines Trinkgeld zu schenken.«

»Ich habe es vernommen,
Der Herr N. N. ist gekommen.
Wir binden sie in Ehren,
Das können sie uns nicht wehren,
Mit einem Gläschen Bier oder Wein,
Können sie erlöset sein.«

»Ich bind dich an in Ehren
Du wirst mir's nicht verwehren.
Du hast paar schöne Hosen an,
Und auch was schönes drin,
Das kannst mir geben als Angebind.«

»Wir binden dich mit Gersten
Dieweil wir alle dürsten
Ein Gläschen Bier oder Branntwein
Tät uns sehr willkommen sein.«

Es handelt sich hierbei um Fruchtbarkeits- und Vermehrungswün-
sche, die in manchen Gegenden auch neuverheirateten Paaren, denen
Ähren angebunden werden, gelten. Denken wir auch an den uralten
Opfertanz zum Herbstfest, den »Siebensprung«, der auch auf Hochzeiten getanzt wird. Ein anderer Erntebindespruch lautet[153]:

»Es gibt ein altes Recht,
Es gilt der Magd und auch dem Knecht.
In alten Büchern ist's zu finden:
Wir dürfen selbst den Bauern binden.
Ich meine nicht mit einem Strick,
Das wär zu plump und auch zu dick.
Ich binde mit dem Ährenband,
Die Fessel, die bringt niemals Schand,
Ihr braucht sie ja nicht lang zu tragen,
Die Lösung brauch ich wohl nicht sagen.
Doch vorher, wie es alter Brauch,
Vernehmet meine Wünsche auch:
Der Himmel schenk euch Glück und Segen,
Auf allen euren Lebenswegen.«

Der Bauer erhält mancherorts statt oder neben dem Ährenband Ern-
tekränze umgehängt, für die er eine bestimmte Summe gibt. Eine Art

Initiation finden wir hinter dem Brauch, daß neue Erntehelfer und -helferinnen über die Hocken geworfen werden, oder die Schnitter putzen ihnen die Füße oder sie erhalten einen Erntekranz. Dafür müssen sie sich mit einer Flasche Schnaps freikaufen, sonst werden sie über das Stoppelfeld gezogen. Umherziehende Gabensammler, die eine Person, männlich oder weiblich treffen, lassen diese von zwei Leuten hochheben und gegeneinanderschwingen, was als Kräftigungszauber gedeutet wird. Wer eine Doppelähre (»Twillöhr«) findet, steckt sie als Glückszeichen an den Hut. Kommt ein Landmann bei den Erntenden vorbei, so sagt dieser »Gott helf«, die Schnitter antworten »Gott lohnt« (der Name »Gott« ist aus Guod, Guodan, Wodan etstanden).

Letzte Ähren.

Wenn sich die Mahd ihrem Ende zuneigt, zieht sich der Fruchtbarkeitsgeist immer weiter zurück, bis er zuletzt in den letzten Halmen steckt. Diese bleiben, um dem Feld nicht die Kraft zu nehmen, unabgemäht. Meist werden neun Halme davon zusammengebunden, wobei nur die rechte Hand benutzt werden darf, mit Blumen oder Gras und bunten Bändern zu einem Knoten oder einer Garbe umwunden oder zu einer Scheune geformt. Oft erhalten sie Menschengestalt, indem sie dreifach umwunden (um Kopf, Leib und Beine abzuteilen) oder geknickt unterhalb umwunden werden. In diese Puppe wird auch oft ein Maibaum (Erntebaum) gesteckt, dann wird sie umtanzt und es wird zu ihr gebetet. Man legt Brot oder Steine hinzu oder besprengt diese Ähren mit Bier oder Wasser. Der folgende Spruch scheint sich auf das Abhauen der Erntezweige zu beziehen[154]:

> »Waul, Waul, Waul!
> De N. N. Maikens sind Haurn!«

Die Wachstumskraft des Weizenfeldes in der Puppe oder den letzten Ähren personifiziert, wird »der Alte« genannt, und gemeint ist der Gott Wodan als Erntegott, außerdem heißt sie Waulroggen (Waul = Wodan), Waldmann, Vergodendél (Herr Wodens Teil), Oswald (= Wodan), Vágeltégen (Vogelzehnt) oder Finkentégen (Finkenzehnt). Die letzte Garbe auf Roggenfeldern wird als »die Alte« bezeichnet, Es finden sich auch die Bezeichnungen Große Mutter, Erntemutter, Kornmutter, Fru Gaue, Roggenweib, Roggenmuhme, Haferalte, Flachsmutter, Fock, Wawa (altes Weib) oder Weib, Holzfrau, Kornjungfer, Braut, die arme oder gute Frau usw. Hinter diesen Begriffen steht natürlich die Erdgöttin Frick (Frau Holle, Perchta). Auf tiergestaltige Korngeister deuten die Namen (Ernte-) bock, Halmbock, Habergeiß, Bockstorn, Rind, Kuh, Hahn, (Korn-)wolf, Kater oder Hase.

Nach beendeter Mahd müssen sich die Schnitterinnen auf den Acker setzen, um ihm neue Fruchtbarkeit zuzuführen. Die letzten Ähren bleiben auf dem Felde stehen. Nur in manchen Gegenden werden sie im Namen des Gottes Wodan in drei Schnitten gemäht, aber von einer zuvor (aus den vorletzten Ähren) geschnittenen und gebundenen Garbe abgelöst, die dann auf dem Felde bleibt, während »der Alte« von den Mähern dem Bauern gegeben wird, der ihn im Hause über der Tenne anbringt und dort das ganze Jahr läßt. Bei der Übergabe des »Alten« spricht man[155]:

> »Nehmen sie den Alten wohl in Acht!
> Er wird sie behüten Tag und Nacht!«

Oder[156]:

> »Du hast den Alten
> Und mußt ihn behalten!«

Zwischen die letzten Ähren wird eine Tanne, ein Strauß, ein Blumenkranz oder ein grüner Zweig (belaubter Birkenbaum), der Ernte- oder Harkelmai, gesteckt oder er wird an deren Stelle gesteckt, nachdem sie geschnitten wurden. Der Erntemai wird auch beim Einbringen begossen, in der Mitte des Zimmers aufgestellt oder für ein Jahr auf dem Dach (am Schornstein) oder auf den letzten Getreidebarmen befestigt. Auch für des Gottes Roß Sleipner läßt man die letzten Ähren stehen oder nimmt welche aus der letzten ungebundenen Garbe und verstreut sie.

Schon 1593 schrieb der Rostocker Pastor Nikolaus Gryse in seinem Buche »Spegel des Antichristlichen Pavestdoms« über die letzten Ähren[157]:

> »Ja, im Heidendome Heidentum hebben tor Tydt der Arne [Zeit der Ernte] de Meyers [Erntehelfer] dem Affgade [Abgott] Woden umme gudt Korn angeropen; denn wenn de Kornarne [Kornernte] geendet, hefft man up den lesten

Platz eines Veldes einen kleinen Ordt unde humpels Korns unafgemayet [unabgemäht] ston laten, datsülve Baven an den Arn drevoldigen to samende geschörtet [zusammengeschnürt] unde besprenget. Alle Meiers sin darumme her getreden, ere Höde [Hüte] vam Koppe genamen unde ere Seisen [Sensen] na der sülven Wode unde Geschrenke dem Kornbusche upgerichtet, und hebben den Wodendüvel [Wodanteufel] dremal [dreimal] semplik Lud [sämtliche Leute] averall also angeropen unde gebeden:

Wode, hale dinem Rosse nu Voder,
nu Distel unde Dorn,
tom andern Jar beter Korn!

Welker afgödischer Gebruk im Pawestom gebleven. Daher denn ok noch an dissen Orden dar Heiden gewanet, bi etliken Ackerlüden solker averglövischer Gebruk in anropinge des Woden tor Tid der Arne gespöret werd, und ok oft desülve Helsche [höllische] Jeger, sonderliken im Winter des Nachtes up dem Velde, mit sinen Jagethunden sik hören let«.

Die letzte Zeile des Spruches, den alle zusammen drei Mal sprechen, lautet auch: »*ächter Jahr beter Korn*«. Wie alt dieser Brauch ist, ergibt sich aus entsprechenden Überlieferungen aus Skandinavien. In Schweden (Schonen und Blekinge) wird die letzte Garbe für »Odens Pferd« zurückgelassen, in Dänemark (Mön) »Für den Jöde von Upsala«. Noch im vorigen Jahrhundert war es in Rodenberg Sitte, beim Mähen des Hafers ein kleines Stück, etwa einen Quadratmeter groß, unberührt zu lassen. In der niederdeutschen Chronik Mithoffs von Rodenberg (1825) heißt es dazu[158]:

»In der Mitte dieser kleinen stehengebliebenen Haferfläche trieb man eine Stange in den Erdboden hinein und befestigte an derselben einen mit einem alten Hufeisen behängten Strohmann. Diese eigentümliche Herrichtung wurde Waut, in einigen Dörfern auch Waul genannt. Sobald zur Herbstzeit ein Ackerbürger oder ein sonstiger Landwirt seinen letzten Hafer abgemäht hatte, begab er sich mit seinen Erntearbeitern zu seinem aufgestellten Waut und übergoß denselben mit einer Kanne Bier. Während nach dieser Biertaufe die Erntearbeiterinnen - Haustöchter, Mägde und Tagesarbeiterinnen - einen Kettenkreis um den Waut schlossen, stellten sich die Mäher mit ihren Sensen neben dem Kreise auf. Auf ein gegebenes Zeichen schlugen die Mäher mit ihren Stecken auf die Sensen, und nach dem Takt der Sensenklänge tanzten die im Kreise stehenden Schnitterinnen um den Waut herum einen Reigentanz, der von allen Beteiligten mit dem Absingen des folgenden althergebrachten Wautsangs begleitet wurde:

Waute, Waute, Waut
Verwahr din Hawern gaut
Var Fößen und var Kreihen
Var Wildschen und var Spreien,
Waute, Waute, Hawermann
Slah achterut, slah's Wrenschen an«.

Der Spruch lautet übersetzt:

»Waute, Waute, Waut!
Verwahre deinen Hafer gut,
Vor Füchsen und vor Krähen,
Vor Wildschweinen und vor Staren.
Waute, Waute, Hafermann,
Schlag nach hinten aus, schlag's Wiehern an.«

Wo die letzten Ähren geschnitten werden, wird daraus Brot (Julbrot) gebacken oder davon dem Vieh zum fressen gegeben. Das Korn der letzten Ähren wird auch unter die Aussaaten gemischt, um im nächsten Jahr reichere Ernte zu erhalten.

Die letzte Garbe.

Die letzten (eigentlich: vorletzten) Garben werden um die Wette gebunden, und welche der Rafferinnen am spätesten mit ihrer fertig wird, wird selbst in die letzte Garbe eingebunden. Oder es wird diejenige Magd, die die letzten Ähren zum Erntekranz gewunden hatte,

»Haferbraut«. Sie wird mit Garben umhüllt und dann in einem Reigen, dem Garbenreigen, umtanzt, wobei ihr unter Scherzsprüchen das Stroh abgenommen wird. Die letzte Garbe ist dem Wilden Jäger, Wodan, geweiht, sie wird auch mit Kleidern umhangen, oder es wird in sie eine Blume oder ein Birken- oder Erlenbusch hineingesteckt. Sie heißt Stamm-, Grund- oder Stockgarbe, weil sie den Grundstock für die Fruchtbarkeit des nächsten Jahres bildet. Darum wird sie besonders dick gebunden, so daß sie allein steht, und nach Masse und Gewicht auf den künftigen Ernteertrag hinweist. Die letzte Weizengarbe gilt als Opfer für Wodan, die letzte Roggengarbe gilt der Erdmutter Frick, außerdem gelten sie den Korngeistern. Oft wird allerdings nicht zwischen Weizen- und Roggengarbe unterschieden und wahllos beide Bezeichnungen (der Alte, die Alte usw.) durcheinandergebracht. Vielleicht hängt das damit zusammen, daß dann diese Garbe nur den Korngeistern, nicht den Göttern, geopfert wird. Der Haus- oder Gutsherr eröffnet den Erntetanz, indem er mit der aus der letzten Garbe hergestellten Erntepuppe tanzt oder Großknecht und Erntemagd beginnen den Tanz, indem sie den Erntehahn zwischen sich halten. Das letzte Fuder wird Erntegans genannt, früher saß ein Weib mit einem Strauß und einem roten Sacktuch darauf, das gleichfalls Erntegans genannt wurde.

Wodelbier.

In die letzten Ähren steckt man auch den Waulstock hinein, worauf die Schnitter in den neunfachen Ruf »Wold« oder »Waul« (Wodan) ausbrechen. Hier hat sich also im Brauchtum noch eine alte Anrufung des Gottes erhalten. Dabei schlagen die Schnitter nach dem letzten Sensenschlage mit dem »Streck« (zum Schärfen der Sense) an das Sensenblatt. Mit ihrem Getränk, dem »Wodelbier«, einem dunkelgebrauten Erntebier, welches der Gutsherr den Arbeitern bereitet, begießen sie den »Waut« und träufeln den letzten Rest aufs Feld. Die Rafferinnen und Binderinnen klopfen währenddessen die Brotkrumen aus ihren Körben. Bier und Brot sind ursprüngliche Opfergaben. Danach tanzen sie um die stehengebliebene letzte Garbe und schwenken ihre Hüte. Das folgende Lied wird dabei (und auch beim Verlassen des Feldes) gesungen[159]:

»Wold, Wold, Wold!
Häwenhüne weit, wat schüht
Jümm hei dal van Häwen süht
Vulle Kruken and Sangen hätt hei
Upen Holte wäst mannigerlei
Hei ihs nig barn and wärt nig oold.
Wold, Wold, Wold!«

Das bedeutet übersetzt[160]:

»Wold, Wold, Wold!
Himmelshüne weiß, was geschieht.
Vom Himmel er hernieder sieht.
Volle Krüge und Garben hat er:
Auf dem Holze wächst mancherlei.
Er ist nicht geboren und wird nicht alt.
Wold, Wold, Wold!«

Dieser alte Wodansspruch enthält einen Hinweis auf das Hängen
des Gottes am Weltbaum, wie es im Rúnatalsþáttr Óðins in der Edda
beschrieben ist. Es wird auch um eine Strohpuppe (ursprünglich aus
den letzten Ähren gebildet) getanzt. Diese Strohpuppe heißt »Oswald«,
d. i. der »waltende Ase« oder der »Ase Wold«, also Wodan.

Erntefeuer.

Auch zum Herbstfest gehört ein Festfeuer, und zwar ist es in der Regel
ein Höhenfeuer. Schon in der Færeyinga saga (Kap. 5) aus dem 10.-12.
Jh. wird es zum Herbstding erwähnt[161]:

»Die Þingstätte der Färinger war auf der Strominsel [Strei-
moj]. Dort, wo der Hafen liegt, den sie Þórshafen [Tórs-
havn] nennen. Hafgrim, der auf der Südinsel in Hof wohn-
te, war ein großer Opferer. Denn damals waren noch alle
Färinger Heiden. Da geschah es in einem Herbste beim
Bauer Hafgrim auf der Südinsel, daß Einar der Südinsel-
mann und Eldgjarn Kammhut beim Opferfeuer saßen«.

Auf dem Heidenhügel in Steinhude tanzt man um das Herbstfeuer und verehrt den »Waude«. Das Feuer heißt Erntefeuer und wird

umtanzt und übersprungen, die Schnitter stellen sich um das Feuer, knieen, nehmen den Hut ab und rufen Wodan an. Auch als Michaelisfeuer hat sich das Herbstfeuer noch erhalten. Mancherorts eilen die Jünglinge mit brennenden Fackeln einem herabrollenden Rade nach. Eine glückliche Bedeutung hat es für denjenigen, dessen Fackel nicht erlischt. Schon in Sebastian Franks »Weltbuch« wird berichtet, daß singende Knaben mit Fackeln zur Nachtzeit in geordnetem Zuge umzogen und dazu sagten: »damit leuchten sie den Herbst aus«. Das Herbstfeuer vertreibt böse Geister, macht die Felder für das nächste Jahr fruchtbar und führt so neuen Segen herbei.

Abbildung 57: Erntekranz und Erntekrone.

Erntekrone und Erntekranz.

Die Erntekrone ist ein kronenartiges Gebilde, an welchem über dem Kranzreifen zwei Bogen in Kreuzform ansteigen. Er heißt auch Erntehahn, Bauthahn oder Stoppelhahn, und ist meist aus allen Getreidearten gebunden und mit Laub, Moos, Blumen, Grünzweigen, Bändern

Flitterwerk und Goldpapierstreifen geschmückt. In ihm hängen zwei Puppen, Schnitter und Binderin darstellend. An ihm hängen mit Kopf und Schwanz versehene, aus ausgeblasenen Eiern hergestellte Vögel.

Abbildung 58: Waagerecht aufgehängter Erntekranz.

Zuweilen brennen in der Erntekrone abends Kerzen. Oben auf der Erntekrone finden wir einen vergoldeten Mohnkopf neben einem Fähnlein. Die Harkerinnen stellen die Erntekrone her, während die Schnitter den Erntekranz machen. Der Erntekranz ist ein einfacher Kranz aus Ähren, oft mit einem Hahn geschmückt. Erntekranz und Erntekrone sind Sinnbilder des Kreislaufes, sie sichern die Ernte des kommenden Jahres. Der Erntekranz wird am Tage des letzten Schnittes (selten an einem kleinen Vorfest während der Ernte, dem »Kranzbier«) oder der Einbringung des letzten Wagens hergestellt. Die letzte Fuhre des Getreides wird festlich hergerichtet, die Pferde und Schnitter mit Blumen und Bändern geschmückt, und so wird unter Gesang zum Hofe gefahren. Auf dem Wagen befindet sich der Waut und die Erntekrone und/oder der Erntekranz. Die Bäuerin besprengt den einfahrenden Wagen mit Lebenswasser. Nun wird der Erntekranz oder -krone mit einem Spruch feierlich dem Bauer überreicht bzw. um den Hals gelegt oder auf den Kopf gesetzt[162]:

»Wir haben gemacht den Erntekranz
Der ist nicht halb sondern der ist ganz.
Er ist nicht von Distel und Dorn,
Sondern von reinem gewachsenen Korn.«

Daran schließen sich die Wünsche für gutes Gedeihen und eine reiche Ernte im kommenden Jahre. Ein anderer Übergabespruch lautet[163]:

»Hier bringen wir den Kranz
Er ist gebogen und gezogen
Die schöne Nachtigall ist durchgeflogen
Wollen sie die schöne Nachtigall wieder haben,
So müssen sie den Kranz
Auf ihren Händen tragen.«

Der folgende Vers[164] findet sich ähnlich auch in dem ostpreußischen Volkslied »Mit lautem Jubel bringen wir den schönsten Erntekranz ...«:

»Nun wünschen wir dem Bauern Glück
Und bringen ihm den Kranz.
Er ist der Schnitter Meisterstück
Mehr wert, als Goldes Glanz.«

Die Herrin wird zuweilen mit den Bändern des Kranzes umwunden und muß sich mit Geld lösen. Die Überbringenden werden manchmal mit Wasser übergossen. Während des nun folgenden Mahles liegt der Kranz auf einem Teller auf dem Tisch oder hängt an der Decke des Saales, darunter wird getanzt. Die Magd kauft für den Hut des Burschen einen Maien und wird dafür zum Tanz geführt. Am zweiten Festtage haben die Mädchen für bestimmte Stunden das Kommando, zum Zeichen wird ein Pantoffel unter den Erntekranz gehängt. Bis zum nächsten Jahre bleibt der Kranz in der Diele des Hauses auf einem Ehrenplatz oder vor dem Hause über der Großtür. Oft tritt an seine Stelle auch der Erntemai, der ebenso festlich eingeholt wird, oder auf dem Felde bleibt. Es ist ein buntgeschmücktes Bäumchen, in das man die letzten, auf dem Acker aufgelesenen Ähren einbindet. Körner des Erntekranzes streut man wieder auf den Acker, um ihm Fruchtbarkeit zu geben.

Hahnenopfer.

Der Hahn ruft mit seinem Krähen die Sonne herbei, daher haben Hahnenopfer gerade zu den Sonnenfesten (Jul, Ostern, Mittsommer, Herbst) eine besondere Bedeutung. Der Hahn wurde, nachdem er sich an den ausgefallenen Körnern tüchtig sattfressen durfte, in die letzte Garbe gesteckt und auf dem Felde in ihr totgeschlagen. Neben dem Erntezweig saß eine Person die einen lebenden Hahn hielt der beim

Erntemahl verzehrt wurde. Oder eine getötete Henne an dem Wipfel des Erntemais. Ähnlich war der Brauch, beim Erntefest einen lebenden Hahn unter einen irdenen Topf zu setzen und diesen mitsamt dem Tier mit einem Schlag mit dem Dreschflegel zu zerschmettern. Dabei finden wir zuweilen auch den Brauch, daß Mädchen mit verbundenen Augen durch Zerschlagen des Topfes den Hahn zu befreien suchen. Welche dies vollbringt ist Siegerin und wird auf einem Schubkarren festlich durchs Dorf geführt. Ähnlich ist das Spiel Topfschlagen und das Tonnenschlagen, in welchem Reiter versuchen, unter einer aufgehängten Tonne reitend diese mit Knüppelhieben zu zertrümmern. Früher saß in der Tonne ein Tier, meist eine Katze. An diesen Brauch schließt sich wiederum das Hahnenreiten an, bei dem der Hahn, der zuvor geschlachtet wird, kopfunter an einem Galgen hängt, aber mit einem über Rollen laufenden Strick hochgeschnellt wird, sobald der Reiter danach greift. Dies geht, bis ihm einer den Kopf abreißt. Man wirft auch mit Knüppeln nach einem Holzhahn, der auf einer Stange steht. Beim Topf- oder Hahnenschlagen wird mit verbundenen Augen dreimal nach einem Topf, unter dem ein Hahn sitzt, geschlagen. Wird der Topf getroffen, so ist der Hahn gewonnen. Ähnlich ist das Hahnengreifen, bei dem ein Hahn gefangen werden muß, oder das Hahnenstechen, bei dem ein Holzhahn von einem Reiter getroffen und vom Erntekranz abgeschlagen werden muß. Der Sieger erhält einen echten Hahn. Der Hahn als Opfertier ist vielfach durch ein bunt bemaltes, mit Goldpapier überklebtes hölzernes Abbild ersetzt worden. Dieser Holzhahn trägt Früchte im Schnabel und um den Hals einen Kranz von Trauben und Eierschalen. Er wird auf dem Erntekranz oder einer Stange, dem Erntebaum, befestigt und auf dem letzten Fuder eingebracht. Unter Begießen mit Wasser wird der Hahn auf der Diele aufgehängt oder als Giebelzierrat über der Einfahrtstür befestigt und bleibt dort ein Jahr hängen. Zum Erntemahl ist es noch heute üblich, Hühnersuppe zu essen, die an das alte Hahnenopfer erinnert.

Pferdeopfer.

Das wichtigste Opfertier des Herbstfestes ist das Pferd, welches dem Gott Wodan geweiht ist. Schon in der Eyrbyggja saga (um 1350) wird es im Zusammenhang mit dem Herbstfest erwähnt[165]:

»Auch Þorbjörn der Starke besaß dort Gestüt, das er oben auf der Bergweide grasen ließ, und er wählte sich davon gewöhnlich ein Roß aus, um es auf dem Herbstopferfest zu schlachten«.

Auch in der Hákonar saga góða (Heimskringla) (um 1225) erfahren wir von einem herbstlichen Pferdeopfer[166]:

>»Im Herbst nahe dem Winter fand ein Opferfest [Blót] in Lade statt, und der König begab sich zu diesem... Am nächsten Tage aber, als man zur Tafel ging, drangen die Bauern heftig in den König und verlangten, er solle das Roßfleisch essen. Das wollte der König aber durchaus nicht. Dann forderten sie ihn auf, die Brühe zu trinken. Aber auch das lehnte er ab. Endlich wollten sie, daß er von dem Roßfett äße, doch auch das wollte er nicht«.

Hier weigert sich der christliche König, vom Pferd zu essen. Weitere derartige Erwähnungen finden sich in der Brennu Njáls saga[167] und der Hervararsaga[168].

Noch heute kennt man das Oktoberroß oder ein von einem Burschen dargestelltes riesiges Herbstpferd. Im Rheingebiet hat der Roßschädel als Kirwezeichen Bedeutung, der dann am Ende der Kirwe vergraben wird. Als Ersatz für das von der Kirche verbotene Pferdeopfer wurde, wie oben beschrieben, nur noch ein Hufeisen aufgehängt. Ursprünglich wurde der Schädel des geopferten Rosses auf einer senkrechten Stange aufgestellt (Herbstopferbaum) oder auf eine waagerechte Stange gesteckt und über diese die Haut des Pferdes gehängt.

Auch die Knochen bewahrte man in der Regel auf und legte sie z. B. zu Füßen der Götterbilder nieder. Ähnlich ist das Aufstellen einer Neidstange, bei der auch ein Pferdeschädel (oder ein geschnitzter Pferdekopf) aufgestellt wird. Pferde, die wohl als Opfertiere im heiligen Hain gehalten wurden, werden schon in der Germania des Tacitus vor fast 2000 Jahren erwähnt.

Abbildung 59: Pferdeopfer (Lejre).

Opfergaben, Opfermahl.

Das Opfermahl mit großen Gelagen und Schmausereien findet unmittelbar im Anschluß an das Einbringen der Ernte am Abend statt und heißt »Lichtbraten«. Meist gibt es noch ein festliches Hauptmahl am Tage des Herbstfestes. Es heißt Schnittermahl, Austköst (Herbstmahl), Korntalk (talk = Schmaus) oder Plón (= Schmaus). Neben dem Pferd und dem Hahn sind als Opfertiere der Bock und der Eber überliefert, außerdem ist das Essen einer Gans namentlich in England bezeugt. Man hat das ganze Jahr über Geld, wenn man jetzt eine Gans ißt. Gelegentlich setzt man einen Erntebock, die letzte Garbe in Bockform gebunden, auf den Dachfirst. Das gleiche Fruchtbarkeitszeichen liegt dem Brauche der Weinbergsgeiß zu Grunde, die in traubenreichen Jahren als traubenbehängtes Gestell gebildet wird. Es kehrt im Kerwa (Kirmes-) Hammel wieder. Schon auf nordischen Stabkalendern (aus christlicher Zeit) finden wir zur Herbstgleiche das Zeichen des Bocks. Möglicherweise ist dieser Erntebock aus dem Donarskult des Leinerntefestes überkommen. Die Kirwe wird auch »Bockshochzeit« genannt, und am dritten Kirwetag wurde mancherorts auf einem großen Steintisch unter der Dorflinde der Kirwehammel geschlachtet und abends verspeist oder es wird Schaffleisch gegessen. Der Kirwehammel wird noch heute im Hammelritt oder Kirmesreiten von geschmückten Reitern eingeholt und geschlachtet. Oder der Hammel ist Preis für ein Kegelspiel oder wird beim Hammeltanz verteilt. Das Paar erhält den Hammel, welches gerade ein umgehendes Fähnchen trägt, während sich ein Schuß löst. Auf den Eber als Opfertier deutet die mancherorts übliche Sauhatz und das Schweinefleischessen (Schweinebraten) bzw. das Gebäck »Saufud« hin. Der Eber ist dem Gott Fro (Freyr) geweiht, der als Feuer-, Sonnen- und Fruchtbarkeitsgott möglicherweise im Herbstfest angerufen wurde. Überliefert ist ferner das Essen von Rindfleisch; das Rind ist eines der heiligen Tiere der Erdgöttin Frick (Frigg). Die Tieropfer zum Herbstfest hängen damit zusammen, daß man das überzählige Vieh vor dem Winter schlachten mußte, damit das Futter für das andere Vieh ausreicht. Nicht nur auf dem Felde werden die letzten Ähren geopfert, auch bei der Obsternte werden letzte Früchte als Opfergabe hängengelassen. Man läßt z. B. drei Äpfel *»für den Wilden Jäger«* (Wodan) und *»für die Percht«* (Frick) hängen. In Schweden bekommt das Vieh der »Haffrú« sein Futter. Beim Erntemahl steht in der Mitte der Tafel eine mit den größten Feldfrüchten (Rüben, Kohl) gefüllte Ernteschüssel, aus der die längsten Getreideähren herausragen. Der letzte Schnitter darf zuerst in die Schüssel langen, bekommt die besten Bissen oder ein besonderes Gebäck, wie ein »Teigweiblein«. Gegessen werden Semmel und Milch, Hefekuchen (auch in Menschenform, genannt »die Alte«) Ernteküchlein, aus neuem Korn gebackene Erntebrote (zuweilen werden sie als einzige Speise genossen). Die Mohnkeulchen dürfen nicht fehlen, ferner Stuten und Drischelkrapfen. Wenn keine Erntekuchen gebacken werden, gerät die nächste Ernte nicht. Auch die Strumpf- oder Hedwigssohlen, flache, fußblattartige Brote sind ursprüngliche Opferspeisen, die Schuhe oder Strümpfe darstellen und somit eine gebakkene Form der jetzt herrschenden Jahresrune *kenaz sind. Man hat sie auch als Totenspeise gedeutet. Denn für die Seelen werden mancherorts Speisen im Hause hingesetzt und der Hausvater lädt die Seelen der Verwandten zu Gaste. In manchen Gegenden wird zum Herbstfest Wasser geschöpft, welches man für die Zubereitung von Heilmitteln benutzt.

Trankopfer.

Das Herbstfest heißt nach den kultischen Trünken auch Sichel-, Weizen-, Ernte-, Wodel-, Schnitter-, Seckel- oder Knebelbier. Das »Wodelbier« als altes Trankopfer für Wodan wurde schon erwähnt. Daß der Brauch, für den Gott ein Bieropfer zu bringen, uralt ist, belegt die

von Jonae nach dem Jahre 642 verfaßte »Vitae sanctorum Columbani«.
Hier wird auch die Götterkraft in dem Getränk erwähnt[169]:

> »Es ist suevisches Volk, das dort wohnt. Als sich Columban
> nun dort niedergelassen hatte und einmal bei den Bewoh-
> nern des Ortes herumging, fand er sie im Begriffe, ein
> heidnisches Fest zu feiern. Sie hatten ein großes Gefäß, das
> sie Cupa [Kufe, Kelch] nennen und das ungefähr zwanzig
> Eimer faßte, mit Bier gefüllt in ihre Mitte gesetzt. Colum-
> ban trat hinzu und fragte sie, was sie damit wollten; sie
> erwiederten, sie wollten ihrem Gotte namens Wodan (den
> andere Merkurius nennen) ein Opfer bringen. Wie er von
> diesem scheußlichen Werke hörte, blies er das Faß an, und
> siehe da, es löste sich mit Gekrach und sprang in Stücke,
> so daß alles Bier augenblicklich herausströmte. Da zeigte
> es sich klar, daß der Teufel [gemeint: Wodan] in der Cupa
> verborgen gewesen war, der durch das irdische Getränk
> die Seelen der Opfernden fangen wollte«.

Bier wird aus reifem Getreide gebraut und somit enthält es die Kräfte
von Sonne und Erde, von Wodan und Frick. Aus diesem Grunde ist es
auch nicht üblich, Met zu trinken, der ja aus Honig gebraut wird. Zum
Herbstfest ist der Trunk in Gemeinschaft mit allen lieben Seelen und
für eine gute Sterbestunde bezeugt, der als Michaelisminne (schwed.
»mikjalsminni«) überliefert ist.

Kirwe.

Die Kerwe, Kirwe oder Kirmes, die sogenannte Kirchweih gehörte
ursprünglich zum Herbstfest. Heute wird sie am 3. Sonntag im Gilbhart (Oktober) gefeiert, und zwar drei Tage lang, denen acht Tage
später noch eine Nachfeier folgt. Früher dauerte die Kirwe 8 Tage.
Das Wort bezeichnete ursprünglich etwas wie »Körwe«, »Kür«, »Erküren«. Wahrscheinlich steckt dahinter der Gedanke, den Winter nicht
allein zu sein, daher bilden sich zur Kirwe neue Paare. Es ist also wie
das »Körfest« im Mai ein Fest der Partnerkür. Darauf deuten auch
Bräuche wie die Mädchenversteigerung oder -raub und das Schlagen der Mädchen mit der Lebensrute. Beim »Hahnenschlag« werden

Abbildung 60: Kirwe in Franken.

die Mädchen über eine Bank gelegt und jeder ein Klaps mit einem
Waschbläuel versetzt. Bei den Bauern herrschte der Wunsch, daß die
Kinder um Mittsommer zur Welt kämen, damit die Frauen bei Aussaat
und Ernte helfen konnten. Vielleicht stehen hinter dem Festnamen
auch die Walküren, die in Wodans Namen die Seelen der Gefallenen
nach Walhall geleiten. Die Kirche deutete den Namen um zu »Kirchweih«, obwohl dieses Fest überhaupt nichts mit einer Kirchweihe zu
tun hat. Es wäre auch unlogisch, daß alle Kirchen im Herbst geweiht
worden sein sollten. In Wurmlingen sagt man noch, die Kirwe sei
eigentlich ein heidnisches Fest. Aus dem 16. Jh. gibt es einen Artikel
der Synodalbeschlüsse von Pattensen und Münden, in welchem Feste
wie das Körfest, das Hagerlfest (Leinernte) usw. verboten wurden.
Kinder und Burschen, alte Frauen oder Hirten (weil die Hütezeit zu
Ende ist) in allerlei Vermummungen machen ihre Sammelgänge von
Haus zu Haus, und wer nichts gibt, dem werden die Hühnernester
geleert und die Kühe gemolken. In dem umtanzten oder umschritte-
nen Kirwebaum sieht man den Erntemai. Er ist gewöhnlich eine bis
zur Krone entastete Fichte und wird still und heimlich aus dem Walde
geholt. Geschmückt ist er mit Blumen, Fähnchen, Eiern Glaskugeln
und Tüchern. In Wattweiler ist im Wipfelgezweig des Kirwebaumes
ein kleiner hölzerner Käfig mit einem lebenden Hammel befestigt.
Der Kirwehammel, oder ein Ziegenbock, Hahn oder eine Gans, wird
ausgetanzt oder ausgespielt, geschlachtet und gemeinsam verzehrt. In

Ostfranken beginnt die Kerwa (Kirwe) am Donnerstag mit einem Essen von »Kesselfleisch und Green« (Meerrettich), dem am Freitag ein »Siedwurstessen« folgt. Am Sonnabend werden mit Musik die Birken eingeholt, eine Art Maibaum und die Häuser, das Wirtshaus und die Tanzplätze damit geschmückt. Am Sonntag ist der Hauptfesttag, dem sich am Montag ein nochmaliger Tanzball anschließt. Am Diestag ziehen verkleidete Burschen von Haus zu Haus und sammeln Eßwaren (»Küchla«) ein, abends wird die Kerwa begraben, und am nächsten Sonntag, der Nachkerwa, findet schließlich nochmals ein Tanz statt. Die Bräuche beginnen mit einer Abholung der Mädchen durch die Burschen. Im feierlichen, von Musik begleiteten Dorfumzug von Haus zu Haus (wo Mädchen abzuholen sind) gehen die Burschen im guten Anzug, die Mädchen tragen den Brautkleidern ähnliche Gewänder. Dies heißt »Kerwa-Raustanzen« und findet im »Plontanz« oder »Platztanz« seinen Höhepunkt. Gegenseitige Geschenke des Abholburschen und der Kirmsenjungfer sind z. B. Schuhe für das Mädchen, eine Mütze mit Blumen, einen Maien oder Rosmarinstrauß für den Burschen. Das Mädchen schenkt auch ein Kirwehemd, gestickte Hosenträger und die weiße, mit Heilszeichen (Radkreuz, Lebensbaum usw.) versehene Kerwaschürze. Dafür wird es zum Tanz geführt. Am zweiten Festtage haben die Mädchen für bestimmte Stunden das Kommando, zum Zeichen wird ein Pantoffel unter den Erntekranz gehängt. Auch verschiedene Spiele sind üblich. Schon in der Hallfreðar saga[170] werden Ballspiele zum Herbstfest erwähnt, im deutschen Brauchtum finden wir das Ballholen der im letzten Jahre verheirateten jungen Frauen oder ein Wettlaufen der Mädchen nach der in einer bestimmten Entfernung aufgestellten Erntepuppe oder einem mit Tüchern behangenen Birkenbusch, die Siegerin wird erste Tänzerin, oder es gibt Tücher, Backwerk und ähnliche Preise. Außerdem finden wir ein Preisklettern an einem Mast und eine Art Stafettenlaufen zwischen je einem Knecht und vier Mädchen. Es sind auch Wettkämpfe der Knaben üblich um einen Kirwe-König zu bestimmen, der sich eine Kirwe-Königin wählt. In Kärnten stehen die Burschen unter der Dorflinde, die Mädchen bilden einen Kreis darum, und nun winkt jeder Bursche sein Mädchen heran, bietet ihr ein Glas Wein als Minnetrunk und geht mit ihr unter der Linde tanzen. Die Linde ist auch die alte Dinglinde. In der Pfalz wird beim Weckertanz eine Gerte herumgereicht, und als Sieger gilt das Paar, welches sie gerade in den Händen hat, wenn ein vorher gestellter Wecker klingelt. Das Kirwebrauchtum reicht aber auch schon in das nächste Fest hinein, dem Winteranfangsopfer, denn es ist üblich, während einer sog. »Preß« oder »goldenen Stunde« den Tanz zu unterbrechen, eine Kerze in den Tanzsaal zu stellen und der Ahnen zu gedenken. Dies dauert so lange, bis die Kerze abgebrannt ist. Dabei herrscht der Glaube, daß die Ahnen selbst anwesend sind und sich mitfreuen. Man schließt sie ins Tischgebet mit ein und besucht im Festzug oder sippenweise ihre Gräber. Die Kirche übernahm diesen Brauch mit einem »Seelenamt« für die Verstorbenen am zweiten Kirwetag.

Beim Kerwaaustragen oder Kerwabegraben ziehen die Burschen jammernd und heulend mit einem als Sarg benutzten Backtrog durchs Dorf, in welchem sie Überreste der Kirwe (zerbrochene Bierkrüge und Teller) mitführen und an einer Stelle im Dorf vergraben. Dabei hält dann ein mit einem Leichenhemd bekleideter Bursche eine Trauerrede und der schon erwähnte Roßschädel wird begraben. Auch der Strohmann wird mit einer Schnapsflasche begraben. Beim Begraben wird mit geflochtenen Weidengerten ein Reigentanz aufgeführt. Roßschädel und Schnapsflasche werden im nächsten Jahr wieder ausgegraben und erneut als Kirwesymbole verwendet. Oder es wird ein Hahn erschlagen und sein Kopf von einem »Kerwesau« genannten Burschen vergraben.

Herbstding.

Das Herbstding, im Norden »Leiðarþing« genannt, ist eines der drei ungebotenen Dinge (Gerichtsversammlung) des Jahres und schon in ältester Zeit bezeugt. Auf diesem Ding informierten die Goden (Priester) ihre regionale Dinggemeinde über neue Gesetze, Prozesse und Klagen, die auf dem Allding (Alþing) zu Mittsommer verhandelt wurden. In den deutschen Überlieferungen ist das Herbstding der Zeitpunkt, an dem die noch offenen Rechtsangelegenheiten geklärt werden, damit in der Weihnachtszeit Frieden herrscht. Alte Rechtsstreitigkeiten werden zwischen den Dorfgemeinschaften ausgetragen, es finden Flurumgänge statt, um das künftig zu bewirtschaftende Land (welches oft ausgelost wurde) abzugrenzen und in Besitz zu nehmen.

Aber auch im Kleinen geht man mit sich und seinen Mitmenschen ins Gericht. So gibt es eine Vielzahl von kurzen Versen, die auf faule, geizige oder eitle Zeitgenossen gedichtet werden, z. B.[171]:

»Daß ich ein lust'ger Bursche bin,
Das sieht man an meim Haus:
Der vordre Giebel wackelt schon,
Der hintre fällt bald raus.«

Ja, es kommt sogar vor, daß über Nacht ein Leiterwagen zerlegt wird und dann auf dem Dach eines Bauernstalles wieder zusammengesetzt. Damit wird dem Bauern irgendein Fehler angezeigt. Beim »Haberfeldtreiben« sammeln sich die Burschen des Nachts verkleidet vor der Wohnung eines Schuldigen, der eine unehrenhafte Handlung im Laufe des Jahres getan hatte, die vom Gesetz nicht belangt wurde. Der Missetäter wird aufgeschreckt und aufgefordert das Vergehen gutzumachen, widrigenfalls er im nächsten Jahre Ärgeres zu gewärtigen habe.

Kapitel 9

Winternacht-Vetrnóttablót

Der angelsächsische Chronist Beda erwähnt bereits um das Jahr 730 in seiner Schrift »De temporum ratione« das Opferfest im Nebelung (November), den er Blótmanoth nennt (siehe Seite 7). Auch in Skandinavien heißt der Nebelung »blótmánad«. Das Fest gehört zu den drei Jahresfesten, deren Feier der Gott Wodan eingeführt hatte, wie es in der »Lagasetning« (Óðins Gesetzgebung) der Ynglings saga überliefert ist (siehe Seite 1). Auch in den nordischen Sagas hören wir von dem Opferfest zu Winteranfang, altnord. »Vetrnóttablót«, z. B. in der Grettis saga Ásmundarsonar[172], der Eyrbyggja saga[173], der Vatnsdœla saga[174] oder der Gísla saga Surssonar[175].

Etwas spärlicher ist die Überlieferung auf deutschem Boden. Das Fest dürfte hier »Winternacht«, »Winternächte« oder »Winteranfangsopfer« geheißen haben, es lebt noch fort in den zahlreichen christlichen Heiligenfesten des Nebelung (November). Bei den Celten heißt das Fest »Samhain«, es wird am 1. 11. gefeiert, einem ursprünglichen Vollmondtermin. Gleichzeitig beginnen die Celten jetzt ihr neues Jahr. Die Kirche führte als Ersatz im Jahre 835 ihren Allerheiligentag am 1. 11. ein, von dessen englischer Übersetzung »All Hallows Even« sich das heutige »Halloween« bildete (in England schon im 8. Jh. eingeführt), sowie Allerseelen (im Jahre 1006 eingeführt) am 2. 11. Noch heute wird als Seelenzeit die Zeit vom 30. 10. bis 2. 11. angesehen. Allerdings ist auch der Martinstag am 11. 11. ein Ersatztag. Das Fest ist auch mit einem Opfer an die Ahnen und Geister verbunden, einem Disenopfer (Dísablót). Der ursprüngliche Vollmondtermin des dreitägigen Festes ist der 2. Vollmond nach Ende des dreitägigen Herbstfestes, welches zur Herbst Tag- und Nachtgleiche begonnen wird. Tritt der rechneri-

239

sche Vollmond zwischen Mitternacht und Mittag ein, wird schon am Vorabend begonnen.

Bedeutung.

In den Sturmnächten des Herbstes und des Winters ziehen Wodan (Óðinn), der ursprüngliche Sturm- und Totengott mit seiner Frau Frick (Holle, Perchta), der Erd- und Totengöttin sowie den Seelen der Toten durch die Lüfte. Wodan reitet hier auf einem Schimmel, seinem achtbeinigen Roß Sleipnir, Frick (Frigg) fährt einen Wagen, der in der Vorstellung von verschiedenen Tieren gezogen wird. Gefolgt werden sie von Wodans Wölfen (die »Waudlhunde« des dt. Brauchtums) und seinen Raben. Diese Umzüge mit einem Schimmel und Wodan als wilden Jäger werden die Wilde Jagd genannt. Zu Winternacht werden aber auch die Disen (Geister) verehrt, und dazu gehören die Krieger (Einherjar) in Walhall und auch die Seelen der Verstorbenen. Wodan und Frick führen diese Geisterschar an. Im Märchen der Frau Holle (Frau Holle ist die Göttin Frick) wird deutlich, daß die Verstorbenen (Goldmarie und Pechmarie) in das unterirdische Reich der Frau Holle gelangen; später wurde zwischen der gütig-mütterlichen Erdgöttin Holle (eigentlich: »Die Holde«) die eher dämonische Riesin Hellia (Hellia, Hela, Hel »die Verhüllende«) unterschieden, zu der die Seelen der an Alter oder Krankheit Gestorbenen gelangen. Ursprünglich ist Hellia wohl nur ein dunkler Aspekt der Göttin Holle, ihr Totenreich war mit Walhall identisch.

Ein Eddamythos zu diesem Fest ist das 1. Óðinsbeispiel in den Hávamál (Billings mær), Verse 95-103. Wodan (Óðinn) als alter Himmels- und Sonnengott freit hier vergebens um eine Maid, hinter der wir die Erdgöttin erkennen können, die nun im Winter wieder in die Gewalt der Riesen gelangt und vom Sonnengott getrennt ist. Erst im Frühjahr werden sich beide Gottheiten wieder vereinigen. Statt der Maid findet der Gott einen Hund auf das Bett gebunden, den Totenhund des Winters. Im Eddalied Hrafnagaldr Óðins geht es um die in das Totenreich des Winters gesunkene Göttin der Jugend, Iduna (Iðunn). Sie verkörpert hier das grüne Laub, was nun von den Bäumen gefallen ist. In der Rígsþula geht es um die Ahnen der drei Stände, um

Runenwissen und die Menschheit überhaupt. Heimdall steht hier im Mittelpunkt.

Der Zeitpunkt des Winteranfangs ist aber auch der Zeitpunkt des Kampfes der Götter gegen die Riesen, der erst im neuen Jahr gewonnen werden kann, des Ragnaröks, des »Gerichts der Götter« über die Welt. Darum finden wir vereinzelt Wettkämpfe der Jugend, die den Sommer-Winterkampf symbolisieren. »Allerheiligen« meint alle heiligen Götter, »Allerseelen« alle Seelen der Verstorbenen, die Einherjer und die Ahnen. Unter der Führung von Wodan und Frick versammeln sie sich zum Kampf gegen die Riesen des Winters. Die Seelen nimmt man in den Novemberstürmen als Wilde Jagd wahr (s. Abb. 61). Der Wächter der Götter, Heimdall ruft alle mit seinem Horn (Mondsichel) zusammen.

Abbildung 61: Die Wilde Jagd.

Heimdall ist der Mondgott, den Tacitus Mannus nennt. Er bewacht die Himmelsbrücke, die nun brechen wird. In den überlieferten Brückenspielen (»Ziehe durch die goldene Brücke«), bei der alle durch eine Brücke tanzen, um dann gefangen und in zwei Gruppen geteilt zu werden, die Himmel und Hölle bedeuten, wird dieser Mythos im Tanz nachvollzogen. Heimdall empfängt alle Seelen, die über die Brücke hinüberschreiten. Gleichzeitig sorgt er auch für die Wiederverkörperung der Seelen, indem er drei Stände (Kasten) erzeugt. Dieser Mythos ist in der Germania (Kap. 2) und im Eddalied Rígsþula oder Rígsmál enthalten. Mit den Göttern und Geistern ziehen nun auf der Erde die Menschen umher, wenn sie sich maskieren und Laternenumzüge veranstalten. In der Saga Olafs konungs hins helga der Heimskringla wird als Grund des Winteranfagsopfers eine Jahres- oder Erntebesserung des kommenden Jahres genannt[176]:

»In diesem Herbst erhielt König Olaf der Dicke Nachrichten aus Inner-Drontheim, daß die Bauern dort vielbesuchte Gastmähler zu den Winternächten [Wintersanfang] abhielten. Da waren große Trinkgelage. Dem König wurde gesagt, daß alle Minnebecher nach altem Brauch den Asen geweiht wurden. Auch wurde dies hinzugefügt, daß man dort Rinder und Rosse schlachtete und die Altäre mit Blut rötete. Und beim Vollziehen des Opfers habe man den Spruch gesprochen, daß das zur Erntebesserung dienen sollte«.

In der ausführlicheren Saga Olafs konungs hins helga wird noch ausgeführt, daß die Minnetränke dem Þórr, Óðinn, der Freyja und den Asen geweiht wurden.

Am Ende des Gilbhart beginnt auch das Tierkreiszeichen des Skorpions, das dem Heimdall zugeordnet ist. Der giftige Stachel des Skorpions ist der Schlaf- oder Todesdorn der Riesen oder die Spindel, an der sich Dornröschen sticht. So fällt die Erde in den Schlaf des Winters und deckt sich mit dem Schneebett zu, wie die Erdgöttin Frau Holle des Märchens.

Der Wechsel der Jahreszeiten ist zugleich auch der Abschluß des alten und Beginn des neuen Wirtschaftsjahres, wo das Gesinde seinen Dienst wechselt und Pachtzinsen, Löhne und Abgaben bezahlt werden. Der Bursche trägt der befreundeten Magd zum Dienstwechsel den

Schlenggelpack. In Sagen wird von der Entweihung des Festes durch Arbeit am Vorabend und von der Strafe dafür erzählt.

Götter.

Neben den Totengöttern Wodan und Frick wird also der Gott Heimdall angerufen. Auch die Göttin War (Vár, Vǫr), die ich Heimdall zuordne, paßt in diese Zeit. Schließlich haben auch Frowa (Freyja) als Anführerin der Walküren und ihr Gemahl, der Dunkelgott Ottar (Óðr) eine besondere Bedeutung in dieser Zeit. Der Name »Allerheiligen« deutet darauf hin, daß bei diesem Fest alle Götter angerufen wurden und tatsächlich ist eine Aufzählung aller Götter und Göttinnen in den Nefnaþulur der jüngeren Edda enthalten. Donar (Þórr), Wodan (Óðinn) und Frowa (Freyja) werden zu Wintersanfang in der Ólafs saga erwähnt, in der Gísla saga Súrssonar wird der Gott Fro (Freyr) zu Winteranfang angerufen[177]:

> »Þorgrim wollte zu Winteranfang ein Gastmahl geben, den Winter begrüßen und dem Freyr ein Opfer bringen... Auch Gisli rüstete ein Gelage... Auf beiden Höfen sollte ein großes Trinken stattfinden«.

Hier erfahren wir auch noch, daß der Winter begrüßt wird. Beim Disenopfer, das mit diesem Fest verbunden ist, werden die Geister (auch die Ahnen) angerufen und verehrt.

Heiligentage.

Der hl. Gallus hat seinen Heiligentag am 16. 10. Dieser Tag gilt vielfach schon als Winteranfang, die Äpfel werden geerntet und alles Korn eingebracht. Wendelin (»kleiner Wende«) hat seinen Tag am 20. 10. Er ist Bauern- und Hirtenpatron mit den Schafen, dem Schäferstab und der Tasche als Attribute. Die hl. Ursula (Heiligentag 21. 10.) soll der Totengöttin Nehalennia (Hellia Frick, Frau Holle) entsprechen. Darauf deutet auch der sagenhafte Zug der hl. Ursula mit den 11000 Jungfrauen den Rhein aufwärts von England über Köln nach Basel, der mit dem kultischen Umzug der Nehalennia in Zusammenhang steht. Ihr Name »Bärin« entspricht der Jagd- und Mondgöttin Artemis, auch bei den Wenden gilt Ursula als Mondgöttin. Als »weißer Frau Urschel« oder »Horsel« schreibt man der Heiligen dämonische Macht zu; sie gilt als Führerin des Wilden Heeres, hat ein Ochsengespann und Hunde. Der Tag der heiligen Crispinus und Crispanus ist am 25. 10. Sie sind Patrone der Schuhmacher, Sattler und Gerber. Man erzählt, daß sie gern aus gestohlenem Leder den Armen Schuhe machten. Damit ist eine Verbindung zu dem Schuh, der der Gott Widar (Víðarr) hat (Gylfaginning 29 und 51) hergestellt. Auch sonst scheinen sie den Alken, den Göttern Widar und Wale (Váli) zu entsprechen. In der Nacht dieses Tages rotten sich die Skalärageister zusammen und reiten auf feuerschnaubenden Rossen an den Rhein hinunter. Simon Zelotes (»der Eiferer«) und Judas Thaddäus (»Meer«) haben ihr Fest am 28. 10., das vielfach als Ende der Weidezeit und Winteranfang gilt. Simon ist Patron der Ehemänner, die unter der Herrschaft ihres Weibes stehen, weil sein Name volkstümlich als »Sie (ist) Mann« gedeutet wurde und wird gegen Schlangenbiß angerufen. An diesem Tage soll einst die Sintflut hereingebrochen sein, ein Hinweis auf das Gericht der Götter, Ragnarök. Der hl. Wolfgang (»Wolfs Waffengang«) hat sein Fest am 31. 10. Er wird mit Wallfahrten und Umritten geehrt. Er ist Hirtenbeschützer und Wetterherr. Wie Balder schlug er eine Quelle aus einem Felsen. Auch das Erweichen eines Steines beim Knien und der Beilwurf (Wolfganghackl) sind berühmt. Er ist ein Ersatzheiliger für Wodan und Donar, vielleicht auch für Balder. Bringt man sein Bild auf einem Blechtäfelchen über der Stalltüre an, ist das Vieh gegen das Einbrechen wilder Tiere geschützt. Der hl. Hubertus (»der im Denken Glänzende«) ist Patron der Jäger, Hunde und Helfer gegen die Hundswut. Man trägt 18-20 cm lange und 1-1,5 cm breite weißgegerbte und mit roter Farbe berspritzte Riemchen bei sich gegen den Biß tollwütiger Hunde. Dies ist ein Überrest früherer Opferfelle. Eine jüngere Legende erzählt, daß ihm ein Hirsch mit leuchtendem Kreuz erschien, der dann später zu Hubertus Attribut wurde. Sein Heiligentag ist am 3. 11. Die Erstlingsbeute der Jagd wurde Hubertus geopfert. Hubertus entspricht natürlich dem Wilden Jäger Wodan. Der hl. Leonhard hat sein Fest am 6. 11., sein Name »Löwenkühn« bringt den Heiligen mit Wodan zusammen, auch zu Fro und Heimdall hat man ihn gestellt. Er befreit Gefangene, hilft bei Entbindungen und Krankheiten, gewährt baldige Heirat und ist Viehpatron, aber auch Patron der Pferde und der

244

Reisen. Der Schimmel- und Pferdeumritt um die Kirche (Leonhardiritt, Leonhardifahrt) deutet auf Wodan. Der Martinstag am 11. 11. ist einer der Hauptersatztage des alten Winternachtfestes. Martin (»Sohn des Mars«) wurde für den Kriegsgott Mars eingeführt. Sein roter Mantel wurde den merowingischen Königen vorausgetragen, wenn sie in die Schlacht zogen. Später erhielt Martin, Patron des Viehs und der Hirten, aber auch Züge von Wodan, nämlich den Schimmel und die Geschichte der Mantelteilung, die schon in den Hávamál 49 der Edda erwähnt wird. Auch Züge des Mondgottes Heimdall sind auf Martin übergegangen. Die hl. Gertrud hat ihren Tag am 17. 3., es gibt noch eine weitere hl. Gertrud, eine Zisterzienserin, deren Fest am 15. 11. ist. Ihr Name bedeutet »Speer-Vertraut«, wie die eigentliche Gertrud scheint sie eine Walküre oder die Göttin Frowa (Freyja) oder Gerda (Gerðr) zu ersetzen. Der Name des hl. Othmar bedeutet »berühmter Oth«, gemeint ist Wodan (Óðinn) oder vielleicht auch Ottar (Óðr). An seinem Heiligentag, dem 16. 11. werden die Weine in den Kellern gekostet und man sammelt sich zum Schmaus. Auch Spiele mit Nüssen sind üblich. In der Othmarlegende kommt ein Faß vor, das nicht leer wurde. Es erinnert an die dem Wodan gebrachten Trankopfer. Die hl. Elisabeth (»El ist mein Eid«) hat am 19. 11. Heiligentag. Sie wird wie Frowa in Geburtsnöten angerufen. Attribute sind Becher, Löffel und ein Geburtsgürtel, der dem Brisingamen der Frowa entspricht. Um den 23. 11 beginnt das Sternzeichen des Schützen, das nach dem Tierkreis in den Grimnismál der Göttin Frowa zugeordnet ist. Der hl. Clemens (»der Gnädige«) hat am 23. 11. seinen Heiligentag. Vielerorts galt dieser Tag als Beginn des Winters. Clemens wird mit einem Anker als Attribut dargestellt und entspricht als Patron der Fischer, Schiffer und Grobschmiede dem Donnergott Donar. Am gleichen Tage hat auch der hl. Columban sein Heiligenfest. In seiner »Vita« des Jonas von Susa wird gesagt, er habe Macht über das Wetter (Regen) bei einer Ernte, desgleichen über einen Bären. Dies deutet gleichfalls auf den Gott Donar hin, dem der Bär geweiht ist. Das Fest der hl. Catharina ist am 25. 11. Ihr Name bedeutet »die Reine«, sie ist Patronin der philosophischen Wissenschaften und überhaupt des Lehrstandes. Sie wird mit Krone und Rad oder Schwert dargestellt und entspricht sicher der Sonnengöttin Sunna (Sól). Darauf deutet der Spruch: »*Leve Katrine, lat de Sünnen schinen*«. In der Dreiheit Catharina, Margarethe und Barbara (C, M, B) entspricht sie auch einer der drei Nornen. Der Tag des hl. Andreas am 30. 11. ist der Beginn des neuen Kirchenjahres und hat daher viele Neujahrsbräuche des alten Winternacht an sich gezogen. Andreas bedeutet »der Männliche« und ist ein Ersatz für den Liebes- und Fruchtbarkeitsgott Ing-Fro (Freyr). Darum finden wir hier zahlreiche Liebesorakel, die jungen Mädchen ihren zukünftigen Bräutigam zeigen oder bringen sollen. Das Zeichen des hl. Andreas ist das Schrägkreuz X, der germ. *gebo-Rune entsprechend, welche Gabe, Vermehrung und vielleicht Vermählung bedeutet. In der Andreasnacht feiern auch Hexen ihre Zusammenkünfte.

Samhain.

Bei den Celten in Irland und den britischen Inseln wird das Fest »Samhain«, »Samhuin«, »Sambhuinn« oder »Samain« genannt. Dies leitet sich ab von irisch sam-fuin »Ende des Sommers«, wird aber auch als »Versammlung« oder »Vereinigung« gedeutet. Schon auf dem um die Zeitenwende von Druiden errechneten Coligny-Kalender ist der erste Monat des Winterhalbjahres mit »Samon« bezeichnet.

Das Fest am 1. 11. und dessen Vorabend, also im alten Vollmondkalender am Vollmond begangen, ist der Zeitpunkt der Beendigung des Viehtriebs (Tiere werden auf die Winterweiden oder in die Ställe gebracht) und der Beginn der unfruchtbaren Jahreszeit und des neuen Jahres. Um diese Zeit werden Tiere geschlachtet um den Wintervorrat zu gewährleisten, sowie um die Herden während der mageren Monate auszudünnen. Es ist auch der Zeitpunkt um Tribute und Abgaben zu bezahlen, außerdem stellt Samhain eine Totenfeier dar, der Anbruch des Winters läutet die Herrschaft der Cailleach (»die Verschleierte«) ein. Von einem Wettstreit des Winters mit dem Frühling, welche nach celtischer Auffassung jeweils von der Cailleach und von Brigid beherrscht werden, erhielt das Fest seinen Namen. Cailleach Bheur (Bheare) oder Caillagh ny Groamagh ist eine häßliche Alte mit bläulichem Gesicht, die jedes Jahr zu Samhain neu geboren wird und den Schnee herbeiführt. Erst im Februar wird ihre Herrschaft durch das Erscheinen der Brigid gebrochen. Dann legt sie ihren Stab unter einen Holderbusch und verwandelt sich zu Beltene in einen Stein. Ihr Sohn ist der Gott der Jugend, den sie in endlosem Kampf zu vertreiben sucht. Cailleach wird auch als uralte Bergmutter des irischen Südwestens angesehen. In einem bei Munster lokalisierten Totenreich hatte

Cailleach seit Urzeiten gelebt und ewige Jugend genossen, während ihre aufeinanderfolgenden Ehemänner alle im Alter gestorben waren. Sie beherrscht die Wintermonate und das Wetter. Nach der Überlieferung der Insel Man kommt Cailleach, wenn zu Imbolc schönes Wetter ist, zum Vorschein um Holz zu sammeln, damit sie während des Sommers wärmen kann. Bei Regen hingegen bleibt sie zu Hause und es fällt ihr dann viel schwerer, während des restlichen Jahres für schönes Wetter zu sorgen. Sie wird manchmal als riesiger, holztragender Vogel geschildert. Der Mythos ist in einem frühen irischen Text enthalten, wo von einem Brettspiel, welches die Knaben von Rom spielten, die Rede ist. Auf der einen Seite des Bretts ist Cailleach mit einem Drachen, den sie gegen eine Jungfrau (Brigid) mit einem Lamm ausschickt. Dieses Sommer-Winter-Spiel wurde der Legende nach von einer Sibylle (Weissagerin) erfunden. Hinter Cailleach scheint eine alte Göttin, eine große Bergmutter, die in Urzeiten durch die Lüfte flog, um die Bergketten in das Land zu setzen, zu stehen. Ihr Beiname Groamagh entspricht der Riesin Gróa der Edda.

Auch der ursprüngliche Sonnengott, der wohl dem Wodan entspricht, der irische Held Cúchulainn hat eine Bedeutung zu Samhain. Es heißt von ihm, daß er von Samhain bis zur folgenden Ernte keinen Schlaf brauchte. Zu Samhain überbringt Lí Ban (»Schönheit« oder »Glanz der Frauen«), die Gattin des Andersweltfürsten dem dahinsiechenden Cúchulainn die Einladung ihrer Schwester in die Anderswelt.

In Tara wurde alle drei Jahre das Fest Samhain ganze sieben Tage lang gefeiert, wobei Spiele, Rezitationen usw. stattfanden und besonders düstere, kriegerische Mythen kultisch nachvollzogen wurden. Die Schranken zwischen Diesseits und Jenseits fallen, weil die 12 Stunden der Samhain-Vornacht nicht mehr zum alten, aber auch noch nicht zum neuen Jahre gehören. Geister und Dämonen teils schrecklichen Aussehens dringen in die Menschenwelt ein, die sich des Angriffs erwehren muß. Da gibt es z. B. Ellén, das ganz Irland zu Samhain verwüstete oder Aillén mac Midna, der alljährlich den Palast von Tara niederbrannte, oder die gräßlichen roten Vögel aus Cruachan unter der Führung eines dreiköpfigen Geiers. Was mit ihrem stinkenden Atem in Verbindung kommt, verdorrt. Darum essen die Menschen nach Samhain keine wilden Früchte, weil sie giftig sind, außer den Schlehen. Auch in Germanien gibt es Vorstellungen, daß zu Winternacht der Alber, eine Art feuriger Drache herumfliegt und das Gras verbrennt, das nach sieben Jahren dann umso fetter gedeiht. Kommt er in die Nähe eines Dorfes, bedeutet das großes Unglück.

Die Menschen können in der Samhain-Vornacht Zugang zur Welt der Geister finden. Diese Nacht spielt noch heute in Sagen und Bräuchen eine große Rolle. In ihren 12 Stunden erhebt sich fe-fiada (ein Zauber, der unsichtbar macht, wohl der Nebel) von den Sidhe (Geisterhügel, meist alte Hügelgräber), die sich öffnen und den Wechsel von Hüben und Drüben ermöglichen. So kommen die Ahnen unter den Hügeln hervor und zu den Menschen. Auf dem Hügel von Mag Slécht in Irland befand sich ein mit Silber und Gold bedecktes Standbild des Gottes Cromm Cruaich (oder Cenn Cruach). Nach dem Dindsenchas (»Geschichte des Ortes«, ein Buch aus dem 12. Jh.) wurden dem Cromm Cruaich zu Samhain feierlich ein Drittel der Nachkommen jeder Generation - Menschen, Tiere, Pflanzen - geopfert, um die Mächte der Unterwelt versöhnlich zu stimmen und um Milch, Korn und Honig für das kommende Jahr zu erhalten. Nach dem Lebor Gab la Erenn (Buch der Eroberungen Irlands, um 1170) wurden die Nemedier gezwungen, zu Samhain zwei Drittel ihres Korns, der Milch und ihrer Kinder abzugeben. Diese Schilderungen scheinen von christlichen Molochvorstellungen übernommen worden zu sein. Der Stein »Cromm Cruaich« lag beim Ort Killycluggin innerhalb eines Steinkreises und befindet sich heute im Nationalmuseum Dublin.

Die früheren druidischen Samhainfeuer, die teilweise noch heute üblich sind, hießen Tlachdgha bzw. Tine Tlachdgha. Sie wurden im Freien als Schutzfeuer gegen böse Geister angezündet. Und zwar mußte jeder Haushalt zu Samhain sein Feuer löschen um sich dann mit dem Feuer Tlachdghas neu zu versorgen. Dieses wurde im Wettlauf vom Hügel in die Häuser getragen. Ursprünglich ist Tlachdgha ein Hügel von Ward, 1,5 km östlich von Athboy (Grafschaft Meath), der nach der Zauberin Tlachdgha benannt wurde. Diese soll von drei verschiedenen Vätern Drillinge empfangen haben und bei der Geburt gestorben sein, worauf sie im Hügel beigesetzt wurde. Es gibt dort noch Reste eines Ringwalls. In Wales hieß das Samhainfeuer Coelcerth.

Heute feiern die Iren und Schotten meist im Hause, nur die Jugend zieht maskiert und vermummt herum und stellt allerlei Unfug an. Das Haus aber wird gefegt, das Herdfeuer sorgfältig bedeckt und den Ahnen werden Stühle mit Tabakspfeifen und Speise und Trank als Opfergaben vor das Herdfeuer gestellt. Die Familie legt sich bei unverriegelter Türe schlafen. Man achtet darauf, die Toten nicht zu überraschen oder zu stören, damit man nicht bald selbst zu ihnen gehört. Auch nach nächtlichen Schritten auf der Straße darf man sich nicht umsehen. Es werden auch zahlreiche Spiele veranstaltet, die die Zukunft enthüllen sollen: Bleigießen und Ratespiele. Dabei geht es um die Fragen, wer im nächsten Jahre stirbt, heiratet oder verreist. Gegessen werden Äpfel und Nüsse, besonders Haselnüsse. In Irland bringt man auch die Bairin-Breac als Opfer dar, Kuchen mit Safran gesprenkelt und mit Blumen verziert. Safran allerdings kommt aus Indien. Bei Betrachtung dieser Bräuche wird deutlich, daß die Celten das Fest ganz ähnlich wie die Germanen feiern.

Heischeumzüge.

Begonnen wird das Fest mit einem Umzug (oft auch schon mit Laternen), bei dem das Holz für das große Feuer erheischt wird, indem die Umherziehenden, heute meist Kinder, vor den Häusern ihre althergebrachten Lieder singen und um Gaben, Holz, Reisig, Stroh, Sträucher und Körbe betteln, wobei sie manchmal mit Wasser begossen werden. Als Gaben werden besonders Äpfel und Nüsse sowie Eier, Speck, Kuchen und Gebäck erbeten. Manchmal reitet bei diesen Heischeumzügen bereits ein Schimmelreiter mit, der den Gott Wodan symbolisiert, dem Schimmel wird Heu vor das Fenster gelegt. Bei diesen Heischegängen ist oft ein Knabe als »Martinsmännchen« zugegen, dessen Leib und Glieder in Stroh gewickelt sind. Ein alter Spruch lautet (in diesem wie allen andern Sprüchen habe ich den »Martin« der überkommenen Fassung durch »Wodan« ersetzt)[178]:

> »Wodan kommt nach alten Sitten
> Gern auf dem Schimmel angeritten.«

Ein Heischespruch aus Niedersachsen, der beim Umzug gesprochen wird, lautet[179]:

> »Wodan, Wodan, Hering,
> Äpfel und die Birnen,
> Nüsse mag ich gern,
> Wodan steht im Garten,
> Hat weder viel noch baren

Hat weder Stock noch Stiefel.
Frau geben sie mir viel,
Geben sie mir eine ganze Mütze voll
Die andern solln sie behalten.
Junge Frau, alte Frau,
Lassen sie mich nicht zu lange stehn
Ich muß noch ein bischen weiter gehn.
Geben sie mir ein Stück vom Schinken
Da kann ich gut drauf trinken.
Geben sie mir ein Stück von Kanken
Da kann ich gut drauf ranken.
Silberling, Silberling,
Wie schön ist die Frau!«

Als Dank für erhaltene Gaben sprechen die Heischenden Glückwünsche verschiedener Art aus. Ein Heischespruch aus der Harzgegend lautet[180]:

»Wodan, Wodan kommt heran,
Klingel an der Büssen (Hose),
Alle Mädchen kriegen einen Mann
Und müssen gehn ihn küssen.
Silberling, Silberling,
Schön ist die Frau.
Äpfel und die Birnen,
Die Nüsse mögen wir gerne.«

Oft werden diese Sprüche nur von umherziehenden Kindern gesungen, manchmal auch von den Armen der Gemeinschaft, die dann auch Gaben erhalten[181]:

»Wodan auf der Tonnen
Wer mir was gibt, der kriegt
Übers Jahr ein schönen Jungen.
Wodan auf der Küche
Wer mir was gibt, der kriegt
Übers Jahr ein schönes Mädchen.«

In diesen Sprüchen werden deutlich Liebesverhältnisse angesprochen. Das hängt damit zusammen, daß ja auch der Gott Ing-Fro (Freyr) angerufen wird, der für das Freien, aber auch die Potenz und Fruchtbarkeit zuständig ist. Er ist auch der Herr Albenheims und damit der

Alben und Disen, die zu Winternacht verehrt werden. Ihm zu Ehren wird mancherorts ein Schwein geopfert; vom Schlachten finden wir auch Spuren in den Heischesprüchen, z. B. diesem aus Ostfranken[182]:

»Jetzt wirds bald Weihnachten
Wo die Bauern schlachten
Werden sie auch an mich dort denken
Und mir auch ein Würstchen schenken?«

Dieser Vers stammt aus Thüringen[183]:

»Ich habe gehört, ihr habt geschlachtet,
Und habt mir keine Wurst gebracht,
Gebt mir eine kleine,
Lieber zwei für eine.«

Weit verbreitet ist der folgende Reim, der unterschiedlich beginnt[184]:

»Ich bin ein kleiner König
Gebt mir nicht zu wenig.
Ich steh hier auf eim breiten Steine
Mich beschweren meine Beine
Laßt mich nicht zu lange stehn
Ich muß noch ein Ende weiter gehn.«

Noch zwei weitere Reime sollen hier folgen, die als Heischereime üblich sind[185]:

»Wodan, Wodan, Vögelchen
Gebt uns was ins Schnäbelchen
Laßt uns nicht zu lange stehn,
Wir wolln heut noch weiter gehn.
Bis zu Nachbars Türe
Nachbars Türe ist nicht weit
Äpfel und Birnen sind alle reif.«

»Steuert uns etwas zum Wodansfeuer
Äpfel und Birnen wolln gebraten sein.
Werft uns ein großes Stück Holz heraus.«

Nach Empfang der gewünschten Gaben wird ein Danklied gesungen. Wenn jemand nichts geben will, dann werden andere Reime gesprochen, denn eigentlich ist es selbstverständlich, daß jeder Brennholz als Opfergabe für das Feuer spendet. Wer dabei nicht mitmacht, der schließt sich damit auch von dem Segen, den das Festfeuer bringt, aus. Die Sprüche lauten[186]:

>»Wodan, Wodan, Trüll,
>Die Kuh scheiß über die Schwell'
>Die Kuh scheiß auf die Fensterbank
>Das stinked zwanzig Jahre lang.«

>»Wodan, Wodan, blas
>Wenn sie mir nichts geben wolln
>So leckt mich mitten in Arsch.«

>»Ich bin ein kleiner Wodansmann
>Und komme aus der Ruhl
>Und wer mir nicht gehorchen will
>Den leg ich übern Stuhl.«

Der umherziehende Wodan mit seinem Schimmel kommt auch bei den Laternenumzügen vor.

Festfeuer.

Ein großes Feuer (sog. »Martinsfeuer«) wird von den Jüngstvermähl-ten auf dem Felde oder einem Berg entzündet und in ihm symbolisch das alte Jahr verbrannt. Es bringt den Feldern Segen und wird zu-weilen in einen Sommer- Winterkampf hineingestellt. Während des Abbrennens werden auch brennende Räder zu Tale gerollt, was das Niedersinken der Sonne bedeutet, und man läuft mit brennenden Strohfackeln umher. 1705 wurden die auch auf den Straßen üblichen Feuer in Münster verboten. Die bei den Heischegängen eingesammel-ten Gaben (Äpfel, Nüsse, Mispeln, Kastanien und Kuchen) werden in Körbe getan, die man in dieses Feuer oder ein Straßenfeuer wirft. Wenn sie anfangen zu brennen, kippt man die Körbe um daß der Inhalt auf die Erde rollt und alle essen diese Gaben. Ursprünglich läßt man sie wohl als Opfergaben ganz in dem Feuer, andere bringt man nur mit dem Feuer kurz in Berührung und verzehrt sie dann, nachdem sie durch das Feuer geweiht sind. Junge Leute werfen ein paar Nüsse ins Feuer, liegen sie still und brennen zusammen, weissagt das eine glückliche Partnerschaft, fahren sie aber krachend voneinander, eine unglückliche. Junge Mädchen teilen an ihre Bevorzugten derartige Nüsse aus. Oft verbrennt man nur leere Körbe zum Zeichen, daß die Ernte vorüber ist. Dies nennt man »den Sommer verbrennen«. Selten ist dieses Sommerverbrennen in die Küche verlegt, vielleicht weil die Straßenfeuer verboten waren. Hier wird nach Beendigung des Gastmahls ein Feuer auf dem Steinboden angezündet, ein Korb daraufgelegt und wenn er brennt, springt die Hausfrau darüber. So weit das große Festfeuer seinen Schein wirft oder der Rauch treibt, ist das Feld im nächsten Jahre fruchtbar. In den Obstbaumgärten entzündet man eine Strohgarbe und bittet Wodan um eine gute Obsternte. Dabei finden wir Lieder, die den sog. »Martinsvogel« (wahrscheinlich der Schwarz- oder Buntspecht) erwähnen[187]:

> »Herrn Wodans Vögelchen
> Hat so'n rotes Kögelchen (Käppchen)
> Hat so rotes Röckchen an.«

Im Brauchtum finden wir auch ein »Märtesbaum«, in den ein Korb mit einer Lumpengans aufgehängt ist und der im Feuer verbrannt wird. Eine Urkunde des Grafen Friedrich von Moers von 1448 beweist, daß der Martinstag wegen seiner Feuer auch »Funkentag« genannt wurde, ähnlich dem Funkensonntag im Fasching. Die Asche des Feuers streut man in die Wintersaat was die Felder vor Schneckenfraß schützt. Man läßt auch Nußschalen mit Lichtern den Bach hinabschwimmen.

Beim Tanz um das Feuer singt man vom neuen Martin, der alte sei verbrannt. Es handelt sich hier um eine Strohfigur (der »Martin«), die das alte Jahr symbolisiert und die im Feuer verbrannt wird. Durch den Tod im Feuer wird sie erneuert wiedergeboren. Das Fest Winternacht ist auch der Zeitpunkt des letzten Tanzes, weil während der Herrschaft der Winterriesen keine Tanzfreude herrschen kann. Deswegen wird nach dem Fest auch nicht mehr geheiratet und es beginnt die Zeit des winterlichen Spinnens. Mancherorts ziehen die Mädchen singend von Haus zu Haus, sammeln Batzen und halten einen Schmaus, wozu sie die Burschen einladen. Oder sie wählen ihren Tänzer selbst und zahlen auch für den Auserkorenen.

Laternenumzüge.

Die Laternenumzüge beginnen beim Höhenfeuer. Die Teilnehmer ziehen vom Berge zu den Feldern. Dabei sind sie maskiert und tragen Laternen oder Fackeln vom heiligen Feuer. Diese Fackeln sind ausgehöhlte Rüben oder Bohnenstangen mit Stroh. An Masken kommen z. B. Vögel und Kühe vor. Der Zug geht durchs Dorf, wo man Wecken und Früchte erbittet, und über die Felder um ihnen Segen zu bringen, schließlich zurück zu den Heiligtümern (heute oft nur noch zu den sog. »Martinskapellen«). Dabei wird auch viel Lärm mit Schellen und Kuhglocken gemacht, der böse Geister (den Wolf, den wilden Riesen, den wilden Ochsner oder Alberer, die Käsemännlein) vertreiben soll, oder es werden Glocken geläutet und mit Peitschen geknallt. Auch das Anklopfen, Schwärzen und Schlagen findet sich dabei. Diese Umzüge werden auch Gestampfe, Umschnalzen oder Herbsteinschnalzen genannt. Wer den Umziehenden nichts gibt, der wird durch Verse gescholten[188]:

> »Dots, Dots, Diljerdots,
> Wer nichts gibt, der ist nichts nutz'«

Außerdem werden Erbsen an die Fenster geworfen.

Der Begriff »Laterne« ist zwar bei uns neueren Ursprungs, die Laternen selbst dürften aber ein höheres Alter aufweisen. Die heute gebräuchlichen Papierlaternen in Sonnen- oder Mondform ersetzen oft die aus ausgeschnittenen Kürbissen (Martinsköpfe) oder ausgeschnittenen Futterrüben gemachten Laternen. Die Rübenlaternen symbolisieren den Mond, die Kürbislaternen die Sonne. Der Kürbis ist allerdings nicht heimisch, stammt aus der Mittelmeergegend; ursprünglich gab es also wohl nur Rübenlaternen. In den vielen erhaltenen Laternensprüchen und -liedern finden wir immer die Sonne, den Mond und die Sterne, die stellvertretend für heidnische Gottheiten stehen. Die Sterne symbolisieren die Asen und die Seelen (Einherjer, Ahnen, Disen), Sonne und Mond die Hauptgötter. Alte Laternensprüche lauten[189]:

> »Laterne, Laterne
> Sonne, Mond und Sterne,
> Brenne auf mein Licht
> Aber nur meine liebe Laterne nicht.«

»Meine Laterne ist so schön
Damit kann ich spazierengehn.
Von Hamburg bis nach Bremen
Man braucht sich nicht zu schämen.«

»Kommt die Alte mit dem Licht
Die die Leute betrügt
Die die Eier holt
Und sie nicht bezahlt.
Laterne, Laterne
Sonne, Mond und Sterne.«

Das folgende Laternenlied aus Norddeutschland ist mündlich überliefert und findet sich in vielen Liederbüchern[190]:

»Ich geh mit meiner Laterne
Und meine Laterne mit mir.
Dort oben da leuchten die Sterne
Und unten da leuchten wir.
Mein Licht ist aus ich geh nach Haus
Rabimmel, Rabammel, Rabumm.
Der Hahn der kräht, die Katz miaut,
Rabimmel, Rabammel, Rabumm.«

Man maskiert sich, weil man selbst zum Geist werden will. So ist der
Laternenumzug auf der Erde ein Abbild der Wilden Jagd in den Lüften
und der Seelen im Jenseits. Menschen, Jenseitige und Götter ziehen
also zusammen zum letzten Kampf gegen den Winter. Der 11. 11.
(Martinstag) gilt als Beginn des Karnevals, und auch zum Disenopfer
des Frühjahrs maskiert man sich.

Mancherorts ziehen gehörnte, mit Ruß beschmierte und mit Schellen
behängte Gestalten umher, die jeden, dem sie begegnen, mit Ruß be-
schmieren. Dabei wird auch mit Peitschen oder mit dem Rummelpott
gelärmt. Der Rummelpott, auch Rummeltopf, Huckelpott, Hindeltopf
oder Büllhafen genannt, ist ein einfacher Blumentopf oder hölzernes
Gefäß, das wie eine Trommel mit einer Schweinsblase überspannt ist.
Diese ist in der Mitte durchstochen und ein Rohrstengel ist in das Loch
gesteckt, so daß er in der Mitte des Topfes zu stehen kommt. Damit
kann man ein dumpfsummendes Geräusch erzeugen, indem mit der
Hand an dem rauhen Stengel auf- und abstreicht.

Der Laternen- und Maskenumzug wird oft von einem Schimmel-reiter angeführt, wobei ein als Gott Wodan mit Pelz verkleideter und schwarzvermummter Bursche (Butz) auf einem Schimmel reitet. Ursprünglich trug der Reiter eine Rute, die er nicht als Straf-, sondern als Lebensrute verwendete. Er verteilt seine Gaben (Äpfel, Nüsse, Erbsen, Hörnchen, Gebäck in Hufeisenform) um damit Vorboten eines neuen, gabenreichen Jahres zu geben. Diese Umzüge wurden in christlicher Zeit am Vorabend des Martinstages geübt, und diese Vorabendfeier wurde im Jahre 590 durch eine Synode zu Auxerre verboten.

Im Eddamyths (Hávamál 49) zerteilt Wodan seinen Mantel und gibt ihn zwei Holzmännern. Diese Mantelteilung wurde von der Kirche beim Umzug des Bischofs Martin übernommen, der seinen Mantel gleichfalls zerteilt und einem Bettler die Hälfte gibt.

Wodansgerte.

Zu Winternacht überbringen die Hirten in jedes Haus eine mit Eichen- und Wacholderzweigen umwundene Birkenrute, an deren Spitze man einige Blätter läßt und mit der im nächsten Frühjahr die Mägde zum ersten Mal die Herde wieder aus dem Stalle treiben. Ein Übergabespruch aus Bayern lautet[191]:

> »Kommt der Heilige Wodan
> Mit seiner Gerte,
> So viel Kranewitt (Wacholder-) Beeren
> So viel Ochsen und Stiere
> So viel Zweige
> So viel Fuder Heu.«

Wahrscheinlich wurden mit dieser Gerte früher auch die Frauen und Mädchen zum Fruchtbarkeitszauber geschlagen. Der reinigende Schlag mit der Gerte kommt auch in den Martinsliedern vor. Überliefert ist noch der Brauch des Aufpeitschens, hier ist die Birkengerte allerdings durch den nichtheimischen Rosmarienstengel ersetzt. Ein festlich gekleideter Bursche peitscht mittels des durch seidene Bänder verzierten Rosmarinstengels die Mädchen, die dann für die Burschen zahlen müssen, dafür aber Wein und Gebäck als Gabe erhalten.

Zuweilen finden wir einen mit Backwerk behangenen Zweig als Opfer für die Ahnen, damit die Seele auf der Reise im Schatten ruhen und essen kann.

Die Gans.

Zu Winternacht gehören umfangreiche Gelage und Schmäuse. Besonders ist hier das Essen der dem Wodan (und Mars) geweihten Gans zu erwähnen, das sich noch in der sog. Martinsgans erhalten hat. Nach der Legende soll St. Martin vor seinen Verfolgern (die ihn zum Bischof machen wollten) in einen Gänsestall geflohen sein, und die Gänse haben nicht geschrien und ihn also nicht verraten. Oder die Gänse haben geschrien und er wurde so zum Bischof. Nach einer anderen Legende heißt es, der St. Martin habe sich vom Geschnatter der Gänse bei seiner Predigt gestört gefühlt. Diese Geschichten dokumentieren die naiven Versuche, das heidnische Opfertier auf den Ersatzheiligen zu übertragen. Im Namen »Gans« steckt noch unüberhörbar der Name der Götterfamilie, »Ans« (engl. Goose - Oss). Die Gans, die als Wächtertier möglicherweise auch dem Gott Heimdall-Mannus geweiht ist, ist ein altes Wintertier. Wildgänse fliegen in dieser Zeit durch die Luft wie die Wilde Jagd. Schon in der Bronzezeit wurde die Gans als Haustier gehalten. Als Festgericht, ursprünglich Opfertier, ist sie noch heute sehr beliebt, auch zu Mittwinter. Das feierliche Zerlegen der gebratenen Gans durch den Hausherrn ist ein rudimentäres Opfern durch den Hausvater. Dabei erhalten Gesell und Großmagd ein Bein (damit sie tüchtig laufen und arbeiten), Knecht (Lehrling) und Magd einen Flügel (damit sie bei ihrer Arbeit fliegen). Aus der Beschaffenheit des Brustbeins der Gans wird geweissagt, man schließt daraus auf die Witterung des kommenden Jahres. Rötliche Farbe bedeutet strenge Kälte, Weiße Farbe bedeutet milde Witterung. Weiße Flecke auf dem Gänsebein oder Bock (Rückenknochen) bedeuten Schnee und mildes Wetter, rote (braune) aber Frost. Wenn der Brustknochen rein weiß ist, gibt es einen schönen, schneereichen Winter, ist er schmutzig grau, einen flauen. Die »Wiegen« an der Gans bedeutet nassen oder trockenen Sommer, je nachdem viel oder wenig Weißes daran ist. Sitzen die Federn fest, folgt ein schwerer Winter. Die Gans als Symbol für den Winter kommt in dem Spruch vor: »*Eine weiße Gans brütet besser*« (ein schneereicher Winter bringt im neuen Jahr mehr Ernte). An manchen Orten findet jetzt auch ein Gansreiten, ein Wettreiten um eine Gans, statt, sowie Gansreißen oder -schlagen. Die Teile der Gans werden gegen zahlreiche Leiden genommen: Das Fett gegen Gicht, das Blut gegen Fieber, eine Feder des linken Flügels in Wein pulverisiert gegen Fallsucht, der linke Fuß ans Haus genagelt gegen Feuer und Unglück, die Schuppen oder Häutchen von den Gänsefüßen im Schuh gegen Schweißfüße und zwischen den Zehen gegen Hühneraugen.

Opfergaben.

Neben der Gans ist auch das Schwein ein wichtiges Opfertier und Festbraten zu Winternacht. Der Eber ist dem Gott Fro (Freyr) geweiht, der zu Winternacht angerufen wird. Das vorweihnachtliche Schweine-Schlachtfest ist ein großes Bauern- und Sippenfest, zu dem die Verwandten der ganzen Umgebung eingeladen werden. Das Schwein wird frühmorgens abgestochen, nachdem das ganze Haus mit dem Schlachter Warmbier getrunken hat. Es heißt, an diesem Tage muß Fleisch gegessen werden, sonst verunglückt ein Stück Vieh (d. h. die Götter fordern ein Opfer). Auch die Opfer von Hufeisen für Heilung kranker oder verletzter Pferde sind bezeugt (heute werden sie an die Kirchentür genagelt oder gemalt), desgleichen Tiervotivgaben aus Eisen, die wohl vom römischen Marskult stammen. Pferde werden geweiht und die heiligen Orte um 12 Uhr Mittags mit Pferden oder Rindern drei Mal umritten oder umfahren. Zuweilen werden Hähne und Hennen geopfert, wobei ein Hahn der Preis für ein Wettrennen ist. Als Kultgebäcke finden wir die Küchle (Kuchen), die Hörnchen oder das Horn, eine Kipfart die wohl die Mondsichel symbolisiert (man hat sie auch als Hufeisensymbole der Erde gedeutet). Das Martinshorn der Krankenwagen hat seinen Namen übrigens von einer Firma Martin, nicht von dem Heiligen. Wir finden weiter eine gebackene Gestalt mit in die Hüften gestemmten Armen, die also einen Kreis bilden, oder ein Arm geht nach oben, so daß die Arme zwei Halbkreise bilden, die Form der älteren Jeran-Rune, die gute Ernte verheißt. Die Laible, Brotlaiblin oder Seelen sind kleine Semmelbrötchen, die man weiht und aufbewahrt für unvorhergesehene Unfälle, und damit der Blitz nicht ins Haus schlage. Die Büchele (Bucheckern) sind ein wie das Brot aus Bucheckern bereitetes Gebäck.

Weitere Gebäcke sind: Wecken oder Rauchwecken, Mugelen, Mohnelen, Hexenbuchelen, Kitschelen, Steinkuchen, Bubenschenkel, Eierkuchen, Gateaux (Waffelgebäck), Bretstellen, kipfartige Giga, Hirschhörnli, Bockhörnlibrot, Patenbreceln (Hörnchen). Die Knaben bekommen von ihren Paten Hasen und Pferde, die Mädchen Hennen aus Weizenbrot.

Es werden Wasser, Salz, Hafer und kugelrunde, handgroße Brote oder Brötchen die mit einem Jagdhorn verziert sind, geweiht. Der Genuß dieser Speisen schützt Menschen und Haustiere gegen Hundsbiß und hilft Gebissenen, wobei der Hafer dem Vieh ins Futter gemischt wird, das Salz im Haushalt verwendet und die anderen Gaben z. B. für Reisen aufbewahrt werden. Die Brote, mit dem Sonnenkreuz verziert, essen alle Hausgenossen und alle Haustiere. Man ißt auch Weißbrote. Plätzchen näht man in die Hose oder den Unterrock ein, um gleichfalls vor dem Biß toller Hunde geschützt zu sein.

Es gehören natürlich auch Äpfel, Birnen (Seelenbirnen), Getreide und Nüsse zum Fest, ferner werden auch Flachs, Werg, Wolle, Schmalz, Kohl, Mehl und viele andere landwirtschaftliche Erzeugnisse geopfert. Die Gaben (Gebäck usw.) werden im Heiligtum geweiht, ein Teil davon wird den Göttern niedergelegt.

Trankopfer.

Seit dem Mittelalter ist das Trinken auf die Minne (Erinnerung) der Gans bezeugt, was beweist, daß die Gans stellvertretend für eine Gottheit verehrt wird. Ursprünglich wurde natürlich auf Wodan getrunken. Ein fränkisches Gebet aus dem 9. Jh. an Wodan ist erhalten, das vielleicht auch zur Weihe eines Hornes auf den Gott gesprochen wurde[192]:

»Truhtin Uuodan, thu mir hilp
indi forgip mir gauuitzi
indi gvodan galaupun,
thina minna indi rehtan uuilleon,

heili indi gasunti
indi thina Uuodanes huldi.«

Das bedeutet übersetzt:

»Drost Wodan, tu mir helfen,
und gib mir Witz
und guten Glauben
Deine Minne (Gedenken) und rechten Willen.
Heil und Gesundheit
und Deine, Wodans, Huld.

Natürlich finden wir auch weitere Minnetrünke »zu der Götter Ehr und Lob«. Wie sehr sich auch noch in christlicher Zeit das Trinken zu diesem Fest erhalten hat, macht der französische Ausdruck »martiner« (»tüchtig trinken«) deutlich, der vom Martinstag abgeleitet wurde. Schon der Norwegerkönig Olaf Tryggvason trank die sog. »Martinsminne«, die auch in ganz Deutschland bekannt war. In Böhmen wird sie von den Burschen und Mädchen gemeinsam in der Schänke getrunken. Überliefert ist der Trunk (auch mit Wein) um Schönheit der Frauen und Stärke der Männer, und wer an diesem Tage berauscht ist, wird schön und stark und bleibt das ganze Jahr hindurch von Magenschmerzen und Kopfweh verschont. Ursprünglich steht dahinter wohl die Frowas- und Donarsminne, statt Wein wurde Met getrunken.

Seit alters ist das Fest auch der Zeitpunkt der Faßeröffnung und der Probe des neuen Weines nach dem alten Satz »Heb an Wodan, trink Wein für den Jahreskreis«. Der Weinanbau ist durch die Römer eingeführt worden, ursprünglich wurde stattdessen Met getrungen. Die Weingärtner trinken ihn, um im nächsten Jahre eine gute Ernte zu erzielen. Wodan trinkt laut der Edda nur Wein (gemeint ist Honigwein, Met), und auch von Heimdall wird gesagt (Grímnismál), er trinke den süßen Met. Zu Winternacht soll sich das Wasser in Wein verwandeln. Kinder stellen Krüge mit Wasser hin, und die Eltern gießen heimlich das Wasser aus und füllen die Krüge mit Most und legen oben ein Hörnchen drauf. Die Kinder suchen dann die Krüge. Überhaupt wird viel gegessen und getrunken, was als günstiger Anfangszauber für das künftige Jahr gilt (vgl. die Jahreswechselfeiern). Zuweilen wird heilkräftiges Wasser geschöpft.

Disenopfer.

Die Disen (altnord. dísir) sind die Geister, und zwar die Seelen der verstorbenen Ahnen (Einherjer), aber auch die Walküren, die Folgegeister (Fylgjar) oder andere Geister. Im Guðrúnarqviða fyrsta 19 werden »Herians Disen« genannt, die Disen sind also Wodan (Herian) unterstellt. Sie sind für die Verbindung zwischen Menschen und Göttern zuständig und setzen die Entscheidungen der Götter um. Als Folgegeister schützen sie die Menschen. In den Sólarljóð 25 heißt es über sie:

> »Die Disen bitte, die Bräute des Himmels,
> Dir holdes Herz zu hegen:
> Deinen Wünschen werden sie in kommenden Wochen
> Alles zu Liebe lenken.«

Das Disenopfer zu Winternacht wird z. B. in der Víga Glúms saga erwähnt[193]:

> »Es wurde dort ein Schmaus gerüstet um Wintersanfang und ein Disenopfer [disablót] abgehalten, und alle sollten an der Opferfeier teilnehmen«.

In der Hervarar saga wird diese Zeit als Herbst bezeichnet[194]:

> »In einem Herbst wurde bei König Alf ein großes Disenopfer durchgeführt, und Alfhild beteiligte sich daran.«

Etwas ausführlicher ist die Erwähnung des Disenopfers in der Egils saga Skallagrímssonar[195]:

> »König Eirik und Gunnhild kamen an demselben Abend nach Atley, und Bard hatte ein Festmahl für sie vorbereitet, und es sollte hier ein Disenopfer [dísablót] sein und es gab da das beste Gastmahl und viel zu trinken drinnen in der Halle... Dann trug man ihnen Bier zu trinken auf; oftmals wurde zur Erinnerung an Verstorbene getrunken, und bei jedem Erinnerungstrunk [minni] sollte das Horn geleert werden«.

Hier werden die Erinnerungstrünke auf die Ahnen erwähnt. Es wird zwar in dieser Quelle an anderer Stelle auch eine »mondlose dunkle

Nacht« genannt aber das muß man nicht so deuten, daß das Disablót ein Schwarzmondfest gewesen sei. Vielmehr kann auch eine dichte Bewölkung gemeint sein, bei der kein Vollmond zu sehen war. Die Handlung benutzte aus dramaturgischen Gründen die Dunkelheit.

In der deutschen Überlieferung heißt es, daß sich schon 14 Tage vor dem Fest die Seelen der Ahnen oft als kleine Lichter zeigen, um dann zum Fest aus dem Totenreich nach Hause zu kommen. Mindestens aber können sie von der Mittagszeit des ersten Festtages bis zum Sonnenaufgang des zweiten Tages oder noch länger auf die Erde kommen.

Abbildung 62: Grabschmücken und Ahnengedenken.

Wir finden als Rest des alten Disenopfers den Friedhofsbesuch und das Reinigen und Schmücken der Gräber. Am Abend besucht man sie dann feierlich. Manchmal gibt es auch Laternenumzüge zu den Gräbern, wo dann, um die Qualen der Seelen zu lindern, Weihwasser (Osterwasser) auf die Gräber gesprengt wird. Dies ist auch ein Hinweis auf eine Wiedergeburt. Es werden Speisen auf die Gräber gestellt und Lichter (Kerzen oder Lämpchen) entzündet. Sie sollen die Seelen anlocken und ihnen den Weg zum Ruheplatz ihres Körpers weisen. Es heißt auch, sie wärmten sich daran. Gleichzeitig soll das Licht die bösen Geister vertreiben. An Speisen finden wir Brot (auch Brosamen in Weihwasserflaschen), Korn, Obst, neuen Wein, Bohnen und andere Gaben zum Abspeisen der Seelen (Ahnenopfer). Neben dem Opfer auf dem Friedhof gibt es auch das Ahnenopfer im Hause; einige Vorbereitungen müssen dabei berücksichtigt werden. So dürfen leere Pfannen nicht am Feuer stehen, keine Ofengabel verkehrt hingestellt und kein Messer mit der Schneide nach oben auf dem Tische bleiben, damit die Seelen sich nicht verletzen. Die Tür darf nicht knarren und zugeschlagen werden. Auf dem Herd wird Feuer entzündet, damit die Seelen, die die »kalte Pein« (Niflhel) leiden, sich daran wärmen können.

Man nimmt eine aus Hirsebrei bestehende Mahlzeit ein. So viele Körner man dabei ißt, so viele Seelen befreit man aus dem Totenreich. Auch ein aus Milch oder Semmelmilch und Backobst bestehendes Mahl nimmt man im Beisein der Seelen ein. Kalte Milch wird gemeinsam aus einer Schüssel gegessen, wobei nichts verschüttet werden darf, denn so viel Tropfen es gibt, so viel Sünden. Man darf aber nicht zuviel Milch davon essen. Die Hauswirtinnen oder andere spritzen den Mädchen und Mägden mit dieser Milch ins Gesicht, damit sie nicht schläfrig werden, wenn sie im nächsten Sommer ins Gras gehen, man spritzt auch die Milchreste gegen den Herd für die Ahnen. Auch beim Kochen wirft man etwas Speise für die Seelen ins Feuer. Auf den Tisch in der Küche oder in anderen Räumen werden brennende Lichter gesetzt, vor denen man für die Ruhe der Seelen betet. Oder eine Lampe, die nicht mit Öl, sondern mit Fett oder Butter gefüllt ist (damit die Seelen ihre Brandwunden kühlen können), brennt die ganze Nacht. Die Seelen machen sich zuweilen durch Knistern im Zimmer bemerkbar. Nach dem gemeinsamen Nachtmahl stellt man den Seelen verschiedene Gaben (Speise und Trank) auf den Tisch und läßt sie unberührt bis zum andern Morgen stehen. Dazu gehören die Totenbrote (kreisrunde handtellergroße Brote) oder nur Brotkrumen, Mehl (das ins Feuer geschüttet wird, zur Kühlung der leidenden Seelen), Fett (auch als Talglichter), Krapfen (mit Honig und Mohnfüllung), Krapfennudeln, gekochte Bohnen oder restliche Kuchen und Wasser oder Milch. Um diese Gaben werden Kerzen aufgestellt. Nach einer Sage zerrissen die Toten einen armen Kerl, der in einer Bauernstube übernachtete und diese Kuchen aufaß. Besondere Kuchen gelten als Opferspeisen für die Seelen, wie z. B. Seelenwecken, Seelenzöpfe, Seelenstück, Seelen oder Seelchen (längliche, oben und unten zugespitzte Kuchen mit Eigelb bestrichen), Seelenmutschelin (Vaginasymbole, oft aus Teigresten gebacken), Seelenkuchen (Pfannkuchen), Seelenbüchel, Seelenzelten, Seelenhase und Eier- oder Seelenbreceln. Auch im Heiligtum werden Lichter für die Seelen angezündet und allerlei Speisen und Gebäcke an den Altären geopfert. Die Seelen sind nämlich jetzt überall zugegen, sie gehen mit zum Altar und zum Opfer, besuchen ihre Gräber (sie sitzen auf jedem Grashalm des Friedhofes), sitzen als Kröten oder in anderer Gestalt an den Feldern und Wegen, schweben als Vögel um die Grabsteine, schweben im Winde oder zeigen sich als weißer Nebel. Der Hausvater ersucht die Seelen am Ende des Festes, nunmehr ihres Weges zu gehen, sich aber zu hüten auf das Roggengras zu treten oder die Wurzeln zu verletzten. Die nach dem Opfer übrigbleibenden Kuchen werden dann nach dem Fest an die Kinder, Patenkinder und Armen verschenkt, ursprünglich wohl auch im Heiligtum oder am Sippenbaum niedergelegt.

Liebesorakel.

Zum Martinstag (11. 11.), aber auch zum Andreastag (30. 11.) und seiner Vornacht sind viele Liebesorakel erhalten, die früher direkt zu Winternacht ausgeführt wurden. So sagt Logau (1604-1655)[196]:

> »Wann St. Andreas-Abend kümt,
> pflegt jeder, der sich will beweiben,
> Auch die, die sich bemannen will,
> ein hitziges Gebet zu treiben«.

Frauen, die Kinder wollen, opfern alte Pfennige. Die Brunnen werden festlich geschmückt und beim Wasserholen nehmen zwei Mädchen einen Ganter zwischen sich. Diejenige von beiden, der sich der Gänserich zuerst zuwendet, heiratet zuerst. Beim Eiklargießen oder Wachsgießen (Bienenwachs) in Wasser werden aus den Gebilden Rückschlüsse auf den Beruf des zukünftigen Mannes gezogen.

Beim Schuhwerfen wirft das Mädchen seinen Schuh hinter sich mit dem Spruch[197]:

> »Schuh aus, Schuh ein,
> Wo werd ich übers Jahr sein?«

Zeigt der Schuh mit der Spitze zur Tür, so wird es im neuen Jahr das Haus als Braut verlassen. Der Schuh kann aber auch Sterben oder Gesundbleiben anzeigen.

Beim Schiffleinsetzen werden mehrere Nußschalen mit denen bestimmte Personen verbunden zu denken sind, in einen Wasserbehälter gegeben und beobachtet, wessen Schifflein sich treffen oder auch, wessen Schifflein, mit Namen versehen, zuerst am Rande anlangt. Wenn das Mädchen um Mitternacht nackt die Stube mit einem neuen Besen gekehrt hat (auch den Tisch deckt und mit Speisen besetzt) und zwischen ihren Beinen hindurch auf den Spiegel schaut, so soll ihr dort das Bild des künftigen Bräutigams erscheinen. Oder es schaut durch ein Astloch oder nackt in den Schornstein. Oder sie wirft Holzscheite auf einen Baum und muß noch soviele Jahre ledig bleiben, als der Scheit wieder herunterfällt.

Beim Hühnerorakel heißt es nach dem Anklopfen am Hühnerstall[198]:

»Gackert der Hahn, so bekomm ich ein Mann,
gackert die Henn', so weiß ich nicht wen«.

Beim Apfelschalenwerfen hinter sich über die Schulter sieht man an dem Gebilde der in einem Stück geschnittenen Schale den Buchstaben des Bräutigams. Ißt das Mädchen einen Apfel, erscheint der Geliebte.

An das Runenbefragen erinnert der Brauch, daß das Mädchen mit Kreide die 24 Buchstaben an die Türe schreibt und mit verbundenen Augen danach greift um den Anfangsbuchstaben des zukünftigen Geliebten zu finden. Früher wurden hier sicher die Runen geworfen. Beim Prügelwerfen ins Dorf kommt der Bräutigam aus dem Hof, wo der Hund zuerst anschlug. Gebräuchlich sind auch das Zaunsteckenzählen oder das Holzscheitzählen. Mancherorts gehen neun Mädchen mit je einem Schemel aus neunerlei Holz um Mitternacht an einen Kreuzweg und setzen sich im Kreise hin, um zu »Horchen«.

Zum nächtlichen Rütteln eines Erbzaunes spricht das Mädchen[199]:

»Erbzaun ich rüttle dich
Lieber Fro ich bitte dich
Laß mir erscheinen
Den Herzallerliebsten meinen.
Wie er geht, wie er steht,
Wie er mit mir zum Altar geht.«

Das Mädchen ißt einen Hering (soll auch den Geliebten herbringen) und kniet am Abend vor ihrem Bett (oder setzt sich auf den Bettrand) und bittet, daß ihr im Traum der künftige Liebste gezeigt werde, oder sie steigt rückwärts mit dem linken Fuß ins Bett, tritt gegen die Bettlade oder schüttelt sie oder das Zudeck, springt im Bett herum, tritt auf Silberschmuck am Boden oder legt einen Zettel und Sprüche unter den Kopf. Es heißt, daß die Träume in Erfüllung gehen. Ein Bittspruch aus Kärnten lautet[200]:

>»Bettstatt ich tritt dich,
>Heiliger Fro ich bitt' dich,
>Laß mir bei der Nacht erscheinen
>Den Herzallerliebsten den meinen.
>Laß ihn erscheinen bei Bier und Wein, Soll ich mit ihm glücklich sein.
>Soll ich mit ihm leiden Not,
>Laß ihn erscheinen bei Wasser und Brot.«

Es gibt noch zahlreiche andere derartige Bräuche, z. B. das Abschneiden von verschiedenen Zweigen als Symbole für die Freier; wessen Zweig zuerst aufgeht, der ist der Erwählte. Oder Bursche und Mädchen setzen sich jetzt je einen Zweig von einem Obstbaum in die warme Stube. Wenn dann beide Reiser zu Mittwinter zusammen aufblühen, ist das eine gute Vorbedeutung. Zwei Flachsfäden werden in der Mitte zusammengeknotet und von beiden Seiten gleichzeitig entzündet. Wessen Faden zuerst zum Knoten brennt, ist der richtige Freier. Ein Kater wird mit verbundenen Augen zwischen den im Kreise sitzenden Mädchen laufen gelassen. Unter welchen Stuhl er sich setzt, diese wird zuerst heiraten. Statt des Katers nimmt man auch einen Gänserich. Mädchen säen Leinsaat oder Getreide in ihr Bett unters Kopfkissen oder in alle Ecken und sagen[201]:

>»Ich säe Lein in Fricks Schein
>In die drei Ecken des Bettstrohs hinein.
>Wen mir Frick will zur Ehe geben,
>Der kommt diese Nacht vor mein Bett getreten.
>Hat er Ochsen, so kommt er gefahren,
>Hat er Pferde, so kommt er geritten,
>Hat er nichts, so hat er doch Einen Stab in der Hand.«

Diese Liebesorakel finden meist in der winterlichen Spinnstube statt.

Winternacht ist das letzte der Jahresfeste. Mit dem folgenden Mittwinterfest beginnt der Jahreskreis wieder von vorne.

Anmerkungen

1. Klaus Bemmann, Der Glaube der Ahnen, Essen 1990, S. 27f.

2. Ynglinga saga 8, Thule 14, S. 34.

3. saga Olafs konungs hins helga 19, Thule 15, S. 182.

4. wie Anmerkung 3, Kap. 117, S. 196.

5. H. Ljungberg, Den nordiska religionen och kristendomen, Stockholm 1938.

6. Beda, De temporum ratione 13 (Migne).

7. Otto Sigfrid Reuter, Germanische Himmelskunde, München 1934, Bremen 1982, S. 454 und 477.

8. Der Große Duden Band 7, Etymologie, Mannheim 1963, S. 650.

9. wie Anmerkung 8, S. 767.

10. Grágas-konungsbók, Þingskappr þáttr 56. Andreas Heusler (Übers.), Isländisches Recht - Die Graugans. Germanenrechte Bd. 9, Weimar 1937, S. 91.

11. Géza von Neményi, Götter, Mythen, Jahresfeste - Heidnische Naturreligion, Holdenstedt 2004, S. 205ff.

12. Werner Brast (Hrsgb.), Mitteilungsblatt für Vor- und Frühgeschichte, 25. Jg., Folge 1/1974, Berlin 1974, S. 40-55.

13. Hákonar saga góða 13 (Heimskringla), Thule 14, S. 148.

14. Hans Strobel, Bauernbrauch im Jahreslauf, Leipzig 1937, S. 185.

15. Ólafs saga Tryggvasonar hin mesta 453, Codex Flateyjarbók I, 564.

16. Friedrich S. Krauß, Volksglaube und religiöser Brauch der Südslaven, Münster 1890, S. 119.

17. Friedrich Schönwerth, Aus der Oberpfalz, Sitten und Sagen, Augsburg 1857-59, Bd. I, S. 146.

18. Richard Beitl, Wörterbuch der deutschen Volkskunde, Stuttgart 1974, S. 455.

19. wie Anmerkung 18, S. 455.

20. Brauchtumsblätter, Heinz-Holzberg-Verlag, Oldenburg, Weihnachten bis Dreikönig, S. 10 (»de leeve Gott« durch »Fro« ersetzt).

21. wie Anmerkung 14, S. 79.

22. wie Anmerkung 18, S. 600 (»Nikolaus« in »Volkssieger« übersetzt).

23. wie Anmerkung 18, S. 593.

24. L. Erk, F. M. Böhme, Deutscher Liederhort, Lpz. 1893, Bd. 1, S. 543.

25. wie Anmerkung 18, S. 953.

26. H. Köhn, G. Michaelis, Lieder zur Weihnacht, Berlin 2002, S. 122.

27. Otto Huth, Sagen, Sitten, Sinnbilder des Volkes, Berlin 1942, S. 87.

28. William Sandys, Christmas Carols Ancient and moderne, London 1833 (Übersetzt von G. v. Neményi, »Domino« in »Freyr« übersetzt).

29. Hervarar saga Kap. 8. E. Matthias Reifegerste (Übers.), Die Hervarar Saga, Leverkusen 1989, S. 77.

30. Wilhelm Wägner, Germanische Göttersagen, Leipzig 1907, S. 168.

31. wie Anmerkung 3, Kap. 108, S. 180.

32. Edmund Mudrak, Das große Buch der Volkssagen, Reutlingen 1959, S. 172 (aus Büttstädt bei Weimar) (Hulle).

33. Hans Reupold, Die Perschten von Soj, Kirchseon o. J., S. 22.

34. Gesta Danorum (Historia Danica) I, 30. Paul Hermann (Übers.) Erläuterungen zu den ersten neun Büchern der Dänischen Geschichte des Saxo Grammaticus, Leipzig 1901, S. 37.

35. wie Anmerkung 3, Kap. 77, S. 114.

36. Franz Huf, Thietmar von Merseburg Chronik, Essen 1990, I, 17, S. 61.

37. Alexander Heine (Hrsgb.), Prokop Der Vandalenkrieg, Der Gotenkrieg, Essen o. J. II, 15, S. 107.

38. Olaus Magnus 4, Kap. 6.

39. wie Anmerkung 7, S. 425 (Merkvers auf Kupferstich).

40. wie Anmerkung 7, S. 425.

41. Å. Ström, H. Biezais, Germ. u. Baltische Religion, Bln. 1975, S. 280.

42. Zeitschrift »Karfunkel« Nr. 50, S. 37.

43. Ögmundarþáttr dytts ok Gunnars helmings, Thule 17, S. 75ff.

44. Manfred Fuhrmann (Übers.), Tacitus Germania, Stuttgart 1997, Kap. 40, S. 28f.

45. wie Anmerkung 44, Kap. 9, S. 8f.

46. wie Anmerkung 24, Bd. III, S. 629.

47. Rudolfi chronicon abbatiae s. Trudonis, Lib. 11 (J. Grimm, I, 214ff).

48. wie Anmerkung 18, S. 245.

49. wie Anmerkung 18, S. 245.

50. wie Anmerkung 24, Bd. III, S. 134.

51. wie Anmerkung 24, Bd. III, S. 132 (ähnlicher Spruch).

52. wie Anmerkung 24, Bd. III, S. 137 (aus Jechnitz, Böhmen).

53. wie Anmerkung 14, S. 103.

54. wie Anmerkung 14, S. 103.

55. wie Anmerkung 14, S. 103.

56. wie Anmerkung 14, S. 102.

57. wie Anmerkung 14, S. 104 (vgl. Anm. 24, Bd. III,S. 135) (»lieber Gott« in »Ing-Fro« geändert).

58. wie Anmerkung 24, Bd. III, 135.

59. wie Anmerkung 34, Buch 1, S. 18.

60. wie Anmerkung 14, S.94 (aus Schwaben und Wollin, statt »Magdalene« und »Gott« auf »Holda« und »Fro« geändert).

61. wie Anmerkung 14, S. 96 (aus dem Allgäu und Baden).

62. wie Anmerkung 14, S. 99f (aus dem Pyritzer Kreise, statt »Düwel« in »Turse« geändert).

63. Hans Wilhelm Hammerbacher, Das festliche Jahr, Wört 1979, S. 35 (»Gott« in »Fro« geändert).

64. Zeitschrift für Volkskunde 20 (1910), S. 58.

65. J. W. Wolf, Beiträge zur Deutschen Mythologie, Göttingen, Leipzig 1852 und 1857, I, 288 (325).

66. Godfrid Storms, Anglo-Saxon Magic, Gravenhage 1948, Teil 2, S. 132f, HS. CCCC. 41, P. 182 (übersetzt von G. v. Neményi).

67. Hanns Bächtold-Stäubli, Handwörterbuch des deutschen Aberglaubens, 10 Bde. Bln., Lpz. 1927, Nachdruck 1987, Bd. VI, Sp. 1192.

68. Jacob Grimm, Deutsche Mythologie, 3 Bde., Berlin 1875-78, Nachdruck 1992, Bd. I, S. 523, Anm. 2.

69. wie Anmerkung 68.

70. wie Anmerkung 24, Bd. I, S. 146.

71. Helmut Jaskolski, Das Labyrinth, Stuttgart 1994, S. 20.

72. L. Bergmann (Übers.), Aeneide, 5. Gesang.

73. wie Anmerkung 18, S. 622.

74. Albert Becker, Osterei und Osterhase, Jena 1937, S. 41 (aus Pillkallen, um 1880).

75. Gisela Graichen, Das Kult-Platz-Buch, Hamburg 1988, S. 119 (Bericht der Äbtissin Marcsuith von Schildesche).

76. wie Anmerkung 14, S. 106 (»Gott« in »Donar« geändert).

77. Nikolaus Hocker, Deutscher Volksglaube in Sang und Klang, Göttingen 1853, S. 224.

78. wie Anmerkung 18, S. 620.

79. wie Anmerkung 18, S. 620.

80. R. W. Pinson (Hrsgb.), Deutsche Götter- und Heldensagen, Bayreuth 1981, S. 140f, sowie: Mitteldt. Blätter für Volkskunde 4, S. 120 (aus der Steiermark).

81. wie Anmerkung 74, S. 54.

82. wie Anmerkung 18, S. 619.

83. wie Anmerkung 14, S. 111.

84. wie Anmerkung 74, S. 49.

85. wie Anmerkung 18, S. 621.

86. wie Anmerkung 18, S. 621.

87. wie Anmerkung 18, S. 621.

88. wie Anmerkung 67, Bd. I, Sp. 861f.

89. Eduard Duller, Das deutsche Volk in seinen Mundarten, Sitten, Gebräuchen, Festen und Trachten, Leipzig 1847, S. 104.

90. wie Anmerkung 89, S. 105 (»de leewe Gott« in »so mögen sie...« geändert).

91. wie Anmerkung 74, S. 53 (möglicherweise stammt der Text auch aus Sebastian Franks »Satyrae. Von Oster-Eyern«).

92. Catrin Wildgrube, Die Welt der Hexen, Holdenstedt 2003, S. 55.

93. wie Anmerkung 14, S. 110 und: Wie Anmerkung 72, S. 41.

94. wie Anmerkung 14, S. 115.

95. wie Anmerkung 14, S. 111.

96. der 1. Spruch aus: Anmerkung 24, Bd. III, S. 145.

97. wie Anmerkung 14, S. 123, sowie Brauchtumsblätter Oldenburg.

98. wie Anmerkung 14, S. 125 (»Pfingstbutz« in »Wasservogel« geändert).

99. Gunnlaugs saga Ormstungu Kap. 13, Thule Bd. 9, S 49.

100. Ólafs saga Tryggvasonar Kap. 65-69 (Heimskringla), Thule Bd. 14, S. 272-275.

101. wie Anmerkung 14, S. 126.

102. wie Anmerkung 14, S. 126.

103. wie Anmerkung 14, S. 128.

104. wie Anmerkung 14, S. 128.

105. wie Anmerkung 24, Bd.III, S.154 (»Johannisfeuer« in »Sonnwendfeuer« geändert).

106. wie Anmerkung 14, S. 130.

107. wie Anmerkung 14, S. 129.

108. wie Anmerkung 14, S. 130.

109. wie Anmerkung 18, S. 701.

110. wie Anmerkung 18, S. 413.

111. wie Anmerkung 14, S. 130.

112. wie Anmerkung 24, Bd. III, S. 802f, nach Wackernagel, Kirchenlied II, Nr. 504 u. 506 (gekürzt und statt »Johann« auf »Donar« geändert).

113. wie Anmerkung 18, S. 414 (statt »Johannisfeuer« auf »Sonnwendfeuer« geändert).

114. wie Anmerkung 68, Bd. III, S. 452 (Aberglaube 519).

115. Rosa Warrens, Norwegische Volkslieder der Vorzeit, Hamburg 1866, S. 370f.

116. wie Anmerkung 67, Bd. I, Sp. 820.

117. wie Anmerkung 67, Bd. I, Sp. 821.

118. wie Anmerkung 67, Bd. I, Sp. 821.

119. wie Anmerkung 14, S. 137.

120. wie Anmerkung 14, S. 137 (»hl. Johannes« in »Frau Holle« geändert).

121. Bjarna saga Hitdœlakappa Kap. 30, Thule Bd. 9, S. 126.

122. Flóamanna saga Kap. 21, Thule Bd. 13, S. 115.

123. Adam Wrede, Rheinische Volkskunde, 2. Aufl., Lpz. 1922, S. 124.

124. Saga Ólafs konungs hins helga Kap. 209 (Heimskringla), Thule Bd. 15, S. 357.

125. K. Brunner, Ostdeutsche Volkskunde, Leipzig 1925, S. 242 (»leever Gott« in »Erntegott« geändert).

126. Dr. M. Perlbach (Hrsgb.), Simon Grunau Preußische Chronik, 3 Bde., Leipzig 1876, Bd. I, Kap. 2, S. 90f.

127. wie Anmerkung 68, Bd. I, S. 146.

128. wie Anmerkung 68, Bd. I, S. 146 (nach Lasicz 47).

129. Johann Gutslaff, Kurzer Bericht und Unterricht ... in Liefland Wöhhanda, Dorpt. 1644, S. 362-364.

130. wie Anmerkung 24, Bd. III. S. 788 (gekürzt und von »Christophorus« auf »Donar« geändert).

131. wie Anmerkung 67, Bd. II, Sp. 211 (Zusatz aus Westböhmen, auf »Donar« geändert).

132. Zeitschrift des Vereins für Volkskunde 2, 1892, S. 185 (»des« vor »Gottes« eingefügt).

133. Braunschweiger Anzeiger 1751, S. 900 (Zeile 2 und 3 vertauscht).

134. Sebastian Frank, Weltbuch 1534, S. 132.

135. wie Anmerkung 67, Bd. V, Sp. 438.

136. wie Anmerkung 67, Bd. IX. Sp. 229f.

137. wie Anmerkung 14, S. 133 (Ziegenhainer Krautsegen, Originalanfang: »Jakob du Dickkopf...«).

138. wie Anmerkung 14, S. 94 (aus Schwaben, »Magdalene« ersetzt).

139. wie Anmerkung 68, Bd. II, S. 628.

140. Egils saga Skallagrímssonar Kap. 2, Thule Bd. 3, S. 30.

141. Eyrbyggja saga Kap. 12 u. 32, Thule Bd. 7, S. 28 u. 81.

142. E. Rotter, B. Schneidmüller (Hrsgb.), Widukind von Corvey, Res gestae Saxonicae - Die Sachsengeschichte, Stuttgart 1981, I, 12, S. 47.

143. wie Anmerkung 14, S. 171.

144. wie Anmerkung 14, S. 170.

145. wie Anmerkung 67, Bd. IX, N. Sp. 56, Anm. 14.

146. wie Anmerkung 67, Bd. IX, Sp. 55f.

147. wie Anmerkung 67, Bd. I, Sp. 932.

148. wie Anmerkung 67, Bd. I, Sp. 932.

149. wie Anmerkung 67, Bd. II, Sp. 947.

150. wie Anmerkung 14, S. 142 (aus Kärnten, auf »Wodan« geändert).

151. wie Anmerkung 20, Erntefest S. 6.

152. wie Anmerkung 14, S. 143.

153. wie Anmerkung 14, S. 144.

154. Elard Hugo Meyer, Mythologie der Germanen, Straßburg 1903, Essen o. J., S. 390.

155. wie Anmerkung 20, Erntefest S. 8.

156. wie Anmerkung 67, Bd. V, Sp. 276 (ähnlicher Spruch).

157. wie Anmerkung 20, Erntefest S. 8f.

158. wie Anmerkung 27, S. 129f.

159. wie Anmerkung 68, Bd. I, S. 130.

160. wie Anmerkung 30, S. 92.

161. Færeyinga saga Kap. 5, Thule Bd. 13, S. 276.

162. wie Anmerkung 27, S. 128.

163. wie Anmerkung 14, S. 147.

164. wie Anmerkung 14, S. 147.

165. wie Anmerkung 141, Kap. 18, Thule Bd. 7, S. 39.

166. Hákonar saga Góða Kap. 17 (Heimskringla), Thule Bd. 14, S. 153.

167. Brennu-Njals saga Kap. 119f, Thule Bd. 4, S. 256f.

168. wie Anmerkung 29, Kap. 13, S. 126.

169. Otto Abel (Übers.), Die Chronik Fredegars und der Frankenkönige, Essen, Stuttgart 1986, S. 176 (Vitae sanctorum Columbani Kap. 27).

170. Hallfreðar saga Kap. 2f, Thule Bd. 9, S. 213.

171. wie Anmerkung 14, S. 160.

172. Grettis saga Ásmundarsonar Kap. 32, Thule Bd. 5, S. 93.

173. wie Anmerkung 141, Kap. 37, Thule Bd. 7, S. 90.

174. Vatnsdœla saga Kap. 32, Thule Bd. 10, S. 86.

175. Gísla saga Surssonar Kap. 10 u. 15, Thule Bd. 8, S. 76 u. 85.

176. wie Anmerkung 124, Kap. 219 (bzw. 107), Thule Bd. 15, S. 179.

177. wie Anmerkung 175, Kap. 15, Thule Bd. 8, S. 85.

178. wie Anmerkung 14, S. 176 (»Martin« durch »Wodan« ersetzt).

179. wie Anmerkung 14, S. 179 (»Martin« durch »Wodan« ersetzt).

180. wie Anmerkung 14, S. 180 (»Martin« durch »Wodan« ersetzt).

181. wie Anmerkung 14, S. 180 (»Martin« durch »Wodan« ersetzt).

182. wie Anmerkung 14, S. 179.

183. wie Anmerkung 14, S. 179.

184. wie Anmerkung 14, S. 180.

185. wie Anmerkung 14, S. 180 (aus Braunschweig, auf »Wodan« geändert).

186. wie Anmerkung 14, S. 181 (auf »Wodan« geändert).

187. wie Anmerkung 18, S. 543 (auf »Wodan« geändert).

188. wie Anmerkung 18, S. 543 (auf »Wodan« geändert).

189. wie Anmerkung 14, S. 178.

190. aus Hamburg, seit 1951 gedruckt.

191. wie Anmerkung 18, S. 543 (auf »Wodan« geändert).

192. Bayerische Abschrift einer rheinfränkischen Vorlage, Handschrift aus München, Bayerische Staatsbibliothek clm 14463 Rat S. Enm. 4 68, S. 110r, mitgeteilt von Peter Hilterhaus, Übersetzt von G. v. Neményi.

193. Víga Glúms saga Kap. 6, Thule Bd. 11, S. 41.

194. wie Anmerkung 29, Hs. U, Kap. 1, S. 13.

195. wie Anmerkung 140, Kap. 44, Thule Bd. 3, S. 115.

196. wie Anmerkung 18, S. 24.

197. wie Anmerkung 14, S. 184.

198. wie Anmerkung 67, Bd. IV, Sp. 318 (ähnlicher Spruch).

199. wie Anmerkung 14, S. 184 (aus Thüringen, auf »Fro« geändert).

200. wie Anmerkung 14, S. 184 (auf »Fro« geändert).

201. wie Anmerkung 14, S. 175 (auf »Frick« geändert).

Abbildungsnachweis

Titelbild: Mittsommerbaum vor den Externsteinen, errichtet vom Verfasser 1987. (eigenes Photo).

1, 2 Otto Sigfrid Reuter, Germanische Himmelskunde, München 1934.

3, 4 Hoffmann-La Roche AG (Hrsgb.), Wie's Wetter wird 1, Baden o. J.;

8, 24, 39, 40, 56, 60 Otto v. Reinsberg-Düringsfeld, Das festliche Jahr, Leipzig 1898;

5, 6, 7, 12, 13, 17, 18, 21, 32, 35, 38, 41, 42, 43, 48, 49, 50, 57b, 58, 59, 62 Archiv Géza v. Neményi.

9, 14 Vorweihnachten (Kalender), Faksimile-Verlag Bremen 1982.

10 Paul Herrmann, Altdeutsche Kultgebräuche, Jena o. J.

11 Magdeburger Zeitung/Braunschweiger Zeitung Dezember 1944.

15 H. Bächtold-Stäubli, Handwörterbuch des deutschen Aberglaubens, Berlin 1927.

16 Rosemary Ellen Guiley, Der Mond Almanach, München 1993.

19 Bernhard Maier, Lexikon d. kelt. Religion u. Kultur, Stuttgart 1994.

20 Sylvia/Paul Botheroyd, Lexikon der kelt. Mytholog., München 1992.

22 Wolfgang Schultz,Altgerman. Kultur i. Wort u. Bild, München 1934.

23 Jörg Lechler, 5000 Jahre Deutschland, Berlin 1937.

25, 51 Museum Stockholm (Hrsgb.),Historisk Nyheter.

26 Adriaan von Müller, Berlins Urgeschichte, Berlin 1977.

27 Museum für Vor- u. Frühgeschichte (Berlin), Führungsblätter.

28, 30, 31 Rudolf J. Gorsleben, Hoch-Zeit d. Menschheit, Lpz. 1930.

29 Folkwang-Verlag (Hrsgb.), Schwedische Felsbilder von Göteborg bis Strömstad, Hagen 1919.

33, 34, 37 Albert Becker, Osterei und Osterhase, Jena 1937.

36, 45, 57a Hans Strobel, Bauernbrauch im Jahreslauf, Leipzig 1937.

44 Hans v. Wolzogen, Aus germanischer Vorzeit, Berlin.

47 Archiv Werner Brast.

52 Giovanni Caselli, Götter und Helden der Wikinger, 1979.

53 C. A. Vulpius, Handwörterbuch der Mythologie, Leipzig 1826.

54 Thomas Hartknoch, Altes und Neues Preußen, 17. Jh.

55 Jörg Lechler, 5000 Jahre Deutschland, Berlin 1935.

61 Wilhelm Wägner, Germanische Göttersagen, Leipzig 1907.

Weitere Titel aus dem KC-Verlag

Götter, Mythen, Jahresfeste
Heidnische Naturreligion

Die Glaubensvorstellungen unserer heidnischen Vorfahren werden in diesem Buche vorgestellt und für Menschen unserer Zeit entschlüsselt.

Es enthält eine Rekonstruktion des heidnischen Götterglaubens unter ausschließlicher Verwendung der alten Überlieferungen und bildet die Grundlage des traditionellen germanischen Heidentums, das sich eines stetig wachsenden Interesses erfreut. Außerdem eine Vorstellung der einzelnen Gottheiten, die Mythen von der Entstehung und dem Untergang der Welt, die nordischen Tierkreiszeichen mit ihren Götterzuordnungen, Geisterglaube mit Geisteranrufungen, Jenseitsvorstellungen, Priester und Hexen, die Jahresfeste und ihre Riten, Geburtstag, Einweihung, Hochzeit usw.

In über 20 Jahren hat Allsherjargode Géza von Neményi aus den zahlreichen erhaltenen Bruchstücken ein Gesamtbild erarbeitet, das nun in vollkommen überarbeiteter Neuausgabe für alle am Alt-Heidentum interessierten vorliegt

Géza von Neményi
Götter, Mythen, Jahresfeste
Heidnische Naturreligion
ISBN 3-89423-125-4

Die Welt der Hexen

Eine Reise in die Hexenzeit. Ein Hexenritt durch die Jahrhunderte führt in die Welt der Hexen, zu den Ursrpüngen ihrer Kunst, zu den Einweihungen und Tränken, den Kräutern und den Festen.

Die Traditionen der Hexen, die sowohl in alten heidnischen Überlieferungen, als auch in mittelalterlichen Überzeugungen wurzeln, werden in einer klaren und überzeugenden Weise dargestellt, ohne den Blick für das moderne Hexentum und seine ganz eigene Herkunft zu verlieren.

Ein Buch für diejenigen, welche sich durch allzu kommerzielle Darbietungen des »Hexentums« nicht den Blick auf Herkunft und Geschichte verstellen lassen möchten.

Catrin Wildgrube
Die Welt der Hexen
ISBN 3-89423-123-8

Der Weg der alten Zauberer
Vom Ursprung magischer Stäbe

Ulrich Wendlandt, Jahrgang 1948, studierte Psychologie, Pädagogik und östliche Philosophie. Er ist seit mehr als 25 Jahren als Meditationslehrer tätig.

In einer faszinierenden Schau gelingt es dem Autor, die großen Geheimlehren des alten upanishadischen Indien und des keltisch-nordischen Europa zu einer Einheit zu verschmelzen. Hierbei werden auch die ägyptischen und griechischen Überlieferungen, sowie der Bezug zu Atlantis und Hyperborea in ein System integriert, aus dem heraus die Wiederbelebung der bei uns mit der Christianisierung zerstörten ursprünglichen Spiritualität wieder möglich wird. Wendlandt weist die Säule bzw. den Stab als das grundlegende Ursymbol aller überlieferten spirituellen Systeme der Welt nach, wie es sich in den uralten Begriffen der Weltenachse, des kosmischen Baumes und Berges, des Phallussymbols und den daraus resultierenden konkreten Ausdrucksformen wiederfindet. Dabei wird die mit der Stabform verbundene Schöpfungskraft im Universum nachgewiesen.

Die ursprünglichen Zauberstäbe der Druiden in Europa und der Rishis in Indien, wie sie uns heute noch als Zepter, Bischofsstäbe, Äskulapstab usw. bekannt sind, waren Ausdruck und Zeichen der spirituellen Macht jener alten Heiligen, denen es sogar möglich war, die scheinbare Gültigkeit von Naturgesetzen außer Kraft zu setzen. Sie mußten deshalb den einfachen Menschen ihrer Zeit als die großen Zauberer der Menschheit erscheinen. Der Autor beläßt es nun nicht bei der Beschreibung dieser bis heute unbekannten Zusammenhänge allein, sondern vermittelt dem ernsthaften Sucher im Praxisteil auch die konkreten Übungsanweisungen, sich ebenfalls mit Aussicht auf Erfolg auf den Weg dieser großen Zauberer zu begeben.

Ulrich Wendlandt
Der Weg der alten Zauberer
Vom Ursprung magischer Stäbe.
ISBN 3-89423-119-X

Göttinnen und Götter in den
Mysterien des Heidentums

Die Göttinnen und Götter leben - und sie sind uns näher, als wir glauben. Nicht nur in den Kräften der Natur - auch in den Tiefen unserer Seele und in den Menschen unserer Umgebung, in den Entscheidungsstunden unseres Schicksals - begegnen sie uns.

Was in diesem Buch ausgebreitet wird, ist keine religiöse Lehre. Geboten werden Mosaiksteine, Einstiegsmöglichkeiten und Fundstücke, die zur Rekonstruktion einer archaischen Spiritualität beitragen sollen. Die älteste Religion der Menschheit, ein personaler, mystisch verstandener Polytheismus, zeigt Möglichkeiten und Wege auf, eine Religion der Zukunft zu gestalten.

Matthias Wenger
Göttinnen und Götter in den Mysterien des Heidentums
3-89423-115-7

Der KC-Verlag im Internet

http://www.kc-verlag.de

Immer eine Reise wert!

www.ingramcontent.com/pod-product-compliance
Lightning Source LLC
Chambersburg PA
CBHW020513270326
41926CB00008B/850